글로벌 성공시대와 함께하는

현대 경영학 노트

Business Administration Note

글로벌 성공시대와 함께하는

현대 경영학 노트

박정환 · 김희철

한올출판사

머 리 말

경영의 출발은 측정할 수 있어야 하며, 분석할 수 있어야 한다. 이를 발전시키는 것이 경영학적 인문경영의 시작이다.

인문학의 힘은 직접적으로 미치는 것이 아니라 사람들에게 사람을 배울 수 있게 해주고 생각하는 힘을 준다는 것이 가장 큰 매력이고 특징인 것으로 생각된다.

예술과 경영은 서로 전혀 다른 맥락과 논리로 움직이는 별개의 세계이다. 예술 세계는 심미안의 가치를 높이 평가하지만, 경영 세계는 효율성의 가치를 높이 평가한다. 예술의 세계는 주관적 만족이 주요 변수가 되지만, 경영 세계는 객관적 결과가 주요 변수가 된다. 이처럼 서로 다른 두 세계가 함께 어울릴 수 있도록 하는 것이 바로 예술 경영이다. 그러나 예술경영은 예술 자체를 경영의 잣대로 재단하고 만들어가는 것을 의미하지 않는다. 예술은 그 자체의 논리와 방향이 있기 때문이다. 예술경영은 어디까지나 더 많은 사람들이 더 양질의 예술작품을 접할 수 있도록 돕는 역할을 한다. 예술을 경영하는 것이라기보다는 '예술을 위한 경영'인 것이다.

지난 10년간 경영학 총론, 창업과 경영, 기업과 문화, 인터넷 마케팅, 소비자 심리, 스포츠 마케팅, 외식사업 경영론, 관광 자원론 등을 강의하면서 정리한 내용을 성공하는 경영학 노트로 마무리하였다.

책 내용은 10장으로 구성하여 경영학적 인문경영 관점으로 관조 할 수 있도록 하였다. 대학에서는 교양과목으로 사용할 수 있도록 파워포인트로 요약하였고, 일반 독자들에게는 생각과 방향을 제시하고, 깊은 내용이 필요한 독자에게는 매듭마다 쉽고 깊게 참고하도록 내용의 출처를 정리 하였다.

따라서 이 책의 도출된 개론 수준의 내용들이 모두 집필자의 독창적인 연구결과로 도출된 것이 아님을 밝히고 싶다.

내용 중 많은 부분들이 국내외의 서적, 보고서, 논문, 강의 노트와 인터넷에서 얻어진 자료 등을 인용하였고 내용 중 일부는 인용표시 및 자료의 출처가 표시되어 있지 않거나 정확하게 표시 못한 점에 대하여 머리 숙여 깊은 양해를 구하고자 한다.

특히 이 책이 나오기까지 열과 성을 다하여준 동료 교수와 경영학 과목을 수강한 경영학과 학생들에게 감사와 고마움을 전한다. 그리고 출판하는 데 애써 주신 출판사 여러분께 감사를 표한다.

2013. 06

저자 씀

차 례

PART 1_ 경영학적 인문경영

1) 재일 한국인 기업가 손정의 / 한창우 … 2

2) 파레토 법칙과 불평등 … 8

3) 한국의 경제구조 … 11

4) 2013년 이후 세계경제 전망 … 26

5) 대중문화의 힘과 정치지도자 … 29

■ 연/구/문/제 … 38

■ 참/고/문/헌 … 39

PART 2_ 스포츠와 관광경영

1) 스포츠 관광 … 44

2) 생태관광 … 45

3) 생태관광의 사례 … 49

4) 메디컬 투어리즘 … 52

■ 연/구/문/제 … 56

■ 참/고/문/헌 … 57

PART 3_ 기술융합과 학문의 통합경영

1) 21세기 융합시대 … 60

2) 기술의 융합과 활용 … 65

3) 학문의 통합경영 … 68

4) 문화예술경영 … 70

5) 국가브랜드의 역할 … 73

■ 연/구/문/제 … 78

■ 참/고/문/헌 … 79

PART 4_ 세계를 향한 꿈

1) 21세기 미래여행 … 82

2) 노마드 시대와 거미사회 … 87

3) 리더와 글로벌 리더 … 91

4) 한국의 글로벌 리더들 … 96

5) 글로벌 리더가 갖추어야 할 자질과 습관 … 103

6) 글로벌 가정과 학교 / 교육방법 … 112

7) 글로벌 사회 경험 쌓기 … 120

8) 글로벌 리더가 되기 위한 길 … 124

■ 연/구/문/제 … 134

■ 참/고/문/헌 … 135

PART 5_ 경영 사례 연구

1) 기업의 창업과 장수브랜드 … 138
2) 21세기 기업경영 … 145
3) 여성중심 사회 … 157
4) 글로벌 성공사례 … 161
■ 연/구/문/제 … 169
■ 참/고/문/헌 … 170

PART 6_ 한국경제의 새로운 길

1) 복지정책의 중요성 … 175
2) 분배와 사회문제 … 177
3) 신흥국가의 부활 … 182
4) 최근 우리 경제 … 184
■ 연/구/문/제 … 188
■ 참/고/문/헌 … 189

PART 7_ 기업의 성공과 실패

1) 웅진그룹 … 194
2) 동기부여의 힘 … 196

3) 삼성 이건희 회장 … 199
4) 기아자동차 … 202
5) 행동하는 자의 행복과 성공 … 204
■ 연/구/문/제 … 209
■ 참/고/문/헌 … 210

PART 8_ 농업의 경영위기

1) 농업정책의 중요성 … 217
2) 농업의 엔트로피법칙 … 220
3) 한국농업의 희망 … 224
■ 연/구/문/제 … 229
■ 참/고/문/헌 … 230

PART 9_ 관련 연구논문 결과

1) 주택담보 가계 대출 … 232
■ 연/구/문/제 … 236
2) 기업간전자상거래 거래액 … 237
■ 연/구/문/제 … 241

3) 월 평균 가계소득 … 242
■ 연/구/문/제 … 246
4) 소매업 매출액 … 247
■ 연/구/문/제 … 251
5) 은행 연체율 … 252
■ 연/구/문/제 … 255
6) 해외직접 투자 … 256
■ 연/구/문/제 … 263

PART 10_ 데이터 정리 및 요약

1) 자료의 형태 … 266
2) 통계량에 의한 자료의 정리 … 270
3) 도표와 그래프에 의한 자료의 정리 … 282
■ 기/본/문/제 … 292

Chapter 1

경영학적 인문경영

제1장에서는 경영학적 인문 경영에 관하여 살펴본다.

경영의 출발은 측정할 수 있어야 하며, 분석할 수 있어야 한다. 이를 발전시키는 것이 경영학적 인문경영이 시작이다.
인문학의 힘은 직접적으로 미치는 것이 아니라 사람들에게 사람들 배울 수 있게 해주고 생각하는 힘을 준다는 것이 가장 큰 매력이고 특징인 것으로 생각된다. 항상 정해진 프로그램에 맞춰 생각하다가 인문학을 통해 자유로운 생각, 사람에 대한 생각을 하게 되면 그것이 사람들에게 공감을 주는 경영학적 소양과 능력을 키워주는 밑거름이 된다. 세계적으로 선풍적인 인기를 끌고 있는 애플의 창시자, 스티브 잡스!! 그는 생전에 인문학을 사랑했고 그런 인문학을 바탕으로 기술과 융합하려고 노력을 많이 했다.

1. 경영학적 인문경영

경영의 출발은 경영현상을 측정할 수 있어야 하며, 분석할 수 있어야 한다. 이를 발전시키는 것이 경영학적 인문경영이 시작이라고 볼 수 있다.

인문학의 힘은 직접적으로 미치는 것이 아니라 사람들에게 사람들 배울 수 있게 해주고 생각하는 힘을 준다는 것이 가장 큰 매력이고 특징인 것으로 생각된다. 항상 정해진 프로그램에 맞춰 생각하다가 인문학을 통해 자유로운 생각, 사람에 대한 생각을 하게 되면 그것이 사람들에게 공감을 주는 경영학적 소양과 능력을 키워주는 밑거름이 된다. 세계적으로 선풍적인 인기를 끌고 있는 애플의 창시자. 스티브 잡스!! 그는 생전에 인문학을 사랑했고 그런 인문학을 바탕으로 기술과 융합하려고 노력을 많이 했다. 그 노력의 결과로 아이팟과 아이폰이 탄생했고 그런 결과를 바탕으로 인문학의 중요성이 대두되기 시작 했다. 빠르고 신속하고 즉각적인 답변만을 원하던 경영에서 한계를 깨닫고 인문학에 발길을 돌렸지만 인문학은 경영과 같이 즉각적으로 그 해결책을 주는 학문이 절대 아니라고 생각된다.[1)]

1) 정진홍, 인문의 숲에서 경영을 만나다, 21세기북스, 2007

1) 재일 한국인 기업가 손정의 / 한창우

손정의 창업 30년과 미래 30년

인생의 슬픔을 조금이라도 줄이고 인생의 기쁨은 더욱 크게 하겠다. 한 사람이라도 더 많은 사람들이 활짝 웃었으면 좋겠다. 이것이 바로 우리 소프트뱅크의 진심이다.

소프트뱅크의 이념은 즉 무엇을 위해 사업을 하고 무엇을 이루려 하는지를 한마디로 이야기하면 “정보혁명으로 사람들을 행복하게 하겠다.”이다.

지금껏 소프트뱅크가 내세운 철학은 디지털 혁명을 통해 사람들이 지혜와 지식을 공유하는 것이었다. 이런 철학을 가지고 소프트뱅크의 기업가치, 주식의 가치를 최대치로 끌어올리고, 그 과정에서 인류와 사회에 기여하겠다는 것이다.

데이터란 무엇입니까? 뇌가 보유하는 지식이다. 그럼 알고리즘은 무엇입니까? 바로 뇌가 가진 지혜라고 할 수 있다. 인간에게는 지혜가 있다. 지식을 점점 더 많이 학습한다. 그리고 학습이라는 행위는 누군가가 뇌를 프로그래밍 했기 때문에 일어나는 현상이 아니라 뇌가 스스로 하는 행위이다. 아직까지는 인간이 프로그램을 만드는 단계이므로, 어떤 의미에서는 인간이 컴퓨터보다 더 뛰어나다고 할 수 있다. 하지만 사람을 훌쩍 뛰어넘는 피조물을 인류는 허용할 수 있을까요? 과학 기술의 진보를 그와 같이 허용하면 인간의 힘으로는 통제할 수 없는 상태가 벌어지고 멀지 않아 우리 인류는 이런 논의에 직면할 것이다.

우리의 뇌에는 기본적으로 지식과 지혜 그리고 감정이라는 세 가지 기능이 있다. 인간의 뇌는 지식과 지혜를 도구로 어떤 목표나 목적을 달성하기 위해 움직인다. 그 목표나 목적이 무엇인지 연구한 결과 인간의 뇌는 자신이 가장 즐거운 감정을 느낄 수 있는 방식으로 지식과 지혜를 사용 한다고 한다. 배가 고프면 그 배고픔이 충족되도록, 잠이 오면 졸음이 해결되도록, 좋은 집에 살고 싶은 욕구가 생길 때는 그렇게 할 수 있도록 한다. 감정을 충족시키는 방향으로 쾌감을 느낄 수 있도록 우리의 뇌는 지식과 지혜라는 도구를 사용해 제 기능을 다하는 것이다. 우리는 그와 같은 폭주를 막기 위해서 단순한 지혜와는 비교할 수 없는 가장 높은 차원의 감정은 컴퓨터가 가질 수 없는 가치와 풍요로움, 따듯함이나 애정과 같은 것을 추구해야 한다.

자신의 몸에 붙어 있는 칩이 뇌와 체내 통신을 하고, 또 멀리 떨어져 있는 다른 사람의 칩과도 무선통신을 합니다. 그리고 그 상대방의 칩은 다시 그 뇌와 체내 통신을 합니다. 이것이 텔레파시와 다를 게 뭐가 있습니까? 지금까지 사람들이 텔레파시라고 말한 현상이 과학기술로 30년 이내에 누구에게나 가능해질 수 있다. 30년 후의 소프트뱅크는 휴대전화 회사가 아니라 텔레파시 회사가 되어 있을지도 모른다. 지성과 따뜻한 마음을 가진 로봇은 우리에게 위해를 가하는 것이 아니라 오히려 사람보다 더 상냥할지도 모른다. 그리고 그들과 보다 나은 형태로 공존하는 사회가 탄생할지도 모른다. 소프트뱅크는 그런 사회를 실현하고 싶어 했다.

소프트뱅크가 제일 잘하는 일은 '집착하지 않는다'는 것이다. 그래서 특정 기술이나 특정 비즈니스 모델을 고집하지 않습니다. 다만 한 가지에 집중하고자 하는 분야는 '정보혁명'입니다. 과거 30년 동안에도 테크놀로지와 도구는 차츰차츰 변화해왔다. 그래도 소프트뱅크는 그 어느 하나에도 매달리지 않았다. 세계에서 가장 뛰어난 기업과 함께 인류의 라이프스타일을 혁신하겠다는 파트너십 전략이 있기 때문입니다. 뛰어난 예지와 우수한 에너지를 가진 동지들과 함께 파트너가 되어 전진할 것입니다. 그리고 300년 동안 망하지 않고 성장할 것이다.

46억 년 동안 지구에는 약 1,000억 개 종이 탄생했다고 합니다. 그런데 그 중 살아남은 것이 1억개 종이다. 또 과거 다섯 차례, 생물 종의 대멸종 위기가 있었다. 그 중 세 번은 중석이 원인이었다. 그 때마다 종의 70~90 퍼센트가 멸종했다고 한다. 지구의 종은 탄생과 멸종을 반복해왔는데, 46억 년의 역사 속에서 99.9 퍼센트가 멸종되어 사라졌고 생존한 종은 0.1 퍼센트에 불과하다. 기업은 어떻다고 생각하는가? 창업 이후 30년이 지나도 살아 있는 기업은 사실 0.02 퍼센트밖에 안된다. 99.98 퍼센트가 중도에 사라지는 것이다.

계속 숨 쉬고 끝없이 진화하는 그런 그룹 구조를 회사로서 처음으로 시도되고 발전했다고 말할 수 있다. 그러기 위해 중요한 것은 바로 '전략적 시너지 그룹'이란 구상이다. 지배하려 들면 중앙집권적이 되고, 중앙집권적이면 병목현상이 생겨서 이른바 '대기업 병'이라는 거대 조직의 고질병이 생긴다는 생각된다. 앞으로는 이런 전략적 파트너 그룹이 점차 늘어날 것이다. 자율적이고 분산적이면서 동시에 상부상조할 것이다. 그래야 비로소 자기 진화가 가능하고, 자가 증식이 가능하다. 누군가가 중앙에서 권력을 틀어쥐고 좌지우지해서는 안 된다. 협조형 전략적 시너지 그룹을 30년 이내에 5,000개사 정도 규모로 만들고 싶습니다. 현재는 대략 800개가 넘는다.

회사를 세운 첫날부터 오늘날까지 그 생각에는 변함이 없다. 인간의 뇌는 만족을 위해서 움직인다.

인간의 뇌는 자신이 생각하는 가장 최적의 감정을 느끼게 하기 위해서 지혜와 지식을 사용한다고 합니다. 멋진 집에서 살고 싶다. 돈을 많이 벌고 싶다. 배를 부르게 하고 싶다 등 자신의 만족을 위해서 지혜와 지식을 이용하는데, 단순히 감정적 욕망만을 위해서 뇌를 쓴다면 아주 야만적인 인간이 될 수 있다. 뇌세포가 가장 높은 욕망이 바로 사랑이라고 한다.

미국의 경제지 포브스가 2011년 발표한 '일본 부호 40인' 가운데 자산 총액 70억 달러(약 6조5000억 원)로 1위를 차지한 인물은 한국인이었다.

손정의는 1981년 PC용 소프트웨어 회사를 설립한 뒤 포털사이트 '야후 재팬' 운영 등으로 사업 기반을 마련하여 돈을 벌었다. 이후 공격적인 정보기술(IT) 분야 투자로 일본 내 최대 IT 기업군을 갖고 있다. 2001년에는 통신사업에도 진출하여 세계 최대 통신업체인 영국 '보다폰' 일본법인을 일본 기업인수 역사상 최고액으로 사들였다. 2005년에는 프로야구단(후쿠오카 다이에 호크스)을 인수하기도 했다.

외국인이 성공하기 힘든 일본에서 무서운 도전 정신과 열정으로 남들의 몇 배의 노력으로 정상의 자리에 오른 손정의는 일에 몰두하다가 결혼식에도 늦을 정도인 열정은 현재 배용준과 엔터테인먼트 기업을 설립할 정도의 강한 도전정신 갖고 있다.

구조적인 불황과 심각한 실업은 이제 우리 사회의 일상이 되었다. 대학은 취업입시학원으로 전락한 지 오래고, 청년들은 본인의 적성이나 기호는 생각지도 못하고 어렵게 고개를 들이밀어 회사에 들어가고 나서는 자기실현은 포기한 채 다만 밥벌이의 수단으로 생각하며 근근이 삶을 이어갈 뿐이다.

그러나 자신이 처한 열악한 조건과 상황에 굴하지 않고 꿈꾸고 과감하게 실행에 옮긴 한 남자가 있다. 일본에서 재일교포 3세로 태어나 일본 아이들이 이유 없이 던진 돌에 맞아 피를 흘린 소년. 선생님이 되고 싶은 꿈을 태생의 한계 때문에 이루지 못해 울분을 삼켜야 했던 청년. 그러나 그는 결코 무릎을 꿇지 않았다. 그는 자신의 꿈을 펼칠 수 있는 곳으로 달려갔고, 자신이 하고 싶은 일을 꿈꿨으며 그 꿈을 실현하기 위해 온 몸을 던졌다. 그리고 그는 이루었다. 그리고 지금 그는 더 큰 꿈을 꾸고 있다.

19살의 손정의가 세운 인생 50년 계획은 20대에 깃발을 올리고, 30대에 천억 엔의 자금을 마련한 후, 40대에 큰 승부를 벌여 50대에 완성시키고, 60대에 후계자에게 계승하는 것이었다. 남들이 대학에 들어가는 나이에 그는 인생 50년의 계획을 세운다. 이때 세운 인생 계획을 손정의는 하나씩 이루어 갔다. 누구보다 일찍 인생 계획을 세우고 도전한 손정의의 삶은 어린 시절의 꿈이 얼마나 중요한지 알려 준다.[2)]

2) 소프트뱅크 신30년 비전 제작위, 손정의 미래를 말한다, 커머스 코리아, 2011

일본 빠징고 대부 마루한 한창우

한국이 해방을 맞이하던 해에 열여섯 살이었던 나는 죽음을 무릅쓰고 밀항하여 일본의 시모노세키로 갔다. 내 인생을 돌이켜보면 사업을 하면서 재일 한국인이라는 이유로 금융기관으로부터 융자를 거부당하기도 하고, 청년상공회의소 입회를 거절당하기도 했다. 볼링 사업에 크게 실패하여 거액의 빚을 지기도 했다. 사업 실패로 인한 자살 충동과 큰아들 철이의 죽음으로 인한 정신적 충격 때문에 우울증을 앓기도 했다. 그러나 나는 희망을 버리지 않았다. 거액의 빚을 갚기 위해 다시 사업을 시작했고, 마침내 매출 30조 원을 달성하여 마루한은 일본 빠징고 업계를 주도하는 회사로 성장시켰다.

1931년 경남 삼천포(현 사천시)에서 겨우 3백 평 정도의 토지를 빌려 농사를 지으며 근근히 살아가던 가난한 소작농의 둘째아들로 태어난 한창우는 16세이던 1947년 10월, 친형의 권유로 밀항선을 타고 일본으로 건너간다. 몹시도 궁핍했던 그 시절 부모님으로부터 받은 두 되의 쌀이 가진 돈의 전부였던 그는 영양실조와 폐결핵으로 사경을 헤매면서도 주경야독으로 호세대학을 졸업했다.

그러나 1950년대 중반이라 해도 패전 후의 궁핍함을 벗어나지 못한 일본 역시 어려운 시기였기 때문에 대학을 졸업했어도 취업하기가 여간 어렵지 않았다. 도쿄대를 비롯하여 일류대를 졸업한 엘리트들도 취업이 쉽지 않았고, 게다가 재일교포라고 하면 아직은 소외당하던 시대였던 것이다. 한창우는 패션컨설턴트 공부를 하기 위해 프랑스 유학을 꿈꾸지만 경제적인 어려움에 부딪히고, 스스로 유학 비용을 벌기 위해 우연히 아는 형이 교토부 미네야마에서 운영하던 빠징고 가게에서 일을 하게 되었다. 이것이 그와 빠징고와의 첫 운명적인 만남이었다.

1953년 호세대학 졸업 후 교토 미네야마에서 의형이 경영하는 빠징고 '지나미'에 취업하여 근무하다가 '지나미'를 인계받아 경영하였다. 1957년 클래식 커피숍 '루체'를 오픈하였으며, 그 후 파친코 가게 '미네야마 카지노점', 레스토랑 '루체', 볼링장 등을 개점하였다. 1972년 (주)니시하라산업을 설립하고, 1999년 회사명을 (주)마루한으로 변경하였다. 현재 (주)마루한 대표회장으로, 마루한은 빠징고 업계를 선도하는 회사로 성장시켰다.

신화를 만드는 혁신의 경영으로 마루한 이즘(Maruhan-ism)을 만들어 내고 이를 인재 채용과 교육 및 육성을 위한 실질적인 방안과 점포 경영 전략을 비롯한 혁신적이고 창의적인 경영방식들이 고스란히 담겨 있다.

한국인에 대한 차별, 가난, 영양실조 그리고 파산의 위기를 극복해낸 그의 불굴의 정신이 녹아 있다. 포브스지는 한창우 회장을 두고 '불굴의 경영자', '창의적인 인물'이라고 평가하고 있다. 일본 재계에서 상위 30위 이내에 한국계 기업인이 들어간 것은 손정의 소프트뱅크 그룹 사장(8위)과 한창우, 단 두 명뿐이라는 점도 그의 기업경영이 현실적으로 얼마나 막강한 힘을 발휘하는지 잘 나타내주고 있다.

돈을 버는 것은 기술이고 쓰는 것은 예술이다. 2조원을 사회에 환원함으로서 마루한 회장이 사회 환원 활동을 예술로 보여주고 있다.[3)]

3) 한창우, 16세 표류난민에서 30조 기업가, 서울문화사, 2009

2) 파레토 법칙과 불평등

파레토 법칙

파레토 법칙 오늘날, "파레토의 원칙(Pareto Principle)", 혹은 "80:20 법칙"으로 알려지기에 이른다. 80/20은 우리의 감정이 집중 상태, 방법의 효율성에 따라서 상대적으로 달라진다.

파레토의 법칙(2004, 8)은 경영효율성을 높이는 기본원칙으로 작용 하면서 구미 기업의 새로운 경영기법으로 등장했다. 생산, 판매, 지원, 정보 시스템 등 분야와 장소를 가리지 않고 적용되었다.

기본 원칙이 지켜질 때 자연스럽게 관측되는 현상이라고 할 수 있다. 인위적으로 깨트리면 깰 수 있지만, 고객들은 발길을 돌릴 것이고 장사를 접어야 했다. 사업경영의 효율성에 의구심을 가지면서 파레토법칙은 비생산적 비능률에 의구심을 갖는다. 20대 80법칙은 20% 인구가 전인구의 부를 80% 갖고 있다. 결국 80%가 가난속에 산다는 법칙인데, 이는 IMF이후 핵심자원이 집중을 가져왔다.

지식사회라는 직위가 무너지고, 자본/ 기술의 가치 변화로 연봉제 도입과 적령제가 자리를 치지하면서 평생직장이 사라지고 명퇴. 정리해고가 등장했다.

미국의 1% 자산가가 미국 전체의 부를 1/3을 차지한다. 우리나라인 경우 순자산의 50%를 상위 10%가 가지고 있다. 불평등과 편중의 현상으로 이탈리아 경제학자 파레토가 80-20 법칙 즉 100년전 이탈리아 토지의 80%가 20%인구가 소유하고 있다. 콩밭에서 나오는 수확의 80%가 20%의 콩깍지에서 나온다. 그러나 여기에서는 숫자의 의미는 없다. 90-10, 99-1일 수도 있다. 원래 자연은 불평등하다. 무릇 있는 자는 풍족하게 되고 없는 자는 빼앗기리라(마태복음 효과), 자연의 법칙에 맡기면 낮은 확률이고, 불평등을 극복하기 위해서는 효율적인 근면을 택하는 것은 자유다.

자연은 그저 냉정할 뿐이며 탐욕은 보이지 않는 곳에서 기웃거리고 있다. 자본과 자산이 흐름은 인구의 10%가 90%를 소유한다. 길거리에 흙이 많으면 호황이고 담배 꽁초가 많으면 불황이다(어느 청소부).

21세기형 시장경제의 모델은 민주주의적 참여, 생태적 가치, 정치의 역할이 존중되는 민주주의적 시장경제다. 그 위에 인간 상식의 유대를 전제로 하는 삶의 질을 높이는 세계화를 이야기한다. 세계화는 소수의 승리자와 다수의 패배자로 사회를 재편하고 있다고 주장하고 있다.[4)]

4) 한스피터 마르틴, 강수돌 역, 세계화의 덫, 영림카디널, 2003.

기아 인구의 폭증, 전염병의 세계적 확산, 실업률 증가, 대기업의 독과점, 극심해지는 환경오염, 선진국에게만 유리한 일방적인 관세 등 이렇게 세계화 이후 더욱 심각해진 양극화를 해소하고, 지속 가능한 발전을 이룰 수 있는 제3의 길은 어디에 있는 것일까? 세계화는 경제적 기업 다원주의로 이어지며, 이러한 세계화 경제의 규칙이 변하지 않고 계속해서 부자와 빈자 사이의 격차를 극단으로 벌려놓는다면 교육 불평등, 실업, 정치적 불안정, 환경 재해, 강대국 일방주의의 타당성 공고화 등 여러 불안요소와 위기들의 상승 작용으로 종국에는 세계적 분열과 전쟁을 피할 수 없게 됨을 설명한다. 그리고 세계화가 모두에게 긍정적인 작용을 할 수 있도록 지속 가능한 발전과 양극화 해소의 기본전략이 필요하다.[5)]

불평등

우리는 사회적 가치가 시대에 따라 변화하는 상대적인 요인을 이해해야 한다. 오늘날의 부모 세대는 '자연적 성장을 통한 성취'의 문화적 논리 아래에서 성장해왔음을 나타내고 현 시대에서 '집중 양육 전략'은 우위를 보이는 아동 양육의 문화적 논리이다. 여기에서 두 번째 해석의 관점이 제기된다. 사회 구성원, 특히 경제적. 문화적 주도권을 쥐고 있는 부모 세대는 말 그대로 사회를 구성하는 일부분인 동시에 사회의 논리와 가치를 결정하는 주체이다. 예를 들어 오늘날 사회에서 자녀의 집중 양육 전략이 더 가치 있는 양식으로 인정받는 이유는 이를 적용하는 계층이 사회에서 주도적 위치를 차지하고 있기 때문이다. 아이들은 출생과 동시에 이러한 배경 속에 놓이는 것이다.

우리는 사회에서 주도적 위치를 차지하는 계층과 그렇지 못하는 계층이 있음을 알 수 있고, 또한 이 두 계층이 각각 서로 다른 자녀 양육 방식으로 집중 양식과 자연적 성장을 통한 성취되고 있음을 알 수 있다. 문제제기는 비록 눈에 보이지 않지만 부모의 사회적 지위가 자녀의 삶에 얼마나 큰 영향을 미치는지에 대해 알아 볼 수 있다.[6]

1997년 IMF 외환위기 이후 한국사회에서는 양극화 현상을 중심으로 한 불평등 문제가 초미의 관심사로 떠오르고 있다. 최근 우리 사회의 양극화는 소득의 차원은 물론이요 사회 다방면으로 파급되고 있다. 소비생활을 중심으로 한 문화적 차원으로 확산되어온 우리 사회의 양극화는 이제 성취동기와 직결된 의식적 차원에까지 도달함으로써 내면적 문명충돌을 염려해야 하는 위험한 국면으로 치닫고 있다. 양극화의 진앙이 경제적 불균등에 있는 것인 만큼 경제현실의 개선은 양극화 해소를 향한 최우선 과

5) 로버트 아이작, 강정민 역, 세계화의 두 얼굴, 이른아침, 2006
6) 아네트 라루, 박상은 역, 불평등한 어린시절, 에코리브르, 2012

업이라고 하겠다. 소통 합리성의 증진이 사회적 관용과 상호이해를 촉진함으로써 사회적 대립갈등을 해소하는 데 기여할 수 있을 것이라는 논리에 기초한 새로운 양극화 해법을 제시한 결론에 각별한 주목을 요한다.[7)]

소득과 부의 불평등을 간결하고 흥미롭게 드러내는 한편, 부와 빈곤의 역사가 지금 우리의 삶 속에서 어떤 중요성을 갖는지 통찰력 있게 조망해본다. 한 국가내의 개인들 간의 불평등, 세계 여러 국가들 간의 소득 불평등, 그리고 세계 시민들 사이의 불평등으로 주제를 나누고, 각 불평등을 잘 보여주는 다양한 사례와 함께 세 가지 주제 전반으로 살펴보고자 한다.

불평등에 있어서는 몇몇 중요한 교훈을 얻을 수 있다. 첫째로 이것은 파레토가 주장한 소득 분배의 철칙이 틀렸음을 증명한다. 각기 다른 정치제도에 따라 분배도 달라질 수 있음을 보여 준다. 둘째로 정치적 강압과 결합된 경제적 평준화는 결국 침체와 몰락으로 이어짐을 보여 준다. 셋째로 지배층의 행동이 지배를 정당화하는 사상과 조화를 이루는 것이 중요함을 보여 준다. 선진국에서는 지난 25~30년간 가처분 소득의 불평등이 크게 늘었다.[8)]

3) 한국의 경제구조

중소기업 88.1%, 대기업 11.9%로 선진국일수록 중소기업 육성정책을 추진하고 있다. 그 예로 금형제조분야는 일본이 우월하다(뿌리깊은 나무).

한국 저축율은 34%, 투자는 38%로 재무구조가 취약하다. 그 결과 금리가 높을 수 밖에 없다.

7) 김문조, 한국사회의 양극화, 집문당, 2008
8) 브랑코 밀나노비치, 정희은 역, 가진자 못가진자, 피이카, 2011

한국의 경제 현실은 고임금, 동남아의 10배, 토지가 120배, 고금리 6.6%(선진국 2.7%-4.5%), 규제는 한국의 66%, 베네스웰라에 이어 2위 이다. 최저임금(96, 9-97,8)은 316,400원으로 9.8% 하락 하였다. 베이비붐 시대에 태어난 55-74(65년생)년생은 한국 경제의 부흥세대로 7백-1천만명이 퇴직하거나 실업자가 발생함으로써 정부의 보호대책이 요구되고 있다.

세계인구는 90년에 50억명이고, 2000년대 61억명, 2020년에 100억명으로, 매일 22만명 태어나고, 매년 8800만명이 증가하고 있다.

2012년도 대학 취업률은 59.5%로 교양지식은 확대되었으나 전문지식 특히 제조기술이 취약하여 창업과 제조가 지식산업의 기반인 기초과학 학문이 필요하다. 이는 국가 경쟁력 근간으로 핀란드, 스위스, 일본 등이 기초과학 학문이 대체적으로 발달된 나라들 이다(SBS, 2007, 12, 12).

삼성전자 공과대학은 학비와 교재비 등도 모두 회사에서 지원한다. 또한 학교를 다니는 동안에도 월급이나 보너스 등을 모두 지급해 아무 걱정 없이 공부에만 매진할 수 있도록 배려하고 있다. 1년 동안 학생 한 명에게 배당된 교육비 예산만도 3,700만 원에 달한다. 삼성 전자공과대학은 2004년에 박사를 처음 배출한 데 이어 2005년에는 박사과정 3명, 석사과정 21명, 전문학사과정 32명 등 모두 56명의 졸업생을 배출했다. 삼성은 CEO 한 명을 만들어 내는 데 무려 수백억이나 들인다. 그리고 뛰어난 인재 한 명이 삼성을 먹여 살릴 인재가 된다. 즉, 삼성이 인재를 만들고, 인재가 다시 삼성을 만들어 내는 것이다.[9]

9) 신현만, 이건희의 인재공장, 새빛에듀넬, 2007

한국의 경제력은 현금 2700조원, 부동산 6600조원 단기부채 440조원, 지방부채 400조원, 가계부책가 800조원으로 세계 10대 강국이다. 한국은 경제발전에 한계점에 와 있다. 이를 극복하기 위해 몽고 뉴라시아와 유럽의 관문 터키, 동남아이 중심 베트남, 한국과 풍습의 비슷한 남미 페루 등 세계를 거점으로 투자를 벨트화하고 문화의 다양성을 넓혀 나가야 한다.

정부는 2001년 벤처기업 11.292개 지원하여 창업열풍을 일으켰으나, 2004년에는 7.976개로 감소하였다.

창업의 구성요소는 아이템 선정 - 기업가 정신 - 경영자원(3M, 자본, 자원, 경영관리) 등이 기본적인 요소를 갖고 있다. 시간과 때를 잘 만나야 한다. 어떤 분위기와 환경에 점유하고 있는가. 이들을 융합하는 지식이 활용이 중요성을 강조했다(부의 미래, 엘빈 토플러).

신용카드 발급, 2000년에 1.2개 2011년 4.8개 보유, 이는 서울- 부산 왕복12번으로 1만 11000㎞를 깔 수 있는 량으로 지구(6천㎞)를 2번 돌 수 있다.

자본주의가 만든 계급구조는 빈곤층(120만명), 서민층(300만명), 실업자(390만명), 보통서민(50%), 초상류(10%), 신용불량자 500만 명을 양산했다.

자본주의 계층은 극빈/빈곤층이 150여만 명으로 정부는 사회 안전관리 차원에서 4인 가족 기준으로 120만원 정도 사회비용을 지원하고 있다.

한국은 선진국에 들어가면서 네트워크 비즈니스는 성장, 팽창기를 맞이하게 될 것이다.

선진국에 진입하면서 소득수준은 높아지고 구매력은 향상되고 사회가 투명해져서 불법피라미드나 불법다단계판매 회사는 발붙이기가 어렵게 될 것이다. 네트워크 마케팅 회사들이 취급하는 제품의 품질도 향상되어 선진국처럼 직접 판매방식에 의한 소비가 급증할 것이기 때문이다.

2020년 이후에는 어떤 산업에서나 나타나는 성장, 팽창기를 거쳐서 성숙, 쇠퇴기를 맞이할 가능성이 있다. 하지만 성숙, 쇠퇴기에 대응하기 위해 네트워크 마케팅 회사들은 지속적으로 다양한 상품개발과 글로벌 시장 확대라는 새로운 대안을 가지고 세계화 시대, 인터넷 시대를 멋지게 돌파해 나갈 것이다.

앞으로의 네트워크 비즈니스는 많은 부분이 인터넷 세상에서 이루어질 것이기 때문에 향후 사업자들은 인터넷에 보다 많은 관심을 가져야만 한다.

따라서 지금 네트워크 비즈니스를 바르게 이해하고 바른 회사와 연결되어 네트워크 비즈니스를 펼치고 있는 사업자들은 앞으로의 성장, 팽창기를 맞아서 지금까지의 도입, 발전기에 탄생했던 성공자들 보다도 훨씬 큰 성공자가 될 가능성이 높으며, 사회적으로도 인정받고 당당하게 사업을 펼쳐나가는 네트워크 비즈니스 2세대 사업자들이 될 것이다.[10)]

10) 이영권, 한국경제의 미래와 생존, 엔타임, 2011

세금수입의 불공평

엥겔지수(Engel's coefficient)는 경제 경제일반 1857년 독일 통계학자 엥겔(Ernst Engel)이 가계 지출을 조사한 결과 저소득 가계일수록 식료품비가 차지하는 비율이 높고, 고소득 가계일수록 식료품비가 차지하는 비율이 낮음을 발견하였다.

엥겔지수(Engel's coefficient)는 경제일반 가계의 총소비 지출액에서 식료품비가 차지하는 비율을 말한다. 소득수준이 높아질수록 식료품관련 지출보다는 식료품이외의 지출이 급격히 늘어난다는 점에 착안하여 생활수준의 정도를 나타낸다. 일반적으로 엥겔지수가 20% 이하면 상류(최고 문화생활), 25~30%는 중류(문화생활), 30~50%는 하류(건강생활), 50% 이상은 최저생활 등으로 분류된다.

대한민국 엥겔지수는 평균 23.4%(2012, 3), 임시 일용직 31.2%, 노인가구 35.5%, 다문화가구 31.8% 장애인가구 29.7% (한국은행, 2012 자료) 가구 평균 엥겔지수에 비해 저소득층의 경우에는 약 8% 가까이 더 높은 수치를 보임으로써 저소득층이 비율이 높음을 나타낸다.

2만불 시대(2008)에 거제도는 3만 5천불, 울산이 4만불, 영종도가 3만불이며, 제주도는 1만6천불로 지역마다 차이가 있다.

소득이 120만원 이면이하 빈곤층이고, 300만원이면 서민층, 500만원 중간층이고, 1천만원 이상이면 상류층으로 자본주의 만들어낸 계층구조이다.

근로소득의 25%, 자본소득의 15%는 많이 버는 사람에게는 세금을 많이 내어 저소득층에게 조금의 혜택을 주자.

한국의 행복지수는 세계은행에서 사용하고 있는 인간개발지수(Human Development Index)는 우리에게 잘 알려진 후생지표이다. 인간개발지수는 1인당 평균소득과 같은 물질적 부뿐만 아니라 예상수명, 영아사망률, 문맹률, 교육수준 등 삶의 질과 같은 측면을 포함하고 있다. 이와 함께 진정진보지수(Genuine Progress Indicator), 녹색국민총생산(Green Net National Product), 빈곤지수(Human Poverty Index) 등도 제안되었다. 이제 성장을 대신하는 새로운 지표의 개발은 새로운 성장 산업이 되었다.

성장을 대신하는 새로운 후생지표 가운데 세계의 관심을 끌고 있는 것은 국민행복지수(Gross National Happiness)이다. 행복지수라는 참신한 아이디어의 포스터 모델은 부탄정부이다. 부탄은 히말라야 산맥 동쪽에 티베트와 인도와 접한 사방이 온통 산으로 둘러 싸여진 인구가 100만 명도 안 되는 왕국이다. 1972년 당시의 통치자였던 지그메 싱계 왕추크(Jigme Singye Wangchuck) 전 국왕은 국민들이 물질적 풍요와 전통적 가치를 보존하는 국가에서 살 수 있는 경제를 국정목표로 설정했다. 그는 이러한 후생지표를 국민행복이라고 명명하고 부탄왕국은 국민총생산에서 벗어나 국민행복을 추구할 것을 역설했다. 이에 따라 부탄정부가 국민의 행복 증진을 위해 설정한 목표는 성장보다는 지속 가능한 경제발전, 환경 보호, 문화 진흥, 그리고 좋은 통치이다.

시간의 사용 영역은 삶의 질을 나타내는 가장 효과적인 창문이다. 사람들이 시간을 어떻게 사용했는지를 측정하는 이유는 노동 이외의 시간이 행복에서 차지하는 역할 때문이다. 수면과 자기개발, 공동체 활동, 교육과 학습, 종교 사회 및 문화적인 활동, 운동과 여가활동, 그리고 여행 등에 활용한 시간은 삶을 풍요하게 하고 행복을 증진시킨다. 살림을 하고, 애들을 키우고, 가족 가운데 아픈 사람을 돌보는 가사활동은 시장에서 거래되지 않는 경제활동이기 때문에 국민소득 계정에는 포함되지 않으나 우리의 후생과 복지를 증진시키는 요인이기 때문에 국민행복지수에서는 매우 중요한 몫을 차지한다.

공동체의 활력 영역은 개인과 공동체와의 관계, 공동체 내에서의 개인 사이의 상호관계에 초점을 두고 있다. 이 영역은 신뢰의 본질, 공동체의 귀속감, 가정과 공동체의 안전, 나눔과 자원봉사 등을 포함된다. 공동체의 활력 영역의 지표는 가족, 안전, 상호의존, 신뢰, 사회적인 봉사, 공동체 참여도, 그리고 친척과의 친밀도로 구성되어져 있다.[11)]

11) Babasteve at en.wikipedia.org

문화적 전통의 유지는 부탄의 중요한 정책 목표 가운데 하나이다. 전통과 문화의 다양성은 부탄인의 정체성과 가치관, 그리고 창의력의 배양에 크게 공헌한다고 믿기 때문이다. 문화 영역은 문화적 전통의 다양성과 강점에 초점을 두고 있다. 이 영역은 문화시설, 언어사용의 형태, 그리고 공동체 축제와 전통적 오락의 참여 정도를 조사한다. 이러한 지표들은 부탄인의 핵심적 가치를 측정하고 가치관과 전통의 변화를 추정한다. 문화의 다양성과 유연성을 측정하는 지표는 방언, 전통, 운동, 공동체 축제, 예술적 기능, 가치관의 전파, 기본적 통찰력 지표이다.

좋은 통치 영역은 행정의 질이나 효율성, 정직성에 대한 국민의 평가를 반영한다. 통치 영역의 지표는 인권, 정부 각 부처나 기관의 지도력, 불평등과 부패를 추방하기 위한 정부의 감독 및 정책 능력을 포함시킨다. 이와 함께 언론매체와 사법부 그리고 경찰에 대한 국민의 신뢰지수도 포함된다. 즉 정부의 업적, 자유, 그리고 제도와 기관에 대한 신뢰가 통치영역에 포함된다.

영국에 본부를 둔 유럽 신경제재단(NEF)은 지난 해 국가별로 행복지수를 조사했다. 이 조사에서 부탄은 1위를 차지했다. 1인당 국내총생산이 2,000 달러에도 미치지 못하는 부탄은 응답한 국민 가운데 97%가 행복하다고 답변했기 때문이다. 부탄에 비해 1인당 국내총생산이 10배나 높은 대한민국은 143개국 가운데 68위에 그쳤다.[12)]

12) gettyimages

한국의 수출과 수입

자동차/반도체로 5억불 수출, 농어업 분야는 6억불 수입하고 있다(KBS, 대통령 대담, 2011, 9, 8).

유럽 재정위기 불안과 중국 성장세 둔화 등으로 세계교역이 다시 불황기에 진입한 가운데 일부 품목의 세계 수입시장 규모는 오히려 증가한 것으로 나타났다. 특히 수입증가 품목이 국가별로 상이한 것으로 나타나 불황기 우리 수출확대를 위해서는 시장별로 차별화된 품목을 통한 수출확대 전략이 요구된다. 최근의 세계교역 불황기(2011년 9월-2012년 4월)에 EU, 미국, 중국, 일본 등 4대 수입시장을 분석해 품목별 수입 동향을 살펴보고 수입증가 품목을 우리나라의 '불황기수출 유망품목'으로 제시하고 있다.

세계 최대 수입시장인 EU의 경우 무선통신기기 및 일반기계 등의 수입이 증가하였으며 미국은 자동차 및 컴퓨터, 일본은 석유제품, 반도체, 전

2012년 우리나라의 주요 수출 품목	2012년 우리나라의 주요 수입품목
1. 자동차	1. 농수산물(쌀,밀가루)
2. 반도체	2. 생필품
3. 선박	3. 식료품
4. 무선통신기기〈핸드폰〉	4. 전자제품
5. 컴퓨터	5. 원자재(원유,석탄,철광석,원목,고무)
6. 석유화학제품	6. 커피
7. 섬유	7. 바나나
8. 철강	8. 공업재료(컴퓨터나반도체)
9. 가전제품	9. 양모
10. 기계	10. 축산물
11. 가발	11. 담배
12. 합판	12. 철금속
13. 한천(우무가사리 해초)	13. 화학공업원료
14. 신발	14. 소비재
15. 한국민속판(한지제품)	15. 기계

기기기 등의 수입이 증가한 것으로 나타났다. 개발도상국인 중국은 원유, 천연가스와 같은 대부분원자재를 비롯해 산업재인 석유화학 수입이 증가한 것이 주요 특징으로 꼽힌다. 나아가 시장별 수입증가 품목 중 일부 품목은 세계 평균 수입시장증가율(5.9%)을 상회하며 불황기에도 시장규모가 크게 확대된 것으로 조사됐다.[13)]

13) 강석기, 불황기 수출 유망품목을 잡아라. 한국무역협회, 2013

지난 10년간(2000-2009) 우리나라 수출구조를 보면 주요 품목의 완제품 해외생산 확대로 부품이 수출에서 차지하는 비중이 크게 증가하였으며, 최근에는 부품마저 완제품과 동반해 해외로 진출하는 사례가 늘고 있는 것으로 나타났다. 이에 따라 우리의 주요 수출시장도 선진국에서 생산시설이 위치한 개도국(BRICs 등)으로 빠르게 변화하였다.

우리 수출산업 구조에 있어 2000년대 초까지를 대변혁기라고 한다면 2000년대 중반부터는 선박, IT제품(반도체? 평판디스플레이? 휴대폰), 자동차 등 소수 품목으로 수출이 집중되고 이러한 구조가 정착된 시기이다.

품목별로는 선박 및 평판디스플레이의 수출이 크게 증가하였으며 반도체, 휴대폰, 자동차 수출은 꾸준히 성장세를 이어갔다. 특히, 평판디스플레이는 2000년대 중반 TV용 LCD 수출이 본격화된 이후 주요 수출품목으로 급부상하였다.

2000년대 우리 수출구조의 또 다른 특징은 해외생산 확대로 인해 5대 수출품목을 중심으로 완제품 수출구조에서 부품 및 부분품 수출구조로 빠르게 변화했다는 점이다. 2009년 현재 부품 · 소재 수출비중이 47%로 상승하였으며, 이러한 추세는 앞으로도 가속화될 전망이다. 최근에는 부품산업마저 완제품과 함께 해외로 진출하는 사례가 눈에 띄게 증가하고 있다. 이에 따라 우리의 수출시장 구조도 선진국에서 개도국 위주로 변화했는데, 이는 해외 생산지에 대한 부품 공급 차원의 시장 다변화로 해석된다.

이러한 수출구조 및 수출시장의 변화는 향후 더욱 빠르게 진행될 것으로 예상된다. 따라서 우리 수출의 지속적인 성장을 위해서는 국내 본사를 중심으로 기술 개발 및 선점에 힘쓰고 아울러 생산거점이 없는 신흥시장을 개척하는 노력이 요구된다. 조선, 반도체, 휴대폰, 평판디스플레이는 지속적인 수출 성장을 위해 기술개발에 총력을 기울여야 하며, 자동차 및 휴대폰 완제품 수출 증대를 위해서는 생산거점이 없는 신흥시장을 집중 공략할 필요가 있다.

정부 차원에서는 수출 패턴 및 수출 시장의 변화를 감안하여 시장별, 품목별로 차별화된 수출 지원제도 및 육성전략을 세워야 한다. 또한 해외생산 확대로 인한 수출 증가 둔화, 핵심기술의 해외 유출 및 고용 감소를 방지하기 위해 핵심 부품산업의 국내 생산기반을 유지시킬 수 있는 우호적인 여건을 마련해야 할 것이다(한국무역협회, 국제무역연구원).

비정규직

새정부 출범을 앞두고 국내 기업들의 '비정규직의 정규직화'가 유행처럼 번지고 있다. 박근혜 대통령 당선인이 대기업의 고용 창출 및 안정성을 강조한 데다 기업의 사회적 역할도 강조되고 있기 때문이다. 하지만 기업들은 대규모 정규직화로 인한 고용의 경직성이 커질 것을 우려하고 있다. 정권이 바뀔 때마다 일자리 창출과 정규직화라는 모순된 논리를 강요한다고 볼멘소리를 하고 있다. 신규 일자리를 만들려면 고용의 유연성을 위해 비정규직을 늘릴 수밖에 없는데 두 마리 토끼를 한꺼번에 잡으라고 주문하는 것은 무리라는 반응도 나온다. 비정규직이라는 단어가 우리에게 익숙해지기 시작한 것은 1997년 외환 위기부터다. 당시 국제통화기금(IMF)은 경제적 지원 조건으로 노동시장의 유연성 강화를 요구했다. 결국 1998년 1월 정부와 재계, 노동계가 참여하는 노사정위원회가 구성됐고 이후 한 달여 만에 '경제 위기 극복을 위한 사회 협약'이라는 것이 만들어졌다. 협약의 주요 내용은 기업의 경쟁력 강화를 위한 정리해고제와 근로자 파견제 등의 도입이었다. 본격적인 노동시장의 유연성 강화가 시작된 것이다.

1997년 607만 4000여명이던 임시 · 일용직 노동자는 2001년 696만 2000여명으로 4년 새 15%나 늘어났다. 반면 같은 기간 상용직은 715만 1000여명에서 652만 5000명으로 줄었다. 비정규직 문제가 본격화되기 시작한 것이다. 1997년 말의 IMF 외환위기 이후부터이다. 당시 매우 혹독했던 경제 위기를 극복하는 과정에서 많은 기업이 비용절감과 해고의 용이성 등을 이유로 비정규직을 양산한 것이다. 그 결과, 2010년 통계청의 3월 경제활동인구 조사 부가조사 분석 결과, 비정규직이 전체 임금근로자의 49.8%인 828만 명에 이르게 되었고, 임금수준은 정규직의 62.8% 수준에 불과한 등 차별과 남용의 문제가 우리 사회의 커다란 이슈로 대두되었다. 이렇게 비정규직 근로자가 심각한 사회적 문제로 제기되자 그에 대한 대책을 마련하기 위해 정부, 사회, 노동단체, 국민들은 제도 개선 노력의 일환으로 비정규직근로자 권리보장을 위해 관련 법률의 개정준비 등 다양한 개선의 노력을 하고 있다.

비정규직 문제가 심각한 사회 문제로 대두하자 당시 김대중 대통령은 사회 안전망 확대를 통해 이를 해결하려고 했다.

노무현 정부가 들어서면서 비정규직 확대로 인한 부작용에 직면하게 된다. 이에 따라 정부는 2007년 비정규직보호법을 마련했다. 주요 내용은 기업의 비정규직 사용을 2년으로 제한하고 2년이 지나면 정규직화하는 것이었다. 하지만 적지 않은 기업들은 2년 안에 비정규직을 해고하는 방법으로 법을 피해 갔다. 2009년 당시 노동부 조사 결과 비정규직보호법이 만들어진 뒤 정규직과 무기 계약직 전환율이 84%로 높아지기도 했다.

이명박 정부 출범 후에도 고용 창출은 화두였다. 노동부가 고용노동부로 간판을 바꾼 것은 이를 잘 보여주는 사례다. 이 대통령은 비정규직 문제에 대한 해결보다는 일자리 창출에 관심이 많았다. 2008년 미국발 금융위기가 발생하면서 청년 실업이 주요 의제로 떠올랐기 때문이다. 하지만 새롭게 만들어진 일자리는 대부분 저임금의 임시직이었고 청년 실업을 해결하는 근본적인 해결책이 되지는 못했다.

새 정부 출범을 앞두고 다시 정규직 바람이 부는 것도 바로 이 때문이다.

통계청(2012, 3, 7)의 조사에 따르면 국내 비정규직(계약직 · 파견직 · 임시직 등 포함)은 지난해 8월 기준 591만명으로 33.3%에 이른다. 2011년 3월 577만명, 2011년 8월 599만명, 2012년 3월 580만명으로 해마다 증감을 거듭하고 있다. 여기에 기간제와 특수고용 등도 비정규직에 포함시켜야 한다는 노동계의 주장에 따르면 842만여명(47.5%)이 고용불안에 시달리고 있는 것이다.

10대 그룹 92개 상장계열사의 전체 직원 수(2012년 9월 사업보고서 기준)는 57만 1000여명이다. 이 중 비정규직(직접고용 계약직)은 3만 5000여명으로 전체의 6.2%에 불과했다. 지난해 8월 통계청이 집계한 국내 비정규직 비율 33.3%에 비해 크게 낮은 수준이다. 롯데그룹의 비정규직 비율이 가장 높다. 롯데그룹의 9개 상장계열사 직원 4만 500여명 중 20.9%인 8450여명이 비정규직이다. 롯데그룹 관계자는 "유통업의 특성상 비정규직 비율이 높은 편"이라면서 "대형마트 영업 규제와 신규 점포 출점 제약 등의 경영 환경 악화로 당장은 어렵지만 장기적으로 개선책을 마련하고 있다"고 했다. 삼성그룹의 비정규직은 비율(5.3%)은 낮았지만 9600여명으로 가장 많았다.

반면 비정규직 비율 최하위를 기록한 곳은 현대차그룹이다. 현대차그룹은 전체 직원 12만 1700여명 중 3190여명만이 비정규직 근로자로 그 비중이 2.6%에 불과했다.

한화그룹의 전격적인 비정규직의 정규직 전환을 계기로 다른 기업들은 다시 고민에 빠졌다. 정규직화에 따른 임금과 복지비용 부담보다는 '노동의 유연성' 때문이다. 즉 기업이 경영상 어려울 때 정규 직원들은 쉽게 해고할 수 없어서 경영 측면에서 큰 위험이 따른다는 것이다.

한국경제연구원에 따르면 2007년 우리나라 노동시장의 유연성은 경제협력개발기구(OECD) 비교 대상 18위에 그쳤다. 노동시장 유연성은 1998년 11위였으나 이후 10년간 계속 하락해 2007년 현재 포르투갈, 스페인, 그리스, 프랑스에 이어 다섯 번째로 경직적인 것으로 나타났다. 변양규 한국경제연구원 박사는 "정규직 노동시장의 경직화와 높은 해고 비용은 경기가 호황일 때라도 기업들이 정규 직원보다 비정규직을 채용하는 원인"이라면서 "기업이 경영 상황에 따라 직원 수를 조절할 수 있는 권한과 노동의 유연성이 커져야 신규 일자리 창출이 가능해진다"고 말했다. 하지만 노동계는 입장이 다르다. 비정규직 근로자가 전체 근로자의 3분의1 이상을 차지할 정도로 노동시장의 유연화가 진행된 상황에서 더 이상의 유연화는 근로 조건 악화와 고용시장의 불안정만 가져올 뿐이라고 주장한다. 노동계 관계자는 "기업들이 비정규직에 대한 극심한 차별은 바로잡지 않은 채 전체 인력 중 비정규직 비중만 늘리려고 급급해하는 모습"이라면서 "기업들이 고용의 질이나 안정성에는 전혀 관심을 두지 않고 이윤 극대화에만 몰두하고 있다는 뜻"이라고 지적했다.

주어진 경제성장 하에서 보다 많은 일자리를 만들기 위해서는 노동시장의 제도를 개선해야 한다. 특히 여성, 청년 및 고령층의 보다 활발한 경제활동을 유도하고 이들을 고용할 제도의 정착이 중요하다. 우선 고령층의 고용 연장을 위해 임금 연공성을 축소하는 장기적 접근이 필요하다. 여성의 경제활동참가 제고를 위해서는 일 · 가정 양립을 위한 제도적 개선이 시급하다. 특히, 근로시간의 다양화를 추진하여 보다 많은 여성들이 노동시장에 진입할 수 있는 여건을 조성해야 한다. 한편, 기업에게도 적절한 유인을 제공하여 단시간 근로 여성, 고령층 등을 포함한 다양한 형태의 노동공급에 대한 수요를 증대시킬 필요가 있다.

청년실업문제는 청년층의 고학력화에 의한 구조적 문제이기 때문에 장기적 관점에서 대학교육의 정상화를 통해 지나친 고학력화를 막아야 한다. 청년층을 고용하는 기업에 대해 세제혜택을 부여하는 등이 제도가 필요하다, 한편, 근로자보호를 위해 특정 근로자의 안정성만 중시하는 직업의 안정성(job security)에서모든 근로자의 안정성을 중시하는 고용의 안정성(employment security) 개념으로 정책의 기본방향을 전환해야 한다. 비정규직 문제도 고용의 안정성에 초점을 두고 비정규직의 사용에 대한 직접적인 규제는 지양해야 한다. 이와 같은 정책을 실천하기 위해 사회적 대화를 통한 이해당사자 모두의 양보를 유도해야 하며 일부의 희생 및 양보를 전제로 하는 정책은 지속 가능한 정책이 될 수 없다.

교육부문에서는 창의성과 수월성을 갖춘 인재를 육성하고 고등교육의 경쟁력 강화를 위해서는 먼저 학력수준의 하향평준화를 야기하는 획일적인 교육과정을 초래한 평준화 정책을 재검토하고, 학교 단위에서 다양한 교과과정을 제공할 수 있도록 사립학교에서의 자율성을 강화할 필요가 있다. 한편 창의성 · 수월성 교육을 위해서는 교사의 역할이 절대적인 만큼 교원양성제도를 개선하고 교원 평가제도를 개선하여 교사의 역량을 강화할 필요가 있다.

국가경쟁력 향상을 위한 전문인력 양성을 위해서는 초. 중등교육단계부터 내실 있는 진로교육체제를 구축하여 효과적인 교과통합 진로교육을 정착하고 진로교육 담당교사의 전문성 확보를 통해 개인별 맞춤 진로상담 서비스를 정비할 필요가 있다. 그리고 일류 전문인 양성을 위한 전문인력 평생 관리체제를 도입하여 재능 발굴 및 관리시스템을 구축하고 개인별 평생 경력 관리체제를 통해 전 생애동안 개인의 전문성 개발과 관리가 일관성 있게 이루어지도록 유지할 필요가 있다.[14)]

14) 변양규, 유진성, 이인재, 김종숙, 이규용, 고기정, 차기전부 정책과제, 한국경제연구원, 2012

비정규직 문제는 어떤 점 때문에 양극화와 관련된다. 그것은 정규직과 비정규직의 임금 격차 때문이기도 하지만, 근본적으로는 자본 소득 대 노동 소득의 차이 때문이다.

기업의 이윤은 노동 시장이 아니라 금융 시장 쪽으로 흘러든다. 기업이 돈을 많이 벌더라도 그 돈은 직원들에게 임금을 많이 주고 일자리의 질을 높이는 데 쓰이기보다는 투자자의 몫으로 우선 돌아간다.

자본소득은 투자를 해서 얻는 이익이며, 전체 소득에서 자본 소득이 차지하는 비중이 점점 높아지고 있다. 요즘 펀드니 뭐니 하는 각종 금융 상품들이 쏟아져 나오고, 주식시장 지표가 경제 활성화의 가늠자가 되며, 정책적으로 주식 투자가 조장되는 것도 이 때문이다. 경제가 좋아져도 일자리의 질을 높일 수는 없으니, 대신 투자를 통한 자본 소득에 눈을 돌리라는 것이다.

문제는 사람들의 소득에서 노동 소득보다 자본 소득이 차지하는 비중이 커질수록 사회 양극화가 심화된다는 것이다.

부익부 빈익빈은 자본주의 경제의 기본적인 병폐이다. 노동 소득의 비중이 크면 이것은 크게 문제되지 않을 수 있다. 성실히 직장에 다니며 열심히 일하는 것만으로 경제적 풍요를 누릴 수 있기 때문이다. 하지만 일자리는 좋아지지 않고 주로 투자자들에게 풍요의 몫이 돌아가는 상황이라면, 여유 돈이 있는 사람들은 경제가 좋아진 만큼 이익을 보겠지만 그렇지 못한 사람들은 별로 나아질 게 없다. 결국 경제 상황이 좋아진다고 해도 양극화는 오히려 더 심해진다.

이윤이 투자자들에게 돌아간다면 기본적으로 자산이 많은 부자들이 유리할 것이고, 또 여유 돈을 저축할 수 있는 안정된 정규직 노동자도 이익을 볼 수 있다. 하지만 낮은 임금에 시달리는 비정규직 노동자들은 이런 여유가 없다. 비정규직 고용이 기업 경영과 경제 활성화에 도움을 준다고 하지만, 경제가 나아진다고 해서 비정규직이 정규직화 되거나 임금이 오르는 것도 아니다. 경제가 좋아져도 일자리는 좋아지지 않는다. 이것이 케인스주의(총수요관리정책)와는 다른 신자유주의 경제의 흐름이다. 그리하여 노동 소득이 차지하는 비중이 줄고 자본 소득의 비중이 늘어난다. 하지만 비정규직 노동자는 줄어들고 노동소득을 자본소득을 통해 상쇄할 여유를 원천적으로 갖고 있지 않다. 경제 상황이 좋아질수록 상대적으로 이익을 보는 것은 처음부터 경제적 여유가 있던 계층이고, 비정규직은 별로 나아질 게 없다. 따라서 비정규직이 많아진다는 것은 사회 양극화가 심화된다는 뜻이다.

노동은 시장에서 거래되는 상품이지만 다른 상품과는 다른 특수한 점이 있다. 노동은 다른 상품과 달리 사람의 몸에서 분리해 구매자의 손에 넘겨줄 수 있는 것이 아니라, 오히려 인간의 삶의 일부분이다.

제아무리 시장원리를 중시하는 자본주의라고 할지라도 노동의 문제를 시장에만 맡겨놓을 수는 없다는 것이 노동운동의 관념이다. 즉 노동이 인간의 삶의 일부분인 이상, 노동을 시장의 '상품'이 아니라 인간의 '권리'로 다루어야 한다는 것이다. 인간이라면 모두 인간답게 살 권리가 있다는 생각이 노동권의 관념에는 깔려 있다.

인간의 노동이 노동 시장에서 거래되기 시작한 자본주의 초기에는 노동이 상품 그 이상의 것이 아니었다. 노동의 가격은 당연히 수요 공급 원리에 의해서 결정되어야 한다고 여겨졌다. 시장자유론자들은 노동시장에서 공급자 담합인 노동조합과 국가가 시장을 규제하는 노동법에 대해 반대했다.

그러나 모든 사람이 이렇게 생각했던 것은 아니다. 시장 원리보다 인간의 삶이 더 중요하다고 생각한 사람들도 있었고, 고통스러운 삶을 직접 겪던 노동자들이 저항에 나서기도 했다. 이것이 노동운동이다.

유럽의 나라들에서는 노동조합이 이끌어낸 단체 협약의 적용률이 적어도 60퍼센트 이상이며, 높은 경우 80-90퍼센트에 이르기도 한다. 반면 미국에서는 노동조합 비조합원에게는 단체 협약이 적용되지 않기 때문에 이 비율이 10퍼센트에 불과하다. 비정규직은 노동조합에 가입하는 일이 드물다는 점을 고려하면, 이로 인해 정규직과 비정규직 사이의 격차는 더 벌어지게 된다.

한국도 사회 보험을 기업이 보조 해 주도록 되어 있는데, 정규직의 사회보험 적용률은 90퍼센트를 넘는 반면 비정규직은 30퍼센트대에 불과하다. 즉 대체로 기업들이 비정규직 직원에 대해서는 사회보험을 들어주지 않고 있는 것이다. 또한 한국에서도 미국처럼 노동조합의 단체 협약이 비조합원에게는 적용되지 않으며, 단체 협약 적용률도 10퍼센트대에 불과하다. 따라서 비정규직과 노동조합에 가입한 정규직 간의 격차가 크게 벌어질 수밖에 없다. 즉 한국에서 비정규직의 확산은 미국처럼 극심한 불평등으로 이어질 가능성이 높은 것이다.[15)]

4) 2013년 이후 세계경제 전망

국제통화기금은 2013년에는 세계 경제성장률을 지난해보다 0.3% 포인트 오른 3.5%로 예측했다. 그러나 국제통화기금 전문가들은 유럽의 경기침체와 미국의 재정 감축 등 올해 세계 경제에도 여전히 상당한 수준의 위험이 있다고 경고하고 있다.

보고서는 미국의 올해 경제성장률을 2%로 전망한 반면 개발도상국들은 5.5%의 성장률을 기록할 것으로 내다봤다.

유로존 경제는 올해도 고전하면서 마이너스 성장을 할 것으로 전망했다.[16)]

선진국의 경우 1.4% (2012년 10월 전망치에 비해 0.1% 포인트 하향조정) 성장할 것으로 보고 있으며, 미국인 경우 올해 재정지출 감축 규모가 GDP의 1.25% 수준으로 이른다고 가정할 경우 2.0%(지난해 10월엔 2.1%)의 성장이 가능할 것이라고 봤다.

유로존은 -0.2% 성장치를 예상했는데, 이는 0.1% 성장을 예상한 지난 전망치보다 크게 줄어든 것이다. 세계 경제성장을 주도하는 중국은 올해와 내년 각각 8.2% - 8.5%의 고성장세를 이어갈 것으로 예상하고 있다. 일본에 대해서는 양적완화와 엔화약세로 인해 경기 회복이 이뤄질 것이라고 전망했다. 다만 한국, 대만, 싱가포르, 홍콩 등을 포함한 이른바 아시아 신흥개발국(NIEs)의 성장률은 3.2%와 3.9%로, 각각 0.4% 포인트와 0.2% 포인트 하향 조정했다.[17)]

15) 장귀연, 비정규직, 책세상, 2009
16) 미국의 소리, IMF, 2013년 세계경제 3.5% 성장 전망
17) 매일경제, 2013. 1. 24

2013년 세계경제는 유로존 재정위기 확산으로 뚜렷한 둔화추세를 보이고, 향후 세계경제의 긍정적 측면은 글로벌 금융위기를 초래했던 구조적 문제점들이 부분적으로 해소되고 있다는 점이다. 미국의 주택가격이 상승세로 돌아서고 가계부채도 상당부분 조정되면서 가계 소비여력이 회복되고 있다. 중국도 주택경기가 반등하면서 긍정적 조짐이 나타나고 있다. 그러나 선진국 정부의 재정건전화를 위한 적자축소는 2013년에도 지속되면서 세계경제의 본격적인 회복을 제약하는 요인이 될 것이다. 선진국들은 2013년 세계 GDP의 0.5% 규모의 재정적자를 줄여나갈 것으로 추정된다. 유로존의 불확실성도 여전히 남아 있을 것이다. 급박한 유동성 위기는 줄었지만 위기국의 경기침체가 지속되는 과정에서 재정건전화가 계획대로 이루어지지 못하고 이에 따라 신뢰위기가 언제든지 발생할 수 있는 상황이다. 2013년 세계경제 성장률은 3.4%로 2012년에 비해 다소 높아지겠지만 2000년대 중반의 고성장을 회복하기는 어려울 것이다. 미국과 중국이 세계경제를 주도하는 경향이 강화되는 가운데 유럽과 일본의 부진이 장기화될 전망이다. 이에 따라 엔화와 유로화는 달러화에 대해 소폭 약세를 기록할 것으로 예상된다. 신흥개발도상국가(BRICS)도 과거에 비해 성장세가 한 단계 낮아질 것으로 보인다. 세계수요가 둔화되는 반면 공급은 늘어나면서 국제원자재 가격은 하향추세를 보일 전망이다. 성장활력을 높이기 위한 선진국과 개도국의 통화완화 정책으로 글로벌 유동성 확대추세가 지속될 전망이다.[18)]

브릭스(BRICs)[19)]는 1990년 말부터 경제성장 속도가 빠르고 경제성장 가능성이 커 주목받은 브라질(Brazil) · 러시아(Russia) · 인도(India) · 중국(China)의 신흥경제 4국의 앞 글자를 딴 용어로, 2003년 10월 BRICs의 성장가능성을 제시한 골드만삭스의 보고서인 '브릭스와 함께 꿈을(Dreaming with BRICs)'에서 처음으로 사용되었다. 이후 이들 국가는 독점적 서방의 세계경제 구조에 대항하기 위한 신흥경제국의 정책 모

18) LG경제연구원, 2013년 세계경제 전망, 선진국 부채조정으로 약간회복
19) BRICs ; 브라질, 러시아, 인도, 중국, 남아프리카공화국로빠른 경제성장을 보이는 5개 국가를 지칭함

임인 브릭스 정상회의(BRICS summits)를 2009년부터 매년 개최하고 있다. 그리고 2011년 2월 남아프리카공화국이 정식 회원국으로 인정됨에 따라 브릭스(BRICs) 국가가 5개 국가로 확대되면서 BRICs의 소문자 s가 대문자로 변경되었다. 이에 따라 G7에 대항할만한 세력으로 성장할지 주목되고 있다. 국내총생산의 경우 29조 4,800억 달러인 G7에 비해 64% 정도지만, 인구는 물론 총 면적과 외환보유액에서 앞선다.

지난 2000년 이후 BRICS는 정치, 사회의 안정을 바탕으로 지속적으로 고른 성장세를 유지하고 있기 때문에 향후 세계경제대국으로 신진시장을 대체할 것으로 예상되고 있으며, 골드먼삭스를 비롯한 국제전문기관에서는 BRICS 국가 미래에는 세계 최대의 경제대국이 될 것이라 예상했다. BRICS 국가들은 하나의 경제권으로 묶여 있으며, 경제력이 상승하는 것을 배경으로 한 새로운 수요를 창출하는 국가로서 국제사회에서 정치적 · 경제적 영향력을 더욱 강화하며 강대국의 면모를 갖춰나가고 있다. 또한 생산기지로서의 역할을 확대하고 있으며, 지속적인 중산층의 확대로 인한 소비의 증가로 세계 소비시장의 중심으로 떠오르고 있다. 1인당 소득이 증가하면서 연간 3,000달러 이상의 소득을 올리는 중산층이 향후 3년 동안 약 두 배가량 늘어나 총 8억 명에 이를 것이라 예상했다.

2010년 기준 BRICS 국가들의 총 인구는 29억 3,000만 명으로 전 세계 인구의 42%를 차지하고, 전 세계 대비 30%에 달하는 면적을 가지고 있다. 또한 5개국 국내총생산(GDP)이 18조 8,000억 달러로 세계 국내총생산(GDP)의 18%에 이르며 석유와 천연가스, 철광석과 농작물 등이 풍부한 천연자원의 보고로도 유명하다.

2012년부터 이틀간 인도 뉴델리에서 열린 브릭스 5개국 정상회의에서 역내 무역을 5000억 달러로 늘리고, 선진국의 국제통화기금(IMF)과 세계은행에 견제할 '브릭스 개발은행' 창설을 선언하였다.

평균 4.7% 이상 성장할 나라는 중국, 러시아, 한국, 인도, 인도네시아, 브라질 국가 들이 세계경제를 주도 할 것이다.

2008년 미국 모기지론 등으로 인한 사회갈등 비용이 27%, 부채비율은 미국 170%, 일본 100%, 한국 30%로 이런 이유는 돈을 찍어내는 여유가 있는 반면, 한국 돈은 동남아에서만 통한다.[20)]

브릭스 국가는 2003년 세계적인 투자자문회사인 골드만 삭스의 보고서에 21세기의 세계 경제 트렌드로 발전되는 나라로 세간에 회자되고 있다. 한국 경제가 지속적으로 향상 발전하기 위해서는 필연적으로 이들 국가와의 경제협력을 최우선 과제로 삼아야 한다. 그러나 브릭스는 관료주의, 복잡한 조세제도와 기업회계의 불투명성, 정치적 · 사회적 불안, 낮은 생산성, 사회 간접자본 및 금융인프라 부족 등과 같은 후진국에서 발견할 수 있는 약점을 공통적으로 안고 있다.[21)]

20) 시사상식사전, pmg 지식엔진연구소, 2012
21) 현대경제연구원, 한국경제의 새로운 미래, BRICS, 2005

5) 대중문화의 힘과 정치지도자

우리는 문화를 만들고, 문화는 우리를 만든다. 그 문화의 범주들 중 가장 보편적이며 일반적인 '대중문화'는 우리의 일상이다. 대중문화는 우리가 그 속에서 삶을 살아가고 관계를 맺어가는 가장 기본적인 환경이자 조건이다. 그것은 마치 공기처럼 우리를 둘러싸고 있으면서 알게 모르게 우리의 몸과 정신에 영향을 미친다. 우리가 공기의 존재를 의식하지 못하는 것처럼 문화 역시 객관적으로 인식되지 않는 경우가 많다. 너무나 익숙한 까닭에 그것의 의미를 미처 깨닫기 전에 넘어가버리는 수많은 문화현상들을 낯설게 보면서 그 의미를 새삼 반추해보는 일은 우리 스스로 삶의 주체로 서기 위해 꼭 필요한 일이다.

오늘날 고급문화로 분류된 오페라, 셰익스피어 연극이 과거에는 일반적인 대중오락이었다는 사실이다. 포스트모더니즘이라 불리는 난해한 예술들이 사실 오랫동안 우리 일상에 존재하고 있었다. 이들을 대중문화에서 고급문화로 승격시켜 문화생활의 빈부격차를 만들었다.

군중문화는 민속문화와 마찬가지로 산업화, 도시화, 도시산업 노동계급의 성장에 두려움을 느낀 나머지 중산층이 만들어낸 대중문화의 또 다른 개념이다. 19세기에 산업도시가 형성되면서 계급 간 분리는 빠르게 진행되었고, 그 결과 생겨난 주거 분리는 산업 자본주의의 노동관계와 함께 심각한 문제로 대두되었다. 사회적 권위는 무너졌고 문화적 응집력도 약해졌다는 주장이 팽배해졌다.[22)]

우리는 대중문화의 홍수 속에 살고 있다. 680여 개의 일간지와 경제지, 스포츠신문, 지하철 입구에서 배포되는 무가지까지 합치면 실로 엄청난 양의 활자 정보가 제공된다. 거기에다 5개 지상파 텔레비전 방송을 비롯해 100여 개 채널에서 나가는 케이블 텔레비전, 그 속에서 호시탐탐 나타나는 홈쇼핑 방송과 새롭게 등장한 DMB, IPTV 등 240여 개 방송을 통해 거대한 분량의 영상정보를 쏟아내고 있다. 또 전국적으로 300여 개가 넘는 극장에서 매일 한국 영화와 할리우드 영화 등이 상영되고, 1860여 개의 인터넷 매체는 이들과 비교할 수 없는 엄청난 양의 정보를 시시각각으로 올리고 있다.

대중문화는 휘발성이 매우 강한 분야이다. 불붙기도 쉽지만 사그라질 때도 순식간이다. 변화무쌍한 대중문화를 제대로 이해하려 한다면 현상의 파악이 매우 절실하며, 발생하고 있는 사례를 고찰하는 것이 유용하다. 따라서 이미 세상에 노출된 여러 스토리에 근접함으로써 대중문화의 핵심에 도달하고자 한다.[23)]

대중문화 사회구조로 대중매체에 의해 대량적으로 생산되고 재생산되어 다수의 문화수용자에 의하여 대량 소비되는 대중 지향적 상업주의 문화가 주류를 이룬다.

2013년 강남스타일로 본 대중문화의 가치는 결국은 관객이 결정한다. 2012년 전 세계적으로 열풍을 몰고 온 싸이(박재상)의 한국 대중문화의 역사 한국의 대중문화는 역사가 그리 길지 않다.

22) 존 스토리, 유영민역, 대중문화란 무엇인가, 태학사, 2011
23) 최양묵, 대중문화의 이론과 현장, W미디어, 2011

90년대 초반부터 지금까지 20여 년간 한국 대중문화를 이끌어 오는 이들을 연결하는 인물이 있다. 바로 대중문화계의 대부 '이수만' SM 엔터테인먼트 회장이다. 성공과 실패를 거듭하며 다이내믹한 인생을 살아온 성공한 CEO로 대표될 수 있다.

대중문화가 활성화된 로마민족은 망했다. 문화의 다양성을 초월한 마이너층이 세상에 뜬다. 품질과 실력의 시대, 소비자들의 인터넷을 통한 자발적이며 적극적으로 해결하려는 노력하려는 탐욕의 시대이다.

21세기 과학문화의 대중화

과학기술의 중요성이 특히 강조되는 시대입니다. 그래서 그런지 최근 정부든 단체든 과학기술에 대한 관심이 예전과는 많이 달라지고 있다.

그러나 과학기술의 중요성만큼이나 강조되어야 할 것이 바로 과학문화의 대중화이다. 사실 과학문화의 대중화가 노벨상 받는 것보다 더 중요한 일이 될 수 있기 때문이다.

과학발달은 천재과학자의 출현을 통해 매번 과학사가 다시 씌어졌던 때가 많았다. 그러나 21C 과학시대는 어떻게 보십니까. 21C 과학기술은 과학문화 대중화를 먼저 이룬 나라가 과학강국이 된다. 과학기술이 이제 몇몇 과학자들만의 전유물인 시대는 지나고 새로운 과학문화 대중화가 과학기술을 선도해 나가는 나라가 될 것이며, 누구든, 어디서든지 과학에 대해서 쉽게 이야기하고 문제를 함께 고민하는 시대가, 21C 과학강국을 여는 사회분위기를 만들고, 과학기술의 대중화를 만들어 가는 나라가 과학강국의 흥망을 가늠하는 바로미터가 된다고 본다.

21C 과학기술 시대를 여는 3대 신기술로 IT(정보화), BT(바이오), NT(나노) 기술을 꼽습니다. 이 기술 중에서도 특히 근간이 되는 기술을 꼽으라면 NT 기술을 의미한다.

나노란 나노스란 희랍어에서 유래합니다. 난장이란 뜻입니다. 나노는

10억분의 1m를 의미한다. 나노기술은 미세한 크기에서 물질을 조작하고 제어하는 것을 일컫는다. 다이아몬드와 흑연 등 자연계에서 결정체로 존재하는 탄소를 가공해 단단하면서도 전기를 잘 통하게 하는 탄소나노튜브나 차세대 반도체 재료로 관심을 끌고 있는 그래픽 같은 물질을 만드는 것이 나노기술의 대표적인 예다.

우리가 사는 이 사회와 우리가 늘 상 보는 자연계의 현상이 모두 과학의 한 현상으로 설명될 수 있지 않을까 짐작해 본다. 자연현상, 사회현상, 과학현상이 모두 그 형태만 달리할 뿐 기실 그 맥은 하나라는 생각에 확신을 갖는다.

어느 과학자가 과학기술의 발달을 이르기를 인류의 과학기술은 마치 삽을 들고 땅 속을 마냥 파들어 가는 것과 같다고 말했다 한다. 땅 속을 파헤쳐 갈수록 발견되는 새로운 사실들에 놀라고 기쁘겠지만 정작 거기서 빠져나올 방법은 없다는 비유이다.

우리가 세계 최초로 60나노 8기가급 플래시 메모리를 개발했다. 나노를 향한 새로운 세계로의 여행은 누가 말릴 새도 없이 이미 시작되었다. 우리 또한 선진국들과 나란히 점점 나노의 세계로 깊숙이 빠져들고 있다.

좋은 예술가는 베낀다. 위대한 예술가는 훔친다.

66년 금성사 흑백TV에 이어 80년 칼라TV와 83년 교복 자율화, 88 서울 올림픽, 92년 서태지와 아이들이 난 알아요, 95년 서편제 관객 100만명 돌파, 97년 IMF 금융위기, 99년 쉬리의 성공, 2000년과 2007년 남북 정상회담 등이 한국의 정치. 경제. 사회. 문화를 변화 시킨 전환기였다고 볼 수 있다.

현대사회는 노력한 많큼 결실을 얻기 못할 때가 있다. 그러나 과거만 상기하기보다는 현재에 얼마나 충실한가? 내일을 위해 얼마나 충실하게 계획하고 실천하느냐가 중요하다.

패하고 좌절한 후 다시일어서는 기간은 짧을수록 좋다. 나아가서 얼마나 현실에 충실하며 내일을 위해 열심히 대비하고 있느냐에 따라서 모든 일이 성패는 차이가 있을 것이다.

일반인들의 자연에 대한 감상과 생명과학의 이해는 오늘날 과학의 대중화에서 큰 역할을 차지하고 있다. 특히 일반인의 관심이 높은 전시와 같은 비형식 과학교육은 생태학, 동물행동학, 환경학 등 거시생물학적 분야의 내용이 주를 이루고 있다. 그렇지만 전문가의 참여 부재, 자연 현상의 피상적인 기술 등의 이유로 대중에게 효과적으로 전달되고 있지 않다. 정보와 지식은 그 자체로는 수용자가 곧바로 이해하고 받아 줄 환경 및 구조를 가지지 못하다. 생명과학 지식을 일반인에게 효과적으로 전달하기 위해서는 콘텐츠를 유형별로 분류하고 콘텐츠화 하는 가공 과정이 필요하다. 주제의 선정 단계에서부터 내용의 편집 및 표현 단계까지의 일련의 과정으로서 관련 분야의 전문가인 과학자의 적극적인 역할이 강조된다. 콘텐츠화 과정은 과학적, 논리적 사고방식과 더불어 예술적 표현 및 소통 능력을 필요로 한다.[24)]

24) 안선영, 김산하, 장이권, 생명과학 지식의 가공과 콘텐츠와 과정에 대한 연구, 한국콘텐츠학회, 2011

2013년 이후 소비자 트렌드

진정성, 종편방송 시작, 타인의 주목을 즐기는 이들, 노천 까페를 좋아하고, 하층 실종 패션을 추종하면서 SNS을 즐겨 찾아 갈 것이다. 로가디스처럼 처음부터 아름다운 것, 순수한 것으로 그냥 있는 그대로 유기농 식품, 디지털속에 젊은층이 욕구를 해소하고 살아간다.

2007 황금시대, 2010 백호해에 베비 붐, 2012, 흑용해 이후 어떻게 변할까? 60년만에 찾아온 귀신의 간섭 없는 윤달로 새로운 생명의 탄생을 기원한 해였다.

목표/ 성과를 달성하기 위해 다른 사람의 능력이나 조직을 활용한 꿈의 실현되고 문화 공간의 튼튼할 때 도시는 자연스럽게 창조되고 아름다워 진다(침대와 책, BOOK, CAFE).

포퓰리즘은 전문가 집단이 의견으로 대중들이 의견을 대변하거나 혼동을 줄 수 있다.

콘텐츠 문화의 시대는 디즈니랜드, 미키마우스, 반지의 제왕, 헤리포더 영웅의 신, 제주의 삼승 신, 1만8천개의 제주신이 스토리 텔링화하여 문화를 상품화하고 있다.

정치는 사회생활에서 필연적으로 일어나는 대립과 분쟁을 조정하고 통일시켜 나아가는 것이다. 이는 국가의 권력을 획득하고 유지하며 나라의 행사를 전반으로 다스리는 활동을 관장하는 것으로써 정치는 어머님 마음처럼 모성애를 갖고 열정을 다하는 것이고 순수해야 된다. 젊은 세대는 이념이 중요하지 않고, 오직 희망과 자존심과 일자리를 만들어 준다면 정치는 쉽고 재미있고 행복해 진다(조선일보, 2011, 10, 28).

국가와 국민과이 약속된 계약을 지키는 지도자가 필요하다(KBS 라디오 대담, 신현일, 명지대, 2010, 9, 23).

지도자는 집단의 통일을 유지하고 구성원이 행동하는데 있어 방향과 역할을 제시하고 집단에 있어서 리더십이라는 활동하게 된다(두산백과).

모세 다이장군(45세) 이스라엘은 어떻게 6일만에 13개 아랍제국을 제압 할 수 있었을까? 취약한 아침 식사시간에 공격했으며, 철저한 준비와 연습이었다.

리비아 전쟁을 주도하는 여자들이 전쟁은 미국 공군을 지휘하는 여성 최초 장군 미거릭 우드워드, 스페인 국방부 장관 카르맨 차곤, 2300여억짜리 최신 전투기 조종사 역시 여성이다(2011, 11, 28, 조선일보).

스마트/ 유목민식 테러리즘은 알카에다가 미국과 싸우는 가장 원초적인 전술/ 전략이다.

현대의 흐름은 부자 서민의 싸움이 아니라 변화하는 사람과 변하지 않는 사람과이 싸움이다(에버랜드 사장, 2011, 11, 1).

한국의 정권변화의 특징은 군사정권에는 중산층 육성하고, 문민정부에서는 농업구조를 개선(40조원 투자)하고, 국민정부는 IMF와 유통개혁을 실시하였으며, 참여정부에서는 소득보존을 정책을 추진하였으며, 이명박

정부는 녹색을 가장한 성장정책으로 국민의 갈등을 심화 시켰다. 역대(3, 4, 5, 6 공화국) 장/ 차관 평균재임 기간은 14-28개월이고, 김영삼 정권시절에는 11개월이다. 이는 전문성이 한계를 보여주고 있다.

재벌이 경영 스타일은 일본식 관리형 삼성과 모험보다 안정을 추구하는 돌다리도 확인하는 LG와 전문경영인 체제의 SK, 독불 장군식 현대/ 대우로 경영 스타일로 한국의 재벌을 분류 한다(동아일보, 2000, 11, 14).

사원들에게 공부를 시키지 않는 것은 전적으로 경영진이 책임이다. 달리지 않는 경주마는 쓸모가 없다(유봉식, MK 택시사장).

포스트모던이즘은 근대이후의 사상적 변화를 이야기하기 위해서는 그 전에 야기된 사상적 이야기가 되는 기초이론과 흐름으로, 최근 공감. 베려 시대의 부활을 의미하기도 한다. 권력이동은 메가톤급에서 마이크급으로 세분화되고 있다. 모던. 포스트모던은 복잡다양하게 전개된 포스트모더니즘 논의를 사회학, 철학, 문학이론과 문학의 측면에서 비판적으로 검토하고 총결산한 책으로 포스트모더니즘을 둘러싼 다종다양한 논리와 시각을 추적하면서 동시에 전체에 대한 조망을 유지한다. 이를 통해서 독자는 전체를 관통하는 문학적 지류에 대한 인식을 할 수 있게 된다. 20세기 서양 사회의 문학적, 지적 흐름을 전반적으로 설명하고 있기 때문에 그 시대 사람들의 사고방식의 변화, 문학적 변화를 매끄럽게 이해할 수 있다.

포스트모더니즘은 다원주의적 특수성 속에서 자기 입장을 고집하는 분파주의자들과 대중적 무관심으로 양극화 되어 있기 때문에 이러한 교착상태를 벗어나기 위해 필요한 방안이 바로 대화적 이론이다. 이런 것들이 포스트 모던이즘 이동으로 볼 수 있다.[25]

25) 페터 V 지마, 김태환 역, 문학과 지성사, 2010

대한민국의 24시간(동아 일보, 2000, 7, 27)

아침식사는 7시 46분에 수면(낮잠 포함)은 7시간 47분 정도이고 노동시간은 8시간 42분(출. 퇴근 포함), TV 보기 2시간 47분, 여가/ 취미 활동 2시간 13분, 생리활동 2시간 31분으로 밤 11시 26분경에 자고, 세끼 식사하는데 1시간 33분로 한국직장인들이 일반적인 하루의 삶이다.

한국 근로시간은 2500시간/주, 유럽 1300시간/주, 한국 사람은 일에 중독되어 있어 내가 하지 않으면 자리를 뺏길까봐, 1년 평균 12일 휴가도 잘 활용하지 못하고 있다. 이것은 장점이 될 수 있으나 효율성이 떨어지는 약점이 있다. 또한 선진국으로 진입하는데 장벽이 될 수 있다.

소비자주권이 강화되면서 제조물책임법 및 전자상거래법이 시행되면서 소비자주권이 강화되었다. 특히 제조물책임법의 도입으로 기존의 리콜제도도 강화되는 추세를 보였다. 유전자변형 식품제조 · 판매업, 농수산물 생산 · 판매업자의 경우 광고에서 유전자변형물질 포함사실을 반드시 명시하도록 법규정을 강화하였다.

세상에 영원한 것은 없으며, 변하는 것만이 영원한 진리이다.

말과 습관을 조심해라, 실패/ 좌절 앞에 빨리 벗어나라, 조급해 하지 말라, 옹졸하게 행동하지 말라, 사랑과 애정은 반드시 승리한다, 집착하거나 감정에 소모하지 말라, 경제적으로 독립해라, 구체적으로 상상하고 직관으로 개발해라, 창조적인 상상력, 소리 내어 다짐하고 자신감을 가져라, 고객은 상품 구입시 90%이상 눈으로 확인하고 구매한다.

정보의 속도와 마음의 속도는 링컨이 암살을 2주만에 세계에 전달되고, 콜롬버스가 신대륙을 발견한 소식은 5달이 소요되었으며, 69' 암스트롱이 달 착륙소식은 15초만에 세계에 전파되었다.

소비자는 소비와 관련된 돈, 시간, 장소, 노력 등이 제 자원을 배분하고 의사결정과 관련된 소비심리를 의미 있고 가치 있는 대상물과의 교환을 용이하게 하기 위한 완성된 소비행위로, 분위기는 구매심리를 충동한다. 자신의 욕구를 충족시킴에 합당한 제품, 서비스, 아이디어, 시스템 등을 탐색, 구매, 사용, 평가, 처분하는 일련이 과정, 이를 해결하기 위해 돈, 시간, 노력, 장소를 효율적으로 소비자가 의미 있는 대상물과의 교환이다.

소비자는 매일 1500-1700여개의 광고에 노출되고, 그중 70여개가 지각되고 15여개 정도만 기억. 보유. 이해된다(지각의 한계).

불만 고객은 테러리스트로 변한다. 직접항의가 6%, 입소문 험담하는 경우가 31%, 침묵하는 불만고객이 63%로 이중에서 험담 속도가 빠른 친구. 가족. 동료 등 한 사람당 15명 이상 전달되므로 관리를 잘해야 한다.[26)]

26) 와튼 스쿨, 불만고객 연구보고서, 2006

연구문제

1. 2013년 이후세계경제 전망에 대하여 약술하시오.

2. 2013년 이후 소비자 트렌드에 대하여 설명하시오.

3. 다음 용어를 설명하시오.

   ① IT(정보화), BT(바이오), NT(나노) 기술

   ② 포스트모더니즘

   ③ 국제통화기금(IMF)

   ④ 골드만삭스

   ⑤ 엥겔지수(Engel's coefficient)

   ⑥ 파레토 법칙

4. 한국의 수입품목과 수출 품목을 약술하시오.

5. 한국의 경제구조에 대하여 약술하시오.

참 고 문 헌

[1] 정진홍, 인문의 숲에서 경영을 만나다, 21세기북스, 2007

[2] 소프트뱅크 신30년 비전 제작위, 손정의 미래를 말한다, 커머스 코리아, 2011

[3] 한창우, 16세 표류난민에서 30조 기업가, 서울문화사, 2009

[4] 한스피터 마르딘, 강수돌 역, 세계화의 덫, 영림카디널, 2003

[5] 로버트 아이작, 강정민 역,세계화의 두 얼굴, 이른아침, 2006

[6] 아네트 라루, 박상은 역, 불평등한 어린시절, 에코리브르, 2012

[7] 김문조, 한국사회의 양극화, 집문당, 2008

[8] 브랑코 밀나노비치, 정희은 역, 가진자 못가진자, 피이카, 2011

[9] 신현만, 이건희의 인재공장, 새빛에듀넬, 2007

[10] 이영권, 한국경제의 미래와 생존, 엔타임, 2011

[11] Babasteve at en.wikipedia.org

[12] gettyimages

[13] 강석기, 불황기 수출 유망품목을 잡아라. 한국무역협회, 2013

[14] 변양규, 유진성, 이인재, 김종숙, 이규용, 고기정, 차기전부 정책과제, 한국경제연구원, 2012

[15] 장귀연, 비정규직, 책세상, 2009

[16] 미국의 소리, IMF, 2013년 세계경제 3.5% 성장 전망

[17] 매일경제, 2013, 1, 24

[18] LG경제연구원, 2013년 세계경제 전망, 선진국 부채조정으로 약간회복

[19] 시사상식사전, pmg 지식엔진연구소, 2012

[20] 현대경제연구원, 한국경제의 새로운 미래, BRICS, 2005

[21] 존 스토리, 유영민역, 대중문화란 무엇인가, 태학사, 2011

[22] 최양묵, 대중문화의 이론과 현장, W미디어, 2011

[23] 안선영, 김산하, 장이권, 생명과학 지식의 가공과 콘텐츠와 과정에 대한 연구, 한국콘텐츠학회, 2011

[24] 페터 V 지마, 김태환 역, 문학과 지성사, 2010

[25] 와튼 스클, 불만고객 연구보고서, 2006

MEMO

Chapter 2

스포츠와 관광경영

제2장에서는 스포츠와 관광경영의 관계에 대하여 살펴본다.

스포츠는 다양한 가치를 지녔다. 과거에는 인간이 갖춰야 할 지덕체의 한 축으로서 역할이 강조돼 왔었다. 스포츠를 통해 사람들은 규칙을 배우고 심신을 단련하며 사회의 일원으로서 살아갈 수 있게 훈련된다. 물론 스포츠는 그 과정에서 재미와 즐거움을 준다.

그러나 이 같은 고전적 스포츠의 역할에 관한 인식은 크게 바뀌었다. 스포츠가 돈이 된다는 사실을 깨닫는 순간 스포츠의 가치는 확장됐으며 일면 타락하기도 했다. 사람들은 스포츠 그 자체를 통해 돈을 벌기도 하고, 스포츠를 이용해 사업하기도 한다.

2. 스포츠와 관광경영

싱가폴은 제주면적의 면적의 1/3로 인구는 350만명으로 10년후 450만명으로 늘어나는 관광도시이다. 관광의 열정은 떨림, 어울림, 흔들림, 용틀림이 함께 할 때 관광열정이 살아 있다. 새벽의 떨림, 시장의 어울림, 축제의 흔들림, 가무의 몸부림, 예술문화의 용틀림 할 때 인생은 아름답다. 여행은 가슴이 떨릴 때 가야지, 다리가 떨릴 때 가면 용틀림이 사라진다.[27]

27) 한국 관광공사, 이참, 2011. 3. 11.

이제는 대형스포츠 이벤트를 전략적으로 유치하여 국내. 외 관광객의 다양한 욕구서비스는 행위이며 과정이기 때문에 연속성을 갖고 생산과 동시에 소멸되고 소유권 이전이 불가능하다. 즉 서비스는 제공함과 동시에 가치는 공유하고 있음과 동시에 무형의 가치는 사라진다(박정환, 2011, 제주 타임스, 1653호).

제주 관광에 대한 주민 의식

관광종사자들의 부정적 시각(본인/도민) 의식변화와 관광객과 지역주민의 소득창출 관계를 조화롭게 발전시키는 공동체관리가 무관심한 도민이 40% 지역민의 관심과 교육이 확대되어야 겠다.(제주관광학회 하계세미나, 2011)

이탈리아 베니스는 시설에 맞는 적정규모의 2,000만명이 관광객을 유치하고 관리하고 있다. 베니스는 이탈리아 베네토주의 도시이며 베네치아만 안쪽에 위치한 물의도시로 곤돌라를 연상시킨다. 시장조사, 경쟁호텔의 상품, 서비스, 가격, 시설, 고객도향, 판매망/ 방법 등을 조사하고 분석하여 자사 호텔이 경쟁력을 높이고 조사결과에 대한 고객들의 기대에 부흥해야 한다.(박정환, 서비스가치 평가에 관한 연구-93년 경기대 대학원 석사논문)

어둠이 역사도 관광이다. 그 시대이 삶이며 문화이기 때문이다.

다크투어리즘(dark tourism)은 휴양과 관광을 위한 일반 여행과 다르게 재난이나 역사적으로 비극적인 사건이 일어났던 곳을 찾아가 체험함으로써 반성과 교훈을 얻는 여행으로 9 · 11 테러가 발생했던 세계무역센터 자리인 그라운드 제로, 유대인대학살 현장인 폴란드의 아우슈비츠수용소, 수백만 명이 학살된 캄보디아의 킬링필드, 원자폭탄이 투하됐던 일본의 히로시마와 나가사키 등이 대표적인 다크 투어리즘 코스다. 우리나라의 경우도 2008년 2월 10일 국보1호 숭례문이 방화로 소실되면서 당시 다크투어리즘 인파가 몰리기도 하였다.[28)]

21세기는 지식과 정보의 창출 및 활용이 모든 경제활동의 핵심이 되는 지식기반 경제로 접어들고 있다. 이 시대의 문화는 단순히 인문학적 개념의 문화를 벗어나 산업성이 강조된 문화로의 모습을 확보함으로 사회적 역할을 배가시키고 있다. 문화콘텐츠 산업에 대한 관심 확대는 중앙정부는 물론 대다수 지방정부에서 지역경제 활성화의 명분아래 진흥하고 있는 사업이 되고 있다. 문화산업은 한 국가나 사회의 고유한 문화적 내용을 창조적인 기획력을 바탕으로 재창조해 내는 산업으로 대표적인 고위험 고수익(high risk and high return)산업이며 창조산업과 벤처산업의 특성이 어우러진 독특한 산업적 특성을 지니고 있다는 점이다. 이러한 시대와 산업적인 흐름에 일조 할 수 있는 우리의 소중한 문화자산이며 역사인 의병운동사도 원천 자원이 될 것이다. 역사적으로 보면 외부의 침략으로부터 나라를 구하기 위하여 자발적으로 일어난 의병운동은 우리의 가장 진솔한 민족문화의 하나 일 것이다. 우리나라는 과거부터 수많은 외침으로부터 나라를 지켜왔다. 임진의병, 정유의병 그리고 구한말의병으로 이어져 오는 그 정신과 문화 그리고 관련 유적 등은 전국 방방곡곡에 산재해 있다.[29)]

중국 관관객 5천만명 중 3천만명은 홍콩/ 마카오로 가고 2천만명은 한국/ 일본으로 간다. 한국은 매년 1800만명이 해외여행을 간다. 2012, 11월

28) 시사상식사전, pmg 지식엔진연구소, 2012

29) 김현철, 류준호, 하규수, 다크 투어리즘을 활용한 문화관광 산업화 방안에 관한 연구, 한국벤처창업학회, 2011

21일 오전, 천만번째 외국인 관광객이 인천국제공항을 통해 입국했다. 문화체육관광부는 올 한 해 외국인 관광객이 1130만 명에 이를 것으로 추산했다. 이제 한국은 세계 17위권으로 관광 선진국에 진입하게 된다(문화관광부, 2012,11).

1) 스포츠 관광

무하마드 알리는 42년생으로 프로복싱 세계 헤비급 타이틀을 2번 잃어다가 3번 차지한 진정한 복서였다. 동산 전적은 61전 56승(37KO) 5패다. 그는 파킨슨병(운동장애 질환, 주추신경계 퇴화로 신경세포가 죽어감)이라는 상대와 힘겹게 싸우고 있다. 혼을 불사르는 그의 삶 자체가 팽팽한 긴장감속에 더욱 빛났다. 그는 2005년 유엔 오토한 평상상과 미국 프린스턴 대학에서 명예 인문학 박사를 받았다.

마이클 조던은 가난하여 대학 3년을 중퇴하고 시카코 블스에 입단 드리블, 플레이 귀재, 7년연속 득점왕, 3년 MVP, 돈이 없어 친구의 도움으로 항공권을 구입하여 농구를 시작하였다. 동료들이 있어 7번 우승 비결은 동료들이 타력이었다(루이 암스트롱).

홀인원 할 확률은 프로가 1/3500이고 , 아마추어는 1/1만 3천으로 평생 한번하기가 힘들다.

스포츠는 다양한 가치를 지녔다. 과거에는 인간이 갖춰야 할 지 · 덕 · 체의 한 축으로서 역할이 강조돼 왔었다. 스포츠를 통해 사람들은 규칙을 배우고 심신을 단련하며 사회의 일원으로서 살아갈 수 있게 훈련된다. 물론 스포츠는 그 과정에서 재미와 즐거움을 준다.

그러나 이 같은 고전적 스포츠의 역할에 관한 인식은 크게 바뀌었다. 스포츠가 돈이 된다는 사실을 깨닫는 순간 스포츠의 가치는 확장됐으며 일면 타락하기도 했다. 사람들은 스포츠 그 자체를 통해 돈을 벌기도 하고, 스포츠를 이용해 사업하기도 한다.

이제는 다른 산업과 연계 통합을 통해 새로운 스포츠 비즈니스 시대가 열리고 있다는 설명이다. 스포츠만큼 다른 산업과 쉽게 융합하는 콘텐츠도 드물다고 주장한다. IT산업과 연계해 각종 게임으로 발전할 수 있으며, 의학 관광 등과도 접목해 새로운 형태의 산업으로 발전할 수 있다는 것이다. 이런 과거 전문가들의 영역이었던 스포츠 비즈니스에 일반인들도 쉽게 다가갈 수 있게 설명해주고 있다.

2) 생태관광(eco-tourism, 生態觀光)

생태관광이란 생태학(ecology)과 관광(tourism)의 합성어로 자연 보전을 위한 활동을 주목적으로 하며, 관광객에게 환경보전의 학습기회를 제공하고 관광으로 인한 수익은 지역의 생태계 보전이나 지역주민에게 되돌아가는 관광의 한 형태로 풍물을 단순히 보고 즐기던 과거의 관광에서 벗어나 날로 오염되는 지구환경의 심각성을 깨닫고 생태계 보호를 체험하는 관광을 말한다.[30)]

국민소득과 여가시간이 증가함에 따라 새로운 대안관광의 하나로 생태관광이 부각되고 있다. 생태관광은 생태적으로 민감한 자원의 보호와 지역사회 개발을 동시에 추구하며 질 높은 경험을 보장하는 장점 때문에 많은 국가와 국제기구로부터 주목을 받게 되었다. 관광환경의 변화에 따라 생태관광의 중요성이 증가하고 생태관광객이 증가함에 따라 국민의 생태관광 수요를 충족시키는 한편, 생태자원을 보호하고 지역발전을 위해 공동의 노력을 기울여야 한다.[31)]

관광지역의 자연환경 보전, 고유문화와 역사유적의 보전, 생태적으로 양호한 지역에 대한 관찰과 학습, 관광지역과 사업체의 지속 가능한 관광으로 관광객의 지속가능한 관광 활동 등을 포괄하는 관광으로 지속가능한 관광(sustainable tourism), 녹색관광(green tourism), 자연관광(nature tourism) 등과 유사한 개념이다.

30) 한국민족문화대백과, 2009
31) 손재영, 생태관광 발전방안에 관한 연구, 한국산학경영학회, 2010

국민소득과 여가시간이 증가함에 따라 새로운 대안관광의 하나로 생태관광이 부각되고 있다. 생태관광은 생태적으로 민감한 자원의 보호와 지역사회 개발을 동시에 추구하며 질 높은 경험을 보장하는 장점 때문에 많은 국가와 국제기구로부터 주목을 받게 되었다. 관광환경의 변화에 따라 생태관광의 중요성이 증가하고 생태관광객이 증가함에 따라 국민의 생태관광 수요을 충족시키는 한편, 생태자원을 보호하고 지역발전을 도모해야 한다.

생태관광의 원칙은 다음과 같다. ① 환경보전에 공헌 ② 지역경제에 문화적 · 경제적으로 공헌 ③ 방문객들에게 학습의 경험을 제공할 수 있도록 한다. 관광지역의 자연환경 보전, 고유문화와 역사유적의 보전, 생태적으로 양호한 지역에 대한 관찰과 학습, 관광지역과 사업체의 지속 가능한 관광 사업이다. 생태관광은 자연경관을 관찰하고 야외에서 간단한 휴양을 하면서 자연을 훼손하지 않는 관광에 기원을 둔다. 그러나 자연경관을 단순히 관찰하는 관광도 수요가 늘어나 자연 생태계를 훼손하게 되면서, 생태관광은 자연과 유적, 지역의 문화를 보호하면서 동시에 지역주민들에게도 관광의 이익을 얻을 수 있도록 하자는 사회적 요구에 부응하는데 그 취지가 있다.

관광의 기본적인 목적을 새로운 장소와 공간에 대한 호기심의 충족, 휴양과 재충전에 둔다. 생태관광은 이러한 목적 외에 자연에 대한 적절한 학습을 통한 지적 만족감과 자연을 보호한다는 개인적인 보람도 느낄 수 있는 관광이다. 또한 관광의 대상 지역을 지속적으로 보존할 수 있는 관광의 방식이라 할 수 있다.

생태관광 위주의 관광객이 빠르게 증가하면서 관광지에 대한 구체적인 정보에 대한 수요 역시 급증하고 있다. 생태관광 자원 중에서는 역사나 문화보다는 자연생태 자원에 많은 관심을 가지고 있으며, 현재 부족하거나 보완되어야 할 내용으로는 지역에 대한 정보를 꼽고 있었다. 관광객들에게 정확하고 상세하고 표준화된 정보를 제공하기 위해 생태관광자원을 수요자 입장에서의 관광객의 활동 성격에 따른 분류와 생태자원에 의한 분류로 대분하였다. 그리고 다시 활동 성격에 따른 분류는 자연형, 교육형, 소통형, 모험형의 4가지 유형으로 세분하였다.[32)]

32) 이승주, 이현숙, 서종철, 생태관광 정조 표준화를 위한 생태관광 스토리텔링, 한국지역지리학회, 2012

근현대화 사회 이전의 관광은 거의 귀족이나 부유층의 전유물이었다. 중세와 근대의 유럽에서 역사 유적이 많은 이탈리아와 그리스의 여행이 그러하고, 한국의 역사시대 선비들의 여행이 그러하다. 그러나 민주주의와 시장경제가 지배하는 현대 사회에서는 이러한 일부계층의 관광은 대중관광으로 발전하게 되고 관광산업의 비중이 매우 높아지게 되었다. 대중관광은 일반 시민들이 다양한 관광 형태와 방식으로 즐기는 것이다. 대중관광은 일상과 다른 자연과 문화를 비교적 저렴하게 즐기려는 목적이다. 현재에 와서는 대중관광이 전통적인 관광이 되었으며, 이러한 개념은 생태 관광, 지속가능한 관광을 덜 고려하는 관광이라는 뜻이다. 여기에 대응하는 관광이 생태관광으로 지속가능한 관광 즉 생태관광이 대안관광이라고 할 수 있다.

따라서 대중관광은 자연환경의 파괴, 문화유적의 훼손, 지역사회의 전통의 훼손, 관광지의 지역민의 경제적인 박탈감, 대규모 관광산업의 에너지와 자원의 낭비 등이 문제가 되면서 1980년 후반부터 생태관광이 등장했다. 관광이 산업으로 입지가 굳어지면서 관광객을 대상으로 관광산업과 지역사회와 공공단체, 그리고 환경관련 단체들이 서로 견제하고 보완하면서 발전하고 있다. 즉 관광의 사회적 목적과 경제적 목적이 환경적 목표과과 조화를 이루어야 한다는 점이다.

대안이라는 단어는 논리적으로 반대의 의미를 내포하고 있다. 그러므로 '대안관광'은 전통관광에 관하여 부정적인 것에 대한 반대 개념이다.

전통관광과는 근본적으로 다르게 접근하는 것을 시도함으로써 여가에서 사람들이 환경에 대한 영향과 사회. 문화적 영향과 여러 부정적인 영향을 최소화하려고 노력하는 점이 대안관광의 특징이다. Smith는 지역사회의 자연적, 인공적, 문화적 환경과 지역주민, 내방객, 관광산업, 정부 등과 같은 모든 관련 당사자들의 이익을 고려하는 모든 형태의 관광이라고 정의하고 있다. WTO에서는 사회적으로 책임성이 있고 환경을 의식하는 새로운 형태의 관광이라고 정의하고 있다. 이러한 대안관광이 발전하게 된 것은 기존의 전통대중관광이 가지고 있는 대량관광개발에 의한 대량소비가 가져온 환경파괴, 교통 혼잡, 주민과의 마찰, 방문객의 만족도 저하 등 많은 문제점을 해결하는 방법으로 대두되었다. 기존의 전통대중관광이외의 모든 관광형태를 대안관광으로 분류하기도 하는데 여기서 대안관광의 주류를 이루는 것은 문화관광, 생태관광, 농촌관광 등 환경파괴와 관광이 가져올 수 있는 부정적인 효과를 최소화하는 모든 형태의 관광이 해당된다고 할 수 있다. Dernoi는 대안관광을 개개인, 가족, 또는 지역사회에 의해서 방문객에게 베풀어지고 개인적으로 제공된 일련의 접대서비스로 보고 있다. 대안관광의 주요 목적은 호스트와 게스트 사이에 개인적이고 문화적인 상호 커뮤니케이션과 이해를 직접 확립하는 것이다.

관광의 분류

대안관광은 생태관광보다 더 폭넓은 개념으로 자리 잡게 된다. 대안관광을 오늘날 보편화된 패키지 형태로 많은 일반시민들이 즐기는 대중관광에 대응하는 관광의 방식이다. 대중관광의 대안인 대안관광의 중요한 유형이 생태관광이다. 대안관광은 생태관광은 물론 녹색관광, 책임 있는 관광, 고유한 관광, 신관광, 느린 관광(slow tourism), 체험관광(experience tourism), 체류관광(stay tourism), 지역관광(local · level tourism), 자연관광(nature tourism), 농촌관광(rural tourism), 답사관광(field tourism), 모험관광(adventure tourism), 지리관광(geotourism) 등 다양한 명칭과 개념의 관광들이 포함된다.

대안관광이 보편화되고 일상화된 현대 사회의 거대하고 주요한 산업의 하나로 자리 잡은 대중관광을 대체하는 것이 아니라 새로운 방식의 대중관광으로 보기도 하고, 대중관광의 문제점을 생태적·사회적·지역적으로 해결하는 하나의 방향으로 보기도 한다. 그러나 대중관광이 문제가 있다고 하더라도 대안관광이나 생태관광과 완전히 반대되는 개념이 아니다.

기본적으로 관광은 생태학적으로 보면 개인적인 생명유지와 인간생태계의 생존을 위하여 필수적인 것이 아니라 여유의 시간 및 자원과 생산을 즐기는 것으로, 에너지와 자원의 추가적인 사용이 요구되는 것이다. 따라서 생태관광은 생태계를 최대한 보호하면서 관광을 하자는 취지이며, 비슷한 개념으로 지속가능한 관광은 관광 지역과 관광 산업의 발전을 도모하면서 최대한 생태계와 자연환경을 보존하자는 취지라고 할 수 있다.

대안관광은 생태관광을 포함하는 보다 포괄적인 개념으로서, 대중관광의 대안으로 보다 다양한 방법으로 생태계와 자연환경, 지역문화의 지역민의 경제적 이익을 보존하는 방안을 제시하고 있는 것이다.

생태관광과 가장 유사한 개념은 지속가능한 관광으로 생태관광은 생태계 혹은 자연환경 보호의 관점을 중시하면서도 잘 보존된 자연환경을 관광하는데 비중이 큰 반면에, 지속가능한 관광은 생태계와 자연환경을 어느 정도 유지하면서 지역 주민과 지역사회, 그리고 관광산업의 발전을 함께 하자는 개념으로 여겨진다. 그 의미와 개념은 학자에 따라 조금씩 다르지만 생태관광은 지속가능한 관광과 가장 유사하다.

3) 생태관광의 사례

우리나라의 생태관광의 사례를 살펴보면 다음과 같다. 문화기행, 아름다운 농촌(어촌과 산촌) 마을에서의 체험과 체류 기행, 템플 스테이, 제주도 올레 걷기, 병영체험까지도 포함될 수 있다. 최근의 구릉지와 마을 산을 연결하는 걷기 외에도 자전거 여행 등도 생태관광의 좋은 사례이다. 보다 확대되고 적극적인 생태관광으로는 친환경적인 시설이나 구조물,

자연환경을 고려한 단지 계획, 이용객들의 자연스러운 생태계를 보호하려는 행동 유도 등이 모두 포함된다.

전세계 국가들의 경제규모와 경제 수준이 발달하면서 관광산업도 그 규모가 비약적으로 발전하고 세계화를 통하여 전 지구적으로 확산되었다. 그러나 최근의 에너지와 경제 위기는 세계화된 관광 산업에 직접적인 영향을 주고 있음을 알 수 있다. 실례로 항공기를 통한 관광 여행은 시간은 절약하지만 선박에 비하여 훨씬 에너지 소비가 많으므로 친환경적이지 못한 것이다. 대규모의 호화로운 관광시설이나 여가 시설 등도 과도한 에너지와 자원 소모라는 측면에서 생태관광에 반하는 것이라고 할 수 있다. 개인이나 소규모의 집단이 최소한의 도보, 자전거, 대중교통 등 최소한의 교통수단을 이용하고 민박이나 텐트를 이용하는 배낭여행, 민박 여행, 장거리 여행 등도 생태관광의 범주에 포함될 것이다.

결국 장기적으로는 생태관광이 지속가능관광이 되고 대중관광은 관광객의 보람과 지역사회의 경제적인 이익까지도 보장하는 것이 최종 목표일 것이다.

관광도시는 관광과 보양 도시를 이루는 경우가 많다. 한국에는 경주와 제주가 널리 알려진 국제관광 도시이고, 유럽인 경우 제네바, 로마, 나폴리, 베니스와 일본의 교토를 대표 한다.

울진에는 자연이 빚은 망양정이 있고, 담양이 전원 휴양도시, 목폭 해운, 항공, 복합물류 도시가 생태관광으로 발전하고 있다.

20세기 말 기준으로 전 세계에서 항공기로 해외를 오간 사람의 수는 연간 약 26억 명이었다. 수치상으로는 세계 인구의 절반이 거의 매해 한 번씩 해외여행을 한 셈이다. 여가, 여행, 유학, 업무, 친지 방문, 이민 등 동기는 다양할지라도 이들이 관광객으로, 또는 관광지에서 노동력 제공자로 관여해왔다는 점에서 '관광'은 현대사회를 설명하는 핵심어 중의 하나이다.

주 5일 근무제 확대, 실질임금 증대, 이동성 증대는 누구나 여가와 관광

을 즐길 수 있게 했다. 그리고 지리적 경계를 허물고 시공간의 개념을 바꿔놓은 세계화는 사람들이 일상을 벗어나 떠날 수 있는 영역을 전 세계로 넓혔다. 2008년 현재 새로이 발족된 2010~2012년 한국 방문의 해 추진위원회가 외래 관광객 1,000만 명 유치와 관광수입 130억 달러 달성을 목표로 내걸 정도로 관광산업이 한국 경제에 미치는 영향은 크다.[33)]

33) 가레스 쇼, 앨런 모건 윌리엄스, 이영희, 김양자 역, 관광지리학, 한울아카데미, 2008

환상의 섬 제주는 2002년 생물권보존지역 지정에 이어 2007년 제주화산섬과 용암동굴이 세계자연유산에 등재되었고, 2010년에는 세계지질공원에도 그 이름을 올렸다. 제주는 자연환경의 노벨상이라 불리는 유네스코 지정 트리플크라운을 달성하면서 진정세계인이 보존해야 할 보배로 인정받았다.

제주는 세 번 이상 보고 둘러보아야 제대로 제주의 풍광과 전통문화를 이해하고 반해서 제대로 제주를 이해할 수 있다. 처음 제주를 찾는 여행객은 육지와는 전혀 다른 제주의 신선한 바다와 하늘에 반할 수밖에 없다. 깊고 푸른 제주 바다는 여행자에게 늘 향수를 불러일으키는 묘한 매력을 갖고 있다. 검은 현무암이 바닷가에서 눈부시게 빛나는 흰 모래를 보듬고 살랑거리는 에메랄드 빛 얕은 바다를 만났을 때는 지중해의 하늘보다 더욱 파란 제주의 하늘과 더불어 그 순간만큼은 세상의 모든 시름이 순식간에 사라지고야 만다. 그리고 그 제주의 바다와 하늘은 오래도록 기억에 남아 다시금 찾아오도록 손짓하고 부른다.

두 번째 제주를 찾는 여행자라면 한라산과 오름, 제주의 땅과 풍물에 반한다. 구멍 숭숭 뚫린 제주 돌에 반할 것이요, 그 돌로 지은 납작한 집과 담장 아래 하얗게 줄지어 피어나는 수선화에 반할 것이다. 제주 바닷가 어디에서나 가장 높게 보이는 한라산 꼭대기에 올라 흰구름 가득 담고 있는 백록담을 만나는 순간, 제주는 운명인 양 강렬하게 가슴에 꽂히고야 만다. 사방 둘러보아도 하늘과 구름, 그 아래 망망대해일 것 같은 1,950미터 한라산 아래 올망졸망 장난치는 삼백육십 여개의 오름이 눈에 들어오는 순간부터 그대는 제주에 제대로 반하기 시작한 것이다.

세 번째 제주를 찾을 때쯤이면 한라산 소주며, 제주막걸리, 자리물회와 멜조림이 좋아지기 시작한다. 차갑고 거친 파도를 헤치며 물질하는 제주 해녀의 숨비 소리가 음악이라도 되는 양 아름답게 들리고, 한라산 중산간 지대의 황량하고도 쓸쓸한 풍경이 시선에 들어올 때에, 좀처럼 마음을 열지 않는 제주 사람들이 그대의 가슴에 슬며시 들어오기 시작한다.[34)]

34) 김우선, 오희삼, 이종진, 터치아트, 제주 여행사전, 2011

정수연 제주대 교수는 '제주특별자치도 중국자본 투자유치를 위한 제언' 주제발표를 통해 부동산투자이민제로 제주지역 토지가 중국 자본에 잠식되고 있음을 강조하며 제주지역이 관광개발과 부동산투자에 분산투자를 함으로써 제주도민의 자본잠식을 우려하고 있다(제주의회 세미나, 2013, 1).

하와이와 제주의 환경 비교(MBC, 토론, 1997,1, 25)

하와이주는 8개의 섬으로 이루어 졌으며, 하와이섬은 제주보다 조금 작다. 오아이호가 80만명으로 인구가 집중되어 있으며, 인구는 120만명, 여행객은 600만명(1일 7만명). 객실수가 3만 7천여개, 경제, 환경, 교통, 숙박시설 등 총체적으로 제주도와 비교/ 분석 할 필요가 있다(97' 9, 1, 올래길 시작, 자연이 준 느림의 미학, 다시 걷고 싶다). 50%는 제주관광의 변화를 예고를 위한 풍광/ 체험관광을 어떻게 준비해야하나? 그것은 보는 관광에서 걷는 관광 그 매개체는 1차 상업이 아닐까?

해녀체험 해산물 잡기, 보말 잡기, 조개 파기, 감귤 따기, 마늘. 양파, 당근, 생강작업 돕기 등이 있다.

4) 메디컬 투어리즘

의료관광은 의료서비스와 휴양 · 레저 · 문화 활동 등 관광활동이 결합된 새로운 관광형태를 말한다. 의료관광은 의료서비스의 의료관광은 의료서비스와 휴양 · 레저 · 문화 활동 등 관광활동이 결합된 새로운 관광형태를 말한다. 의료관광은 의료서비스의 고부가가치산업화를 위해 추진하고자하는 것이고 부가가치 의료관광사업 활성화와 의료기술개발 활성화가 이루어지고 있으며, 현재 세계 많은 국가에서 민간주도로 부가가치가 높은 의료서비스 및 건강증진 식품을 관광사업과 연계하여 발전시키고 있다. 주로 비용이 선진국과 비교하여 저렴하면서 동시에 선진국 수준의 의료서비스와 휴양시설을 갖춘 아시아 국가들(싱가포르, 태국, 말레이시아, 인도 등)에서 활발히 추진 중이다. 이들 국가들은 공통적으로 의료허브를 지향하고 있으며 의료산업을 21세기 국가전략산업으로 삼고 특히 외화획득의 주요수단이 되는 '의료관광'에 대규모 예산과 정부차원의 적극적인 지원정책을 펼치고 있다.

의료관광은 관광객의 체류기간이 길며, 특히 미용이나 성형, 건강검진, 간단한 수술 등으로 찾는 환자의 경우 관광을 연계하여 머물기 때문에 체류비용이 높아 21세기 새로운 고부가 가치관광산업으로 성장하고 있다. 단순한 Site Seeing에 그치던 과거의 관광행태에서 적극적으로 직접 참여하여 체험함으로써, 보람 있고, 심신을 풍요롭게 하며, 모험성을 내포하여 학습적 경험을 얻고자 한다. 이러한 현상의 확대로 볼 때, 의료관광은 체험관광 중 특이체험으로써 거주 지역에서는 경험할 수 없는 방문지역에서만의 특이한 문화체험으로써, 미래관광을 실현하고 주도하는 한 분야로 성장할 것으로 예상된다.

의료산업은 인간의 건강을 보호 · 유지 · 증진시키기 위해 필요한 재화와 서비스를 공급하는 산업이다. 인구의 고령화와 평균 소득수준 향상에 따라 건강에 대한 관심이 높아지면서 앞으로 발전 잠재력이 대단히 큰 산업으로 평가받고 있다. 일반적으로 의료산업이란 의료서비스산업, 제약, 의료용구산업, 의료정보산업 등으로 들 수 있으며, 이는 모두 인간의 건강을 보호, 유지, 증진시키기 위한 제화나 서비스를 공급하는 제반 경제활동으로 볼 수 있다.

1990년대 초반만 해도 이런 말을 꺼내는 사람은 거의 없었다. 그러나 10년 후 실제로 10%의 병원이 부도를 맞았다. 애초에 조짐이 없었던 것은 아니다. 그럼에도 병원들이 이를 외면하며 변화의 흐름에 대처하지 않았다. 그렇다면 다가올 10년은 어떨까? 병원을 비롯한 의료산업계에 어떤 일들이 벌어질까? 동아시아 전체가 의료관광의 격전지로 변하고 있다. 먼저 기선을 잡은 쪽은 동남아지역 국가들이다. 선발주자로 확실하게 치고 나간 싱가포르와 태국의 뒤를 인도와 인도네시아, 말레이시아가 뒤따르고 있다. 지금까지 국가 간 의료경쟁에 뛰어들 생각이 별로 없었던 동북아지역 국가들도 준비를 단단히 하고 있다.

의료관광에서는 한국과 중국, 일본이 싱가포르 및 태국과 맞붙는 양상을 띨 것이며, 미용을 중심으로 하는 의료관광 영역에서는 태국이 1위를 고수한 채 그 외 국가들이 2위 자리를 놓고 각축을 벌일 전망이다.

병원 간 경쟁이 치열해지면서 경영에도 전문성이 필요하다는 인식이 높아졌다. 특히 개원한 경우 원장이 직접 마케팅에서 고객관리까지 나서야 하는 상황이어서 대응책 마련에 부심하고 있다. 여기에 병원에 대한 영리화 이슈까지 겹치면서 병원들의 불안감이 가중되고 있다.

한국은 2015년이 되면 보험사가 약 24조 원의 의료비를 부담할 전망인데, 이러한 상황에서 의료기관이 청구하는 금액을 아무런 조건 없이 지급할 수는 없는 노릇이다. 불가피하게 보험사와 의료기관 사이에서 파워게임이 본격화될 수밖에 없다.[35)]

녹색관광은 분명 지역사회에는 새로운 기회가 될 것이나 충분조건이 마련되지 않은 지역사회에게는 분명 언강생심(焉敢生心)의 일일 것이다. 녹색관광과 관련하여 중요하게 다뤄야 할 문제가 있다. 녹색관광의 활성화는 경제학적으로 풀이하자면 농촌의 고유자원을 신상품으로 해서 농촌지역에 새로운 시장이 형성되는 과정이다. 농촌지역에서 생산되는 다른 상품과는 달리 그 것은 농촌에서 생산돼 도시에서 소비되는 것이 아니라, 도시인들이 농촌지역을 방문, 또는 체류함으로써 농촌에서 소비가 이루어진다.

이러한 과정에서 농촌 고유자원 소유자들은 다양한 고유자원 생산 및 유통활동(Amenity based industry)을 통해 시장공급자로 등장하게 되며, 도시 수요자들과 함께 농촌 고유자원 시장참여자 그룹의 양축을 이루게 된다. 시장참여자 그룹에는 물론 고유자원과 관련해 정보생산과 유통을 담당하는 그룹이 지역 내외에서 합류하게 될 것이다.

여기서 중요한 것은 농촌 고유자원 시장의 형성으로 인한 이익(Benefit)과 비용(Cost)이 시장참여자 그룹 상호간에 어떻게 배분되는가의 문제이다. 이익과 비용에 있어 분배의 형평성이 유지된다면 시장참여자 모든 그룹 간에 상호적 협력관계가 지속되면서 녹색관광으로 인해 형성된 지역의 농촌 고유자원 시장은 지역발전에 지속적으로 도움이 될 것이다. 그러나 그렇지 못하다면 그것은 지역사회에 갈등을 조장하고, 농촌 고유자원 자원이용의 왜곡과 낭비를 초래하게 될 것이다. [36)]

35) 삼성경제 연구원, 의료전쟁, 신성장동력 헬스케어시장의 미래, 올림, 2009
36) 이제영, 홍창의, 녹색관광홍보론, 시간의 물레, 2012

연구문제

1. 생태관광의 원칙 대하여 약술하시오.

2. 의료관광의 장점에 대하여 설명하시오.

3. 다음 용어를 설명하시오.

   ① 다크투어리즘(dark tourism)
   ② 고위험 고수익(high risk and high return)산업
   ③ 이익(Benefit)과 비용(Cost)
   ④ WTO
   ⑤ 유통활동(Amenity based industry)
   ⑥ 대안관광

4. 의료관광의 장점과 약점에 대하여 약술하시오.

5. 생태관광의 장점에 대하여 약술하시오.

참고문헌

[1] 시사상식사전, pmg 지식엔진연구소, 2012

[2] 김현철, 류준호, 하규수, 다크 투어리즘을 활용한 문화관광 산업화 방안에 관한 연구, 한국벤처창업학회, 2011

[3] 생태관광, 한국민족문화대백과, 2009

[4] 손재영, 생태관광 발전방안에 관한 연구, 한국산학경영학회, 2010

[5] 가레스 쇼, 앨런 모건 윌리엄스, 이영희, 김양자 역, 관광지리학, 한울아카데미, 2008

[6] 김우선, 오희삼, 이종진, 터치아트, 제주 여행사전, 2011

[7] 삼성경제 연구원, 의료전쟁, 신성장동력 헬스케어시장의 미래, 올림, 2009

[8] 이제영, 홍창의, 녹색관광홍보론, 시간의 물레, 2012

MEMO

Chapter 3

기술융합과 학문의 통합경영

제3장에서는 기술융합과 학문의 통합경영 기본 개요에 관하여 살펴본다.

21세기는 경계 없는 학문의 통합 시대가 열리고 있다. 그중에서 기술융합은 인문학과 사회과학, 자연과학과 기술과학의 관계에서 기술 융합은 컨버전스, 하이브리드, 퓨전 등의 용어가 사용되고 있다. 17세기 과학혁명과 18세기 산업혁명을 걸치면서 과학과 기술의 분화가 그 시대의 지식의 패러다임이 오늘날 기술이 합치고 묶는 '기술융합'과 학문의 통합이 새로운 패러다임이다.

3. 기술융합과 학문의 통합경영

21세기는 경계 없는 학문의 통합 시대가 열리고 있다. 그중에서 기술융합은 인문학과 사회과학, 자연과학과 기술과학의 관계에서 기술 융합은 컨버전스, 하이브리드, 퓨전 등의 용어가 사용되고 있다. 17세기 과학혁명과 18세기 산업혁명을 걸치면서 과학과 기술의 분화가 그 시대의 지식의 패러다임이 오늘날 기술이 합치고 묶는 '기술융합'과 학문의 통합이 새로운 패러다임이다.

컨버전스(convergence)은 기술혁신에서 융합은 90년대 디지털 컨버전스 개념이 등장하면서 과거 서로 다른 아날로그 형태로 나누어 졌던 음성, 이미지, 비디오 등을 같은 디지털로 결합되면서 기술융합이 시작 되었다.

하이브리드(hybrid)는 이질적인 요소를 결합하여 부가가치를 높이는 것으로써 휴대폰에 카메라, MP3 기능을 추가하여 휴대폰에 가치를 올리는 것과 같다. 즉 다양성과 다원성에 기초하여 반대의견 등 다양한 사회의 목소리를 포용. 통합하는 것이다.

자동차인 경우 가솔린/ 디젤엔진과 같이 액체연료를 사용하는 엔진과 전기모터를 이용한 구동방식을 함께 사용하는 자동차를 말한다.

퓨전(Fusion)은 서로 다른 두 종류의 것을 섞어서 종래에 지켜 오던 순수 주의적 태도를 배격하고 이들을 혼합하여 생산하고자 하는 새로운 경향을 일컫는다.

1) 21세기 융합시대

한국의 미래는 융합기술에 달려 있다'는 세계적 석학 엘빈 토플러의 언급처럼, 융합은 미래 핵심 경쟁력으로 부상하고 있다.

저출산 · 고령화에 따른 의료와 요양 등 복지 서비스의 요구 증대와 재난 · 재해에 대한 사전예방과 신속한 대응을 위해 IT융합이 절실히 필요한 시점이다.

우리도 과거 Fast-Follower 시대의 모방 혁신에서 탈피하기 위해서는 기술 · 인문 융합을 통한 기존과 차별화되는 혁신적 제품 · 기술을 개발하여 First-Mover로 도약할 필요가 있다.

IT와 인문학적 통찰에 기초해 개발된 스티브 잡스의 스마트폰, 3D 기술과 컴퓨터그래픽에 탄탄한 스토리를 내세운 블록버스터 영화 〈아바타〉 등은 대표적인 컨버전스 모델로 자리잡으면서 전 세계적인 혁신의 아이콘이 되었다. 바야흐로 제3차 산업혁명으로 불리는 융 · 복합 컨버전스 시대가 열렸다. 18세기 말 제임스 와트의 증기기관으로 영국에서 시작된 1차 산업혁명, 19세기 말 토머스 에디슨의 전기 발명에 힘입은 대량생산 체제로 촉발된 2차 산업혁명 이후 100여 년 만에 인류는 새로운 지평의 시대를 맞이하게 되었다. 지금까지 인류가 경험해보지 못한, 여러 산업과 기술이 서로 연계되고 결합하고 더해지고 곱해지는 비즈니스 환경이 도래한 것이다.

세계는 혼란과 혼돈의 스마트 혁명시대에 기업이 요구하는 인재의 변화상을 오랜 시간 분석하면서 기술, 예술, 문학, 기초과학, 공학, 수학, 어학 등의 분야를 넘나드는 1인 다역의 멀티플레이어, 즉 컨버전스 시대의 융합인재로 거듭나기 위한 방법론에 초점을 맞췄다. 미래를 대비하는 융합형 인재상에 대한 새로운 패러다임을 제시해준다.

오늘날은 아날로그의 감성과 디지털의 기술, 그리고 스마트의 인공지능 기능이 합쳐져 새로운 문화로 재생산되는 과정에 있기 때문에, 저자들은 기술경제의 가치에서 사회문화적 가치로 무게중심이 이동 중이라는 사실에 주목할 것을 강조한다. 이 같은 흐름은 공연, 개그, 토크쇼를 접목한 콘서트가 젊은이들을 사로잡고 있는 데서도 알 수 있다. 앞으로는 디지털 파워와 엔터테인먼트 파워가 서로 융합해 문화가 모든 산업의 인프라 역할을 할 것이다. 스타벅스와 시세이도는 커피와 화장품을 파는 것이 아니라 문화를 팔고, 배스킨라빈스는 아이스크림이 아니라 즐거움을 팔고, 애플은 제품과 문화를 동시에 판매한다는 말처럼 진정성과 감동의 시장이 자리를 잡아가고 있다.[37)]

37) 김영록, 최강모, 미래기업의 성장엔진 융합인재의 조건, 티핑포인트, 2012

21세기 3대 핵심기술을 꼽으면 NT(나노기술), IT(정보통신기술), BT(생명공학기술)를 들 수 있다. 이 기술들은 함께 발전하면서 새로운 기술 혁신을 이루게 된다. 이렇게 서로 다른 기술이 결합해서 만들어지는 기술을 융합기술이라고 하는데, 앞으로 우리 사회의 기술 변화는 물론 사회, 문화까지 바꿔 줄 것이다.

나노기술(NT)은 10억 분의 1미터를 뜻하는 나노미터 크기의 물질을 제어하는 기술이다. 물체가 나노미터 크기로 작아지면 구조나 성질이 달라진다. 예를 들어 연필심의 원료인 흑연을 만든 탄소나노튜브는 철보다 강하고 전기도 아주 잘 통해 이는 흑연의 구조가 변하기 때문이다. 이것을 이용해 미국의 나사(NASA)에서는 우주 엘리베이터 개발을 연구하고 있다. 또 노란색의 금덩어리를 나노크기로 줄이면 붉은색으로 바뀌는데, 이것도 금의 성질이 변했기 때문이다. 이런 나노미터 크기의 입자는 실제로 면적이 늘어나 적은 양으로도 큰 효과를 볼 수 있어, 나노기술은 정보통신기술(IT)과 융합해서 에너지와 자원이 부족한 문제를 해결해 주고, 유비쿼터스 환경을 만들 수 있다. 생명공학기술(BT)과 융합해서 건강하고 오래 살 수 있는 사회를 만들어 줄 중요한 기술이다.

생명공학기술(BT)은 동식물이 가지고 있는 유용한 특성을 이용하여 약품 등을 개발하거나 농·축산물의 품종 개량 등의 기술을 생명공학기술이라고 한다. 인간 유전자를 분석하거나 맞춤의료, 인공장기, 유전자 치료 등 사람이 건강하고 오래 살 수 있게 하는 현대의 불로초와 같은 기술이다. 그리고 식량부족 문제, 새로운 연료에너지 개발 등 아주 중요한 일들을 해줄 것으로 기대하고 있다.

최근 많은 과학자들은 생명체에 존재하는 다양한 바이오센서를 이용해 분자수준에서 신호를 감지할 수 있는 '나노바이오센서'를 개발하는데 뛰어들고 있습니다. 개중에는 생체분자를 모방해 분자기계를 만들겠다는 모험가도 있습니다. 이들은 자신이 연구하는 분야를 '나노바이오기술'(N. B. T)이라 부른다. 최근 퓨전요리가 유행인 것처럼 바이오기술(BT)와 나노기술(NT)이 융합된 새로운 연구 분야가 탄생하고 있는 것이다.

BT이나 NT 역시 현재 급격하게 발전하고 있는 분야라 일반인은 물론 과학자조차도 최신 연구결과를 제대로 따라가지 못하는 것이 현실이다.

그러나 두 학문의 만남은 예상된 일이었었다. 생명체의 기본단위인 세포 속에서 일어나는 활동의 거의 전부가 나노 수준에서 정밀하게 조절되는 현상이기 때문입니다. 지름이 10㎛ 정도인 세포 속에는 수십nm 크기의 수많은 바이오센서와 분자기계들이 작동하고 있다. 세포막에 박혀있는 수용체 분자는 호르몬이나 신경전달물질을 인식해 신호를 전달합니다. DNA의 유전정보를 담은 전령 RNA를 읽어 들여 단백질을 만들어내는 리보솜은 나노 조립라인이고, DNA를 복제하는 중합효소는 복사기에 해당합니다. 단백질분해효소는 건물해체현장의 불도저와 같고 세포막에 있는 이온채널은 출입카드로 열리는 문을 연상시킨다.

따라서 바이오테크놀로지가 도약하기 위해서는 개별 생체분자의 구조와 움직임을 정확히 알아야만 합니다. 이 과정에서 지난 10-20년 동안 나노기술이 발전하면서 개발된 각종 기기와 방법이 적극 도입되고 있다. 즉 원자 하나하나를 직접 들여다보는 원자현미경, 펨토(femto, 1천조분의 1)초 수준에서 분자의 움직임을 포착할 수 있는 레이저기술, 한 겹의 두께로 분자를 까는 나노코팅기술 등이 그것이다.

나노바이오기술이란 생명체를 구성하는 바이오 물질을 나노미터 크기의 수준에서 조작, 분석하고 이를 제어할 수 있는 과학과 기술을 지칭한다. 따라서 나노바이오 기술은 생명 현상과 생명체 운용의 근간이 되는 물질의 구조와 상호 작용에 관한 원리를 원자와 분자 수준에서 규명하고, 이를 기반으로 극미세 바이오 물질을 조작하고 제어하는 기술을 발굴하여 질병을 다스리고 인간의 건강과 행복을 증대시킬 과학 기술 영역이다. 여기서 주목하여야 할 것은 첨단 미세공학 기술과 나노바이오 기술 간의 상호 발전적 연계성을 발견하는 것이다.

첨단 미세공학 기술에 의해 가공된 미세 도구들은 나노 영역에서의 바이오 지식 탐구를 가능하게 하고, 이를 통해 밝혀진 새로운 지식은 미세공학을 근거로 한 새로운 산업기술 획득에 중요한 기반을 제공할 것이다.

나노바이오 연구에 사용되는 미세 도구를 살펴보면, 먼저 미세 집게를 이용하여 세포를 하나씩 포획하여 조사할 수 있으며, 세포를 개별 치료할 수 있는 탐침이 개발되어 있다. 또한 미세 채널 내에 설치된 미세 필터를 이용하여 혈액에서 적혈구 등 특정 크기의 물질을 걸러 내거나, 특정 바이오 물질에만 접합되는 서로 다른 종류의 양자점(Quantum Dot , 量子點 : 화학적 합성 공정을 통해 만드는 나노미터nm=10억분의 1m 크기 반도체 결정)은 빛을 이용하여 유전자 정보를 읽을 수 있습니다. 이처럼 미세 도구를 사용한 바이오 물질의 조작을 통해 나노바이오 연구를 가속화할 수 있습니다. 유전체 구조와 기증을 분석하고 결함을 치료하고자 하는 유전자 정보를 이용한 단백질 합성 및 분석에 관한 단백질 공학, 줄기 세포의 배양과 장기 및 조직의 복제, 그리고 뇌 세포 및 신경 세포 치료에 관한 세포의학, 그리고 바이오 물질 대사 및 조립에 관한 대사공학 등이 나노바이오 연구와 관련된다.

나노바이오 기술은 원자나 분자가 아니라 물질 단위에 관심을 갖습니다. 물질 단위를 이루는 구성 성분과 이에 관여하고 있는 과정에 초점을 맞춘다.

흔히 공상과학 소설에서 등장하는 나노로봇은 다양한 부분에 이용될 수 있을 것으로 생각된다. 아직까지는 꿈속에서 아니면 소설이나 영화에서나 가능한 나노로봇을 최종 목표로 하여 여러 분야의 과학자들이 연구를 하고 있다.

이를 이용해서 나노크기의 기계와 그 부속품을 만들고자 하는 것이 분자나노 기계기술입니다. '분자' '원자'를 다루는 분자나노기계기술은 화학을 비롯해서 물리학, 생물학, 전자공학 등 여러 학문분야가 관여한다. 우리가 기대하거나 상상하고 있는 영화 속의 나노로봇은 분자나노 기계와 함께 나노바이오센서와 나노약물 전달시스템 등 다른 부속품이 개발되고 통합돼야만 가능하므로 아직까지는 먼 미래의 이야기로 생각된다.

정보통신기술(IT)은 정보를 주고받는 것은 물론 개발, 저장, 처리, 관리하는 데 필요한 모든 기술을 의미한다. 우리나라는 반도체, 디스플레이, 휴대폰, 초고속인터넷망이 발달한 나라는 IT강국이다. 앞으로 휴대인터넷을 비롯해 이동하면서 TV를 볼 수 있는 디지털멀티미디어방송(DMB), 할인마트에서 물건을 사고 계산대에서 바로 나갈 수 있는 무선주파수식별(RFID), 인터넷 전화, 통신, 방송, 인터넷 등이 융합된 광역 통합 망 등 새로운 기술이나 서비스가 확대될 것이다. 이러한 기술의 결정판이 유비쿼터스 환경이다.

2) 기술의 융합과 활용

나노기술의 적용 사례는 생활 곳곳에서 볼 수 있습니다. 대표적인 것이 은(銀) 입자 코팅기술로 항균, 살균 기능이 뛰어난 은을 나노미터(10억분의 1m) 수준으로 입자화해 제품 표면에 코팅하거나 재료에 섞어 세균이나 곰팡이의 서식을 막는다.

우리 생활에서 많이 접하는 노트북, 휴대폰, PDA 등을 생각해 보면, 현재 휴대용 컴퓨터는 1-3kg의 무게에 노트만한 크기를 가방에 넣고 다녀야 한다. 하지만 다가올 미래의 나노기술은 크기가 5백원 동전 만해서, 손목시계처럼 손목에 차고 다니는 컴퓨터를 가능하게 한다. 더욱이 이 손목 컴퓨터는 현재 속도보다 수천배 빠른 속도로 작동되고, 태양전지로 전원을 사용하기 때문에 무거운 충전기를 갖고 다니면서 재충전해야 할 필요도 없다. 또한 홀로그램 원리를 이용한 프로젝션을 통해 가상의 화면을 띄워 사용하고, 명령의 실행은 키보드 대신 음성을 통해 간편하게 이루어진다.

손목 컴퓨터는 여행을 가서도 집이나 직장에서 일어나는 모든 일들을 무선통신을 통해 직접 처리할 수 있게 해 준다. 심지어 가정부 로봇에게 집에 두고 온 강아지의 밥을 시간에 맞춰 줄 수도 있고, 정원을 아름답게 가꾸도록 명령할 수도 있다. 또한 국제회의나 해외여행을 갔을 때에는 실시간 동시통역 기능을 통해 외국인과도 자유롭게 대화할 수 있도록 도와준다. 게다가 건강상태를 수시로 모니터해 건강상의 문제점이 발견되면, 담당의사에게 바로 연락을 취하고 담당의사의 처방에 따라 몸속을 돌아다니는 나노로봇을 통해 약물 투여와 치료 과정을 수행한다.

정말 꿈만 같은 이런 초지능 · 초소형 손목 컴퓨터를 가능하게 하는 나노기술은 무엇일까요? 이런 컴퓨터를 만들기 위해서는 복잡한 전자 회로, CPU, 메모리 등 컴퓨터 부품들이 동전만한 크기 안에 모두 집적하여, 그 처리속도 또한 엄청나게 빨라야 한다.

386 컴퓨터로는 몇 년 걸려 계산할 문제를 펜티엄4 프로세서를 사용하면 단 몇 초 만에 계산할 수 있을 정도로 컴퓨터 처리속도는 크게 발전하고 있다. 현재의 펜티엄4 프로세서보다 수천배 빠른 프로세서가 손목 컴퓨터에 내장되려면 모든 전자회로를 훨씬 작게 만들어서 고집적화를 이뤄야 한다. 펜티엄4 프로세서의 기술은 마이크로 기술에 의존하고 있는데, 이 기술로는 아무리 작게 만들어도 0.15㎛(1㎛=10-6m) 정도에 머뭅니다. 이와 같은 마이크로 기술이 갖고 있는 크기의 한계를 나노기술은 획기적으로 뛰어넘을 수 있다.

차세대 초소형 컴퓨터의 실현을 위해 개발된 나노소자 현재 60개의 탄소로 이뤄진 축구공 모양의 풀러렌을 이용해 1nm급의 단자 트랜지스터가 개발된 되고, 관련 기술이 획기적으로 발전할 것으로 기대된다.

특정한 목표를 찾아가 바이러스나 암세포 등 유해한 물질을 제거하는 나노로봇보다 한층 진화된 형태의 나노로봇도 등장할 것이다. 최근 이런 가능성을 보여준 것이 미국 코넬대 연구결과인데, 니켈 나노 기둥에 프로펠러를 단 나노 헬기이다. 이 나노헬기는 생체 에너지인 ATP를 연료로 사용해 1초에 8회 회전하는 프로펠러, 즉 나노 엔진을 장착하고 있다. 이것이 보다 발전된다면 외과수술(즉 수술용 칼, 실, 바늘) 기능을 갖춘 영화 속에서나 나오는 나노로봇이 현실에 나타날 것이다.[38)]

38) 이인식, 한권으로 읽는 나노기술의 모든 것, 고즈인, 2009

나노기술은 생활에서 필요한 각종 신소재도 제공해 줍니다. 예를 들어 강철보다 10배 이상 강하지만 매우 가벼운 탄소나노튜브가 연료전지나 항공기, 방탄복 등 여러 분야에서 복합소재로 사용될 것입니다. 다공성 나노물질은 중금속과 다이옥신 같은 환경오염물질들을 제거하는 뛰어난 촉매 능력으로 우리 환경을 깨끗하게 지키고, 나노 크기의 무기점토와 고분자의 나노 복합체는 평생 쓸 수 있는 새로운 타이어를 가능하게 한다.

글로벌 경제의 패러다임이 창조적 혁신으로 전환 추세되고 있으며, 글로벌 기업들도 기술 중심 혁신에서 인문 · 기술의 융합에 의한 창조적 혁신을 통해 글로벌 시장의 선점을 추진하고 있다.

융합기술은 나노 수준의 물질을 제어하고 이를 바탕으로 생명공학기술, 정보통신기술을 한 단계 더 나아간 형태의 기술로 발전시키고, 각 기술 간의 상호작용으로 생기는 기술 변화, 사회 · 문화적인 변화를 일으킬 수 있는 첨단기술이다. 융합기술이 인간의 건강한 삶과 식량 확보, 에너지, 환경, 안전 등 우리 생활 여러 곳에 미치게 될 거라고 전문가들은 예상하고 있다.

생명공학기술로 인간의 모든 유전 정보를 담고 있는 게놈의 염기서열을 손에 넣었지만, 게놈에 담고 있는 유전암호를 해석하는 것은 아직 하지 못하고 있다.

이를 밝혀내기 위해 정보통신기술을 이용하면 새로운 신약과 치료법을 찾아낼 수 있고, 피 한 방울로 각종 질병을 진단할 수 있거나 침 몇 방울로 심장 발작을 알 수 있다면 병을 빨리 찾아내 치료할 수 있다.

생명공학기술에 나노기술을 이용하면 우리 몸의 혈관 등을 돌아다니면서 진단, 치료하는 미세로봇도 만들 수 있다. 나노기술과 정보통신기술이 융합하면 탄소나노튜브를 이용한 디스플레이 장치, 여러 숫자를 한꺼번에 처리할 수 있는 양자 컴퓨터, 플라스틱 덮개나 페인트처럼 칠할 수 있도록 만든 나노 태양전지 등을 개발할 수 있다.

3) 학문의 통합경영

우리는 학문의 통합과 융합의 시대에 살고 있다. 서구의 르네상스 시대 이후 거리감이 있었던 학계간의 경계를 허물고 통합 학문의 시대가 열린 것이다. 예술이 과학과 경계가 없어지고, 생물학과 공학이 소통하는 통합 학문이 현실로 다가온 것이다. 이제 우리는 다양한 가치를 결합해 새롭고 창조적인 것을 만들어야 한다.[39)]

21세기 들어 정보화 사회진입은 산업사회에서 해결하지 못한 문제점을 노출하고 있다. 이러한 문제들을 해결하기 위해 인접학문분야 간 공동연구가 활발하게 진행되었고, 나아가 세분화된 학문의 통합 필요성이 제기되었다. 이와 같은 통합은 물리적인 통합을 의미하는 것이 아니라 학문의 화학적, 생물학적으로 요구하는 패러다임의 전환부터 이루어지면서 인문학적 상상력이 지평을 넓게 한다.[40)]

사람경영, 자아경영, 가족경영, 학교경영, 기업경영, 국가경영, 세계경영, 등 어떤 분야의 경영이든 오늘날 가장 시급한 것은 통찰과 통합이 힘이다. 통찰과 통합이 힘을 기르는데 자양분이 학문이 통합경영이다. 학문 통합이 힘은 인문경영에서 찾을 수 있다. 이는 인문학을 바탕으로 인생경영에서부터 기업경영, 국가경영에 이르기까지 삶의 모든 경영이다.

사람은 끊임없이 형성되는 존재이지 완성되어 태어난 존재가 아니다. 인문학은 사람을 사람답게 만드는 것이 무엇인지 항상 고민하게 한다. 결국 인문학이 숨은 힘은 사람을 사람답게 만드는 힘이다(정진홍, 인문의 숲에서 경영을 만나다).

39) 최종근, 뇌 속에 팍 꽂히는 소리단어, 북스힐, 2011
40) 서울대학교출판문화원, 융합학문 어디로 가고 있나, 2012

최근 국가 간 산업경쟁이 치열해지고 사회. 경제 문제가 복잡하고 역동적으로 변하면서 단일 학문분야의 경계를 넘어 다양한 지식과 기술 등이 융합하는 종합적인 융합연구의 중요성이 대두되고 있다.

인문 · 기술 융합을 통한 최종 목표는 세계시장을 선도할 창조 · 혁신적인 기술 · 제품을 개발하고, 이를 글로벌 시장에 선도할 수 있는 기술과 제품을 창조할 수 있는 인문, 기술 등 다양한 학문적 지식과 소통능력을 갖춘 통합형 환경을 요구하고 있다.

세포융합은 생명기술의 핵심영역으로 서로 다른 세포를 두개 이상 합쳐 하나의 새로운 잡종 세포를 만드는 기술로 토감(토마토+감자), 가자(가지+감자), 양무추(무+양배추) 등 세포융합 기술로 성공한 품종은 다양하다.

생명기술(BT), 정보기술(IT), 나노기술(NT)를 결합한 미래형 융합기술, 생체인식 기술로 각종 바이오칩 등이 이에 해당한다.

정보/ 지식시대에서 융합/ 복합시대(전문가 통합시대), 베려, 공감시대에 살고 있다. 융합은 학문+기술+산업 전반에 걸쳐 융합이 새로운 변화시대를 맞이하고 있다(한국정보통신기술협회).

과학적 지식을 갖고 인문학을 설명(다빈치)

정보+생명+나노+뇌의 인지과학은 인지, 신경, 정서과학으로 발전하여 이성적이고 합리적인 현대인이 관심사가 뇌, 신경공학이 발전으로 노화방지에 관심을 갖고 있다.

근대 민족국가의 국민을 삶의 만족을 창출해야 하는 시대에 처했다면 지식의 대중화 문제는 무엇보다도 중요한 문제이다.

국민 모두가 문자를 읽고 지식과 정보를 공유해야 국민으로서의 주권을 제대로 찾고 발휘할 수 있다. 특히 근대에 들어 새롭게 정치적 주체에 편입된 여성과 하층민들이 빠른 시간 안에 정치 주체로서 자신의 자리를 잡아야 하는 시점에서, 습득하기 어렵고 습득하는데 시간이 많이 걸리는 문자는 크나큰 걸림돌이 아닐 수 없다.

그것은 일단 양적이고 외형적인 측면에서 학계의 엄숙주의, 전문가주의, 논문 중심주의를 경계하는 균형추 역할을 수행하고 있다. 하지만 질적인 측면에서 들여다보면 오늘날 지식 대중화 현상이 과연 앞에서 언급한 실용적이고 본질적인 역할에 충실한 것인지에 대해서는 의구심을 갖지 않을 수 없다.

자연을 희생시키는 경제적 발전이 계속된다면 자연은 물론이고 우리 인류의 미래까지도 위협할 수 있음을 느끼기 시작하면서 인류는 자연과 공존하는 새로운 방법을 모색해왔다. 이런 흐름에 가장 민감하게 대처해온 과학계에서도 최근 생태적 풍요와 경제적 번영을 함께 이룰 수 있는 과학기술로, 자연을 모방하고 자연의 메커니즘을 본뜬 생물영감(bioinspiration)과 생물모방(biomimicry)이 새롭게 조명을 받고 있다.[41]

41) 이인식, 자연은 위대한 스승이다, 김영사, 2012

4) 문화예술경영

통합과 융합의 관점으로 미국 대학의 교양 교육은 과거엔 지식 분야를 넓히는 분배형 교육이었지만 최근엔 지식 분야를 통합해 정보를 전체적으로 조망할 수 있는 융합 · 통합형으로 바뀌고 있다.

사회가 복잡해지면서 학생들에게 요구되는 능력도 바뀌고 있다. 학생들은 과거와 달리 다양한 삶의 환경과 정보들을 종합하고 통합해 전체적으로 조망하는 능력, 서로 모순된 것처럼 보이는 정보들을 재구성하는 능력이 필요하다는 것이다.

현대의 직업 환경이 바뀌어 어떤 업무를 수행할 때 발생하는 문제들은 한 영역이 아니라 다양한 영역에 대한 고려와 판단을 요구한다.

이런 환경의 변화 때문에 학생들은 주어지는 정보를 습득하는 데 그쳐서는 안되고, 정보에 대해 생각을 보다 창의적으로 접근해야 한다. "이런 측 때문에 대학에서의 교양교육이 통합 지향적으로 이뤄져야 한다"고 지적했다.

보스턴대의 나탈리 맥나이트 교수도 "스티브 잡스와 빌 게이츠 등 성공한 기업가들은 예술과 기술, 문학과 컴퓨터 지식을 효과적으로 접목했다"며 교양 교육의 타학문 연계를 내세웠다.

한국에서의 대학 교양교육도 패러다임이 바뀌어야 한다는 주장이 제기됐다. 이태수 인제대 교수는 "일제 강점기와 설익은 미국 대학제도 도입으로 우리나라 대학 내에서 교양교육은 '그 자체로서의 가치'가 아닌 '전공을 위한 도구적 가치'로 고착돼왔다"며 교양교육은 학생들이 직업 활동을 포함해 앞으로 어떻게 살 것인지를 생각하는 것을 돕는 자유교육이라고 말했다. 그는 교양교육이 대학의 저학년에서 끝나는 것이 아니라 고학년 과정뿐만 아니라 사회인들을 위한 인문학 강좌처럼 확장돼야 한다고 설명했다.[42)]

42) 첨단기술의 발달, 컴퓨터 통신출처 , 서울대학교출판문화원, 융합학문 어디로 가고 있나, 2012

예술경영은 말 그대로 '예술'과 '경영'을 접목시키는 활동이다. 예술과 경영은 사실 서로 비슷한 점이 없어 보이나, 오히려 정반대의 목적을 위한 두 영역이라고 할 수 있다. 예술과 경영은 서로 전혀 다른 맥락과 논리로 움직이는 별개의 세계다. 예술 세계는 심미안의 가치를 높이 평가하지만, 경영 세계는 효율성의 가치를 높이 평가한다. 예술의 세계는 주관적 만족이 주요 변수가 되지만, 경영 세계는 객관적 결과가 주요 변수가 된다. 이처럼 서로 다른 두 세계가 함께 어울릴 수 있도록 하는 것이 바로 예술 경영이다. 그러나 예술경영은 예술 자체를 경영의 잣대로 재단하고 만들어가는 것을 의미하지 않는다. 예술은 그 자체의 논리와 방향이 있기 때문이다. 예술경영은 어디까지나 더 많은 사람들이 더 양질의 예술작품을 접할 수 있도록 돕는 역할을 한다. 예술을 경영하는 것이라기보다는 '예술을 위한 경영'인 것이다.

예술경영은 생산자인 예술가가 고유의 창작과정을 거쳐 만든 예술품이 하나의 상품으로써 소비자인 관객에게 전달되도록 매개하는 과정이다. 갈수록 세분화되고 분업화되는 현대 예술에서, 아이러니하게도 분업화된 역할을 하나로 묶어주는 예술경영은 필수과정으로 그 중요성이 점점 커지고 있다. 이러한 예술경영이 국내에 들어와 본격적으로 자리 잡은 20세기 말부터 현재까지의 진화와 비전을 주고 있다.[43)]

20세기 중반까지만 해도 문화예술 경영은 미학과 실용성의 이율배반 위에 만들어진 부정의 대상이었다. 그러나 1980년대부터 문화예술 행위의 경제적 범주가 설득력을 갖기 시작했다. 각각의 궁극적인 목적을 넘어 예술적이고 문화적인 사업과 조직 역시 일반 사업조직과 다름이 없다는 공감이 형성되기에 이른 것이다. 이런 측면에서 문화예술 사업과 조직은 경영의 측면을 드러내고, 효율성을 강조하기에 이르렀다.

문화적인 영역의 경우 체재에 의한 간접적 경쟁대상을 놓쳐서는 안 된다. 연극과 영화의 관계, 텔레비전과 영화의 관계 등과 같은 문화적 생산물 사이에 내적인 경쟁관계, 그리고 여가를 이용하기 위한 잠재적 활동성의 경쟁 등도 잊어서는 안 된다. 영화관이 인근의 공연장보다 경쟁력이 있는 등 단기적인 경쟁력 확보와 이미지문화의 소비가 인쇄문화의 소비보다 높다는 장기적인 측면도 충분히 고려해야 한다.[44)]

43) 용호성, 예술경영, 김영사, 2010
44) 김승현, 문화 경영을 만나다, 김영사, 2009

문화예술경영이 대표적인 프랑스 루브르 박물관의 경제 규모는 직원이 2천여명, 연 관람객 숫자는 850만명에 입장료 수입은 700억원이 넘는다. 여기에 각종 수익사업 등을 합치면 4,600억원에 이른다. 전체 운영예산은 6,600억원 수준이며, 모자라는 예산은 매년 정부가 지원하고 있다. 그렇지만 루브르 박물관으로 인해 얻어지는 국가브랜드의 상승과 경제적 파급효과는 생각하면 문화예술경영의 존립근거가 되는 것이다. 이는 직접적인 수익 창출보다 문화가치의 극대화와 간접적인 경제효과를 비롯한 다양한 문화관광의 파급효과를 목표로 하고 있다.

21세기 실천학문이란 이름으로 이러한 상황은 경영학을 어떻게 볼 것인가의 문제로 연결된다. 좁은 의미의 경영학은 방법론이고 기법이며 원칙이다. 이것은 문화예술경영에 필요한 기능적 고민을 하는 것이고, 넓은 의미의 경영학은 사회관계 속에 다양한 형태로 만들어 지는 인간 활동과 조직에 대한 사유방식일 수 있다는 내적 결합을 깊게 연구할 필요가 있다

는 점에서 연구가 필요하다.[45)]

45) 박신의, 문화예술 경영이론과 실제, 생각나무, 2002

5) 국가브랜드의 역할

2011년에 발표된 우리나라의 국가브랜드 순위는 조사대상 50개 국가 중 33위이다.

독일과 프랑스, 영국, 캐나다, 일본, 이탈리아, 미국이 1위부터 7위를 차지했고, 우리나라 앞에는 중국과 폴란드, 체코, 이집트가 뒤로는 태국과 대만 등이 위치했습니다.

국가브랜드 낮은 이유를 외국인 1,000명에게 물었더니, 북한과의 대치상황이 가장 큰 이유였고 국제사회에 대한 기여 미흡, 정치 · 사회적 불안, 관광지로서의 매력 부족, 그리고 해외 여행시 낮은 세계 시민의식 등을 이유로 꼽았다.

이런 우리의 국가브랜드를 2013년까지 세계 15위로 제고하기 위한 국가브랜드 위원회의는 대통령에게 보고를 했다.

이 자리에서 이 대통령은 국가브랜드 제고는 경제위기 극복에도 도움을 줄 것이고 위기가 끝난 뒤 우리의 위상를 위해서라도 시급한 문제라고 강조했다.

국가브랜드위원회(2009년 설립)는 국제사회 기여도 제고와 첨단기술과 제품의 홍보, 문화 · 관광산업 육성, 다문화 가정과 외국인 배려 확대, 글로벌 시민의식 함양 등 5대 중점 분야로 선정하고 개선해 나가고 있다.

부처별 세부 추진계획을 보면 기획재정부는 아시아와 중남미 등에 발전경험을 전수하는 '경제한류' 확산사업과 교육과학기술부는 한국에 우호적 인재 네트워크를 구축하는 '글로벌 코리아 스칼러십(scholarship ; 박학다식)' 도입을 통해 외교통상부는 부처별로 분산된 정부파견 해외 봉사사업을 하나로 통합하는 '코리언 서포터스'를 각각 추진하기로 했다.

특히 문화체육관광부는 한국어 교육기관을 '세종학당'이라는 브랜드로 통합하고, 태권도를 국가대표 브랜드로 육성하기 위해 관련 콘텐츠와 상품 개발을 지원하고 있다.

국가브랜드위원회는 우리의 국가브랜드 가치는 미국의 1/26, 일본의 1/6로 낮은 수준이며 한국산 제품 역시 선진국에 70% 수준으로 저평가 돼 있다고 설명했습니다.

이와 관련해 청와대는 2012년에 대통령의 '신 아시아 외교구상'에 발맞춰 베트남을 중심으로 한 아시아 신흥국가들에 대해 우리의 발전 경험을 전수하는데 주력할 것이라고 밝혔다.

국제무대에서 한국의 국가브랜드가 지나치게 저평가 되는 가장 큰 요인으로 북한과의 대치상황이 꼽혔다고 국가브랜드위원회(위원장 어윤대)가 공개했다.

국가브랜드 제고 방안으로는 관광여건 개선(29.7%), 국제사회 기여 확대(9.8%), 주한 외국인 배려 확대(9.2%), 해외여행시 세계 시민의식 향상(8.5%), 불안한 국가이미지 탈피(8.2%) 등이 제시됐다.

정부는 이를 위해 현행 세계 33위에 머물러 있는 국가브랜드 순위를 오는 2013년까지 15위로 끌어올리기 위한 정책을 대대적으로 추진해 나가기로 했다.

이 대통령은 작금의 경제위기와 관련해선 "큰 위기를 맞고 있지만 어떤 위기도 끝이 있다. 위기가 끝난 이후에 대한민국이 세계에서 어떤 위치에 놓이느냐가 중요하다"며, "당면한 과제를 극복하는 것도 중요하지만 극복 후 새로운 시기에 대한민국의 위상이 어떻게 보이느냐가 중요하다." 고 말했다.

어윤대 브랜드위원장은 이에 대해 "대한민국 브랜드 가치가 선진국에 비해 코트라 조사에 비하면 30% 저평가되고 있다"며 "코리아 디스카운트를 10%만 줄여도 엄청난 경제효과가 있다. 새로운 사업발굴과 각 부서 사업을 극대화하기 위해 외연확장과 사업을 체계화하고 있다."고 했다.

이어 "국가브랜드란 국가에 대한 호감도, 신뢰도 등을 총칭하는 말이다. 최근에는 군사력과 경제력보다 국가의 품격, 이미지가 국가브랜드에 많은 영향을 미치고 있다."며, "대한민국의 위상을 높이려면 신뢰가 바탕이 되어야 한다"고 말했다.

국가 브랜드라는 것은 국가의 품격이고 국가의 국력이라고 볼 수 있는데, 우리가 세계적으로 대한민국의 위상을 높이려면 우선 신뢰가 있어야 되고, 세계의 호감이 있어야 하고, 지지와 평판도가 높아져야 된다.

'대한민국의 브랜드는 사람'이며, '국민 각자가 자신의 브랜드 가치를 가지고 문화사절, 홍보대사의 역할을 담당할 때 대한민국의 브랜드가 세계 속에 우뚝 설 수 있다. 이는 자신의 브랜드 가치인 품격을 높이기 위해 노력하는 것이다.[46)]

46) 국가브랜드위원회, 이배용, 2011, 8, 23, KBS 아침마당

지식의 융합

모든 융합의 기초가 되는 '지식 융합'의 본질을 역사적, 철학적, 사회학적, 정책적, 자연 과학적 관점 등으로 다양한 각도에서 조망하고 있는 이들의 연구는 융합을 이해하는 통합적인 설명 체계와 모델을 제공해 줄 것이다. 최근 융합에 대한 관심이 고조되고 있다. 스티브 잡스와 애플은 융합을 이룬 산업계의 영웅으로 칭찬되고, 정부 관료와 언론은 10년 후 한국 사회를 먹여 살릴 핵심 이슈로 지식, 과학, 기술, 교육 등 전 분야에 걸친 융합을 들먹인다. 신상품을 개발하고 새로운 마케팅 기법을 고안해 내야 하는 산업계는 물론이고, 과학 기술 분야와 인문 사회 과학 분야 같은 학계까지 미래를 개척할 새로운 돌파구로서 융합의 필요성이 강조되는 것이다. 그러나 한국 사회에서 그동안 이루어진 융합에 대한 논의는 원론적이고 추상적인 수준에 그치고 있다. 특히 우리가 지향해야 하는 융합이 무엇이고, 어떻게 해야 성공할 수 있는지 같은 기본적인 이해가 매우 부족한 상태인 것이다.

이러한 상황에서 융합을 '종합적'으로 고찰하고 '구체적'으로 분석한

뒤에 '실질적'으로 도움이 되는 결론을 도출하고자 하는 연구가 필수적으로 요구된다. 융합의 과거에서 미래를 성찰한다. 현재 병목에 걸린 채 답보 상태에 있는 우리 사회의 융합 논의의 숨통을 뚫는 데 도움이 될 것이다. 융합연구의 중요성뿐만 아니라 잠재적 위험성까지 종합적으로 봐야 한다. 모든 융합의 기초가 되는 '지식 융합'의 본질을 역사적, 철학적, 사회학적, 정책적, 자연 과학적 관점 등으로 다양한 각도에서 조망하고 있는 이들의 연구는 융합을 이해하는 통합적인 설명 체계와 모델을 제공해 줄 것이다.[47]

아무리 큰 불황이라도 21세기는 여전히 지식경제사회임을 강조이다. 그러므로 대한민국 역시 지식으로 먹고살아야 한다고 주장한다.

국가의 경쟁력은 지식이 돈이라는 새로운 패러다임을 제시한다. 일반 직장인, 임직원, 상품개발자, 정책입안자, 마케터, 기획자, 정보 관리자, 그 밖에 경제사회에 관심 있는 모두에게 유용한 정보를 제공한다.

좋은 정보를 찾아내(Fiding)고 다듬고(Cutting), 필요한 곳에 활용하는 것(Setting)은 지식요리의 핵심으로 열려 있는 지식을 최대한 활용하는 것을 의미한다. 음식요리가 갖가지 재료들을 잘 섞고 볶거나 끓여서 음식이라는 결과물을 만들어 내듯이, 지식요리는 수많은 정보들을 정리하고 분석해 실생활에 가치 있는 것으로 리모델링하는 작업이다.

세계적인 경기침체와 변화 속에서 기업과 개인이 살아남기 위해서는 필요한 정보를 쇼핑하고 그것을 가치 있는 것으로 재창조할 줄 알아야 한다.[48]

오늘날 진행되고 있는 '지식 대중화'의 다양한 실천들은 '교양서적'의 범람에서 그 존재감을 여실히 느낄 수 있다. 그것은 일단 양적이고 외형적인 측면에서 학계의 엄숙주의, 전문가주의, 논문 중심주의를 경계하는 균형추 역할을 수행하고 있다. 하지만 질적인 측면에서 들여다보면 오늘

47) 홍성욱, 박상욱, 박형욱, 변학문, 잉종태, 융합이랄 무엇이가, 사이언스북스, 2012
48) 박호근, 지식요리, 지식경제사회의 새로운 패러다임, 글로세움, 2008

날 지식 대중화 현상이 과연 앞에서 언급한 실용적이고 본질적인 역할에 충실한 것인지에 대해서는 의구심을 갖지 않을 수 없다.

지식의 대중화는 지식의 생산과 유통 과정에서 '창조적 파괴'를 동반하는 매우 묵직한 과정이다. 그것은 생각하기와 말하기의 관행을 깨는 것이기 때문이다.

현재 하강하고 있는 지구촌 경제가 2011년에는 조금 나아졌다 다시 하락하고, 2020년에는 다소 회복할 것이다. 개개인의 정보공유는 똑똑한 군중을 만들고 있다. 이를 계기로 또 하나의 사회혁명이 일어날 것이고, 이 사회혁명은 아시아로 세계 권력이 서서히 이동할 것이다.[49)]

49) 박영숙, 유엔미래보고서, 미리가본 2018년, 교보문고, 2008

연구문제

1. 나노기술의 적용 사례에 대하여 약술하시오.

2. 한국에서의 대학 교양교육 패러다임 대하여 설명하시오.

3. 다음 용어를 설명하시오.

   ① 나노바이오기술
   ② 창조적 파괴
   ③ 지식요리
   ④ 제3차 산업혁명
   ⑤ 글로벌 코리아 스칼러십
   ⑥ 경제한류

4. 국가브랜드 제고 방안 대하여 약술하시오.

5. 지식의 융합에 대하여 약술하시오.

참 고 문 헌

[1] 김영록, 최강모, 미래기업의 성장엔진 융합인재의 조건, 티핑포인트, 2012

[2] 이인식, 한권으로 읽는 나노기술의 모든 것, 고즈인, 2009

[3] 최종근, 뇌 속에 팍 꽂히는 소리단어, 북스힐. 2011

[4] 서울대학교출판문화원, 융합학문 어디로 가고 있나, 2012

[5] 이인식, 자연은 위대한 스승이다, 김영사, 2012

[6] 첨단기술의 발달, 컴퓨터 통신출처, 서울대학교출판문화원, 융합학문 어디로 가고 있나, 2012

[7] 용호성, 예술경영, 김영사, 2010

[8] 김승현, 문화 경영을 만나다, 김영사, 2009

[9] 박신의, 박신의, 문화예술 경영이론과 실제, 생각나무, 2002

[10] 국가브랜드위원회, 이배용, 2011, 8, 23, KBS 아침마당

[11] 홍성욱, 박상욱, 박형욱, 변학문, 잉종태, 융합이란 무엇인가, 사이언스북스, 2012

[12] 박호근, 지식요리, 지식경제사회의 새로운 패러다임, 글로세움, 2008

[13] 박영숙, 유엔미래보고서, 미리가본 2018년, 교보문고, 2008

MEMO

Chapter 4

세계를 향한 꿈

제4장에서는 세계무대를 향한 꿈에 관하여 살펴본다.

금세기 최고의 미래학자인 앨빈 토플러(Alvin Toffler)는 『부의 미래 Revolutionary Wealth』에서 다가올 미래를 예측하였다. 토플러가 말하는 부(富, wealth)는 손으로 만질 수 있는 화폐가 아니다. 부는 인간의 욕망을 채워주고, 갖고 싶은 욕구를 해소시켜 주는 그 무엇이라 할 수 있다.

토플러는 인류의 역사를 3개의 물결로 구분하였다. 제1물결은 1만년 전에 시작되어 수천 년에 걸쳐 인류의 역사를 서서히 바꾼 농업혁명의 물결이고, 제2물결은 300년이라는 비교적 짧은 시간에 인류를 변화시킨 산업혁명의 물결이다. 제3물결은 1950년대 중반에 시작되어 현재까지 계속되고 있는 지식혁명의 물결이다. 토플러는 "미래의 부는 시간, 공간, 지식이라는 세 가지 심층기반(deep fundamental)이 어우러져서 만들어 진다"고 말한다.

4. 세계를 향한 꿈

청소년 시절에 리처드 바크(Richard Bach)가 지은 『갈매기의 꿈 Jonathan Livingston Seagull』이란 책을 읽었다. 책을 펼치자마자 하늘 높이 나는 갈매기의 흑백사진에 흠뻑 빠져들었다. 마치 내가 갈매기가 되어 하늘을 나는 환상에 젖어들기도 하였다. "대부분의 갈매기들은 비상의 가장 단순한 사실은 먹이를 찾아 해변으로부터 떠났다가 다시 돌아오는 방법 이상의 것을 배우는 것에는 신경 쓰지 않았다. 그들이 중요하게 생각하는 것은 나는 것이 아니라 먹는 것이었다.

이 말은 감수성이 예민했던 시절에 삶을 어떻게 살아가야 할 것인지 크게 깨우쳐 주었다. 낮게 나는 새는 좁은 세상밖에 보지 못한다. 높게 나는 새만이 넓은 세상을 바라볼 수 있다. 글로벌 리더는 갈매기 '조나단 리빙스턴'처럼 먹는 것보다 나는 것을 더 소중하게 여기며, 낮게 날기보다는 높게 날아 먼 곳을 내다볼 줄 아는 사람이다.[50)]

50) 리처드 바크, 류시화 역, 갈매기의 꿈, 현문미디어, 2003.

1) 21세기 미래여행

제4의 물결

구글, 애플, 삼성은 10년 후를 대비하는 부의 전쟁이 시작되었다. 세계적인 사회학자 엘빈 토플러는 정보화 시대가 제3의 물결을 일으켰다고 말했다. 이제 세계는 제4의 물결을 앞두고 있다. 세계적인 석학들은 제4의 물결은 '융합의 시대'로 서로 다른 분야가 융합해 새로운 것을 창조하는 세상이 될 것이라고 말한다.

앞으로 10년은 지식 노마드(nomad ; 유목민) 시대이다. 학문과 학문, 업계와 업계의 경계가 사라지고 상생을 위해 하나로 융합되고 있기 때문이다. 최근 구글, 애플, 삼성 등은 IT와 바이오산업, 미래에너지 등의 분야에 관심을 두고 있는데, 이들 분야를 융합하고 있다.

구글은 차세대 사업으로 차세대 검색엔진 · 무인자동차 · 에너지산업 등에 주목하고 있고, 애플은 차세대 디스플레이 · 디지털 교과서 등에 투자하고 있으며, 삼성은 5대 신수종사업으로 태양전지 · 전지자동차용 전지 · LED · 바이오제약 · 의료기기를 선정해 10년 후 세계시장에 대비하고 있다.

정보와 지식이 가장 큰 힘이 된 오늘날의 세계에서 중. 장기적인 미래 예측 능력은 기업과 개인 모두에게 가장 큰 자산이다.[51]

제4의 물결은 농업혁명, 산업혁명, 정보혁명에 이어 스마트 혁명의 중심에 우리는 서있다. 그 한가운데에 혁신하고 창조하며 개방하는 사람들은 스마티즌(Smartizen)에 서있다. 그들은 힘과 결실을 나눌 줄 알며 내일을 준비하고 도전하는 '똑똑한 시민(Smart Citizen)'이다.[52]

금세기 최고의 미래학자인 앨빈 토플러(Alvin Toffler)는『부의 미래 Revolutionary Wealth』에서 다가올 미래를 예측하였다. 토플러가 말하는 부(富, wealth)는 손으로 만질 수 있는 화폐가 아니다. 부는 인간의 욕망을 채워주고, 갖고 싶은 욕구를 해소시켜 주는 그 무엇이라 할 수 있다.

토플러는 인류의 역사를 3개의 물결로 구분하였다. 제1물결은 1만년 전에 시작되어 수천 년에 걸쳐 인류의 역사를 서서히 바꾼 농업혁명의 물결이고, 제2물결은 300년이라는 비교적 짧은 시간에 인류를 변화시킨 산업혁명의 물결이다. 제3물결은 1950년대 중반에 시작되어 현재까지 계속되고 있는 지식혁명의 물결이다. 토플러는 "미래의 부는 시간, 공간, 지식이라는 세 가지 심층기반(deep fundamental)이 어우러져서 만들어 진다"고 말한다.

첫째 기반은 '시간'이다. 토플러는 시간을 고속도로를 달리고 있는 자동차에 빗대어 말했다. 여기서 자동차의 속도는 '변화의 속도'를 의미한다. 시속 160킬로미터로 가장 빨리 달리는 자동차는 '기업'이다. 다음은

51) 트렌즈 지 취재팀, 권춘오 역, 일상이상, 2012
52) 김성태, 스마티즌, 제4의 물결중심, 북콘서트, 2013

140킬로미터의 '시민단체(NGO, Non Governmental Organization), 95킬로미터의 '가족', 50킬로미터의 '노동조합', 40킬로미터의 '정부 관료 조직', 15킬로미터의 '학교', 8킬로미터의 '국제기구(국제연합, 국제통화기금, 세계무역기구 등)', 5킬로미터의 '정치 조직', 1.5킬로미터로 맨 꼴찌를 기록하고 있는 '법' 순이다. 미래사회에서는 속도를 맞추는 일과 동시화(synchronization)가 매우 중요하다.

둘째 기반은 '공간'이다. 인터넷과 교통이 발달하면서 지구는 하나의 마을로 비유할 수 있을 만큼 좁아졌다. 세계화(globalization)로 인해 국경의 의미가 점차 사라지고 비즈니스나 시장뿐 아니라 직업까지도 세계를 무대로 하게 되면서 한 개인이 선택할 수 있는 공간의 범위는 더욱 넓어졌다.

셋째 기반은 '지식'이다. 오늘날 부의 창출은 점점 더 지식에 의존하고 있다. 지식은 미래 경제의 석유라 할 정도로 중요하다. 매장량이 한정된 석유는 쓰면 쓸수록 줄어들지만 지식은 무한하며 사용할수록 더 늘어난다. 지식혁명 시대에 부를 창출하는 에너지원은 바로 무한한 지식이다.

토플러는 미래에는 지금 우리가 상상하지도 못하는 엄청난 일들이 벌어질 것이라고 예측한다. 제3의 물결에 이어 제4의 물결이라 불릴만한 혁명적인 변화의 물결이 전개될 것이기 때문이다.[53)]

53) 앨빈 토플러, 청소년 부의 미래, 청림출판, 2007

우리를 기다리고 있는 미래란 없으며 오직 다양한 가능성이 존재할 뿐이라 말한다. 빠르게 변화하는 사회에서 과거의 지혜는 현재의 의사결정과 미래의 가능성에 대해 그리 좋은 지침이 되지 못한다. 오늘날과 같이 혁명적으로 변화하는 사회에서는 미래의 가능성을 명확히 파악하고 그에 대응하기 위한 새로운 아이디어를 창출하는 것이 생존에 필수 요소이다.

오늘날 사회에서 일어나고 있는 중요한 변화 흐름을 지적하며 더욱 바람직하고 인본적인 미래사회의 건설을 위해서는 무엇이 필요한지 날카로운 분석과 전망을 보여주어야 한다. 성공적인 변화에 필요한 핵심 요소가 무엇이고 변화의 궁극적인 목표는 무엇이 되어야 하며, 구성원의 일원으로서 사회 변화의 흐름을 이해하고 동참하기 위해서는 어떻게 해야 하는지 현실적인 조언을 들여 주고 있다.[54)]

현대 비즈니스의 쟁점 중 최대 화두는 '불확실성'이다. 비즈니스 세계에서 확실하고 안전한 환경은 존재하지 않는다. 변화의 속도가 너무 빨라 안전하다고 느끼는 바로 그 순간 불안전한 상황이 발생하기 일쑤다. 변화의 속도가 빨라지고, 안전하던 세계가 불안전한 세계로 변하며서 오늘의 성공 요인이 내일의 실패 요인으로 돌변하리라고 단언하고 있다.

미래에는 과거의 경험에 의한 직감이 큰 효과를 발휘하지 못하는 복잡한 상황이 수시로 발생할 것이다. 따라서 직감에 의해 의사결정을 내리거나 이것저것 다른 기업들이 하는 사업을 따라가는 것으로는 승산이 없다. 자신이 몸담고 있는 시장의 변화 양상을 항상 수치화해, 근본적인 구조와 변화의 핵심을 최대한 객관적이고 논리적인 프로세스를 통해 파악해야 한다.

이를 근거로 시장의 기회를 포착해 합리적인 의사결정을 내릴 수 있어야 한다. 제품과 서비스에 소비자보다 한발 앞선 미래를 반영할 수 있도록 사업방식을 개선하는 것이 생존 가능성을 높이는 길이다.[55)]

54) 앨빈 토플러, 김원호 역, 누구를 위한 미래인가, 청림출판, 2009
55) 최윤석, 양성식, 박복원, 앨빈토플러처럼 생각하는법, 라이온 북스, 2012

미래사회 10대 트렌드

(1) 미래사회는 '1인 가구'의 가족형태로 출산율이 더욱 떨어지고, 가족구조는 이동의 빈번함으로 해체되고 다양해진다. 독신은 늘고 미혼모(싱글맘)들이 인공수정을 통해 출산하는 것이 보편화되면서, 줄기세포 치료와 유전자 치료를 통해 수명연장이 가속화된다.

(2) 남자가 필요 없는 세상과 사회에서는 양성평등이 이루어지고, 냉동정

자 수정을 통해 싱글맘들이 빠른 속도로 증가한다. 남성의 필요성이 줄어들고 여성의 파워가 급속히 증가한다. 남성의 근육질에서 나오는 힘이 더는 필요 없는 사회가 된다.

(3) 허물어진 남성과 여성의 벽은 이미 여성과 남성의 전통적 역할의 경계가 모호해졌듯이, 앞으로 남녀 간 일의 경계가 더욱 허물어진다. 남자가 육아에 더욱 관심을 갖는다. 미래사회에서는 남녀가 성차별 구분 없이 살아간다.

(4) 현실화된 인간의 종말은 미래사회는 불치의 질병, 핵전쟁, 대규모 인구이동, 불임, 파시즘, 무정부로 위기에 처한다. 산업화시대의 사회 질서가 완전히 무너지기 때문이며, 이로써 말로만 듣던 인간의 종말이 올 수 있다.

(5) 교육산업이 최대산업으로 기술의 끊임없는 발달로 인간은 죽을 때까지 평생 교육을 하지 않으면 안 된다. 특히 대학생이나 중 · 고등학생을 위한 '집단지성포털'을 만드는데 집중적인 투자가 이루어지고, 포털 사이트가 학교를 대체한다.

(6) 보편화된 무학년제로 학습이 개인의 수준별로 진행되기 때문에 '무학년제'가 보편화된다. 무학년제에 맞게 학생들을 가르치는 교육포털로 '지식정원' '가상박물관' 등이 만들어진다. 이러한 포털로 학습 진행은 상상할 수 없을 정도로 빨라진다.

(7) 수돗물처럼 공급되는 정보가 2005년에 100기가바이트 저장 USB가 나왔다. 2010년에는 1테라바이트 저장 USB가 등장하고, 2050년에는 1요타바이트까지 저장 가능한 USB가 나온다. 데이터 용량이 커지고 보편화 · 상용화되면, 전기나 물처럼 가정에 정보를 공급하는 시대가 된다.

(8) '컴퓨터 칩'의 인간을 통제하는 '무선인식 기반기술'은 모든 교통관리 시스템 및 안보망에 들어가고 서비스산업까지 깊숙이 침투한다. 컴퓨터 칩이 인간의 모든 행동을 감시하는 시대가 온다.

(9) 고대 이집트 시대의 평균수명 25세가 2030년에는 100세에 이른다. 미래사회는 초고령화 사회가 된다. 줄기세포 보편화로 장기이식이 가능하여 장기를 바꾸어가며 오랫동안 살 수 있으므로, '노인'이라는 말이 사라진다.

(10) 초고령화 사회가 되면 '노노(老老) 돕기 운동'이 전개된다. 고령사회에는 간호사 · 복지사 · 의사 등이 모두 노인이 돼, 노인이 노인을 돕는 시대가 된다.[56)]

2) 노마드 시대와 거미사회

21세기는 새로운 유목민(遊牧民, Nomad)의 시대라고 한다. 유목민은 중앙아시아, 몽골, 사하라 등의 건조 · 사막 지대에서 목축을 업으로 삼아 물과 풀을 따라 옮겨 다니며 사는 사람들을 말한다. 그들의 삶의 방식은 일정한 지역에 머물러 농사를 짓고 가축을 기르며 사는 정착민과는 근본적으로 다르다.

세계화, 디지털화 그리고 개성이 그 어느 때보다 강조되면서 속도의 문화가 등장했다. 이는 지금까지 인간의 모든 삶의 단단한 구조들을 뒤흔들어 놓고 있다. 집을 사기보다는 세들어 살고 평생 함께하기보다 서로에게 자유와 단조로은 다양함을 원한다. 이러한 경향을 정확하게 보여주는 것이 잡 노마드이다. 잡 노마드는 직업을 따라 유랑하는 유목민(NOMAD)이란 뜻의 신조어로 과거의 직업세계에 등을 돌린 사람들을 일컫는다. 그들은 평생 한 직장, 한 지역 그리고 한 가지 업종에 매여 살지 않는다.

승진 경쟁에 뛰어들지도 않고, 회사를 위해 목숨 바쳐 일하지도 않는다. 이들 신종부류는 자신의 가치를 정확히 분석하고 자신을 위해 그것을 이용하여 현대화를 실천하는 주인공들이다.[57)]

56) 박영숙, "미래사회의 10대 트렌드", 월간조선, 10월호, 2007
57) 군드라 엥리슈, 이미옥 역, 잡노마드 사회, 문예출판, 2002

우리 시대의 새로운 삶의 양식을 주도하는 키워드는 '디지털'과 '노마드'라는 두 개의 단어로 압축될 수 있다. 아날로그 시대에서 디지털 시대로 전환되면서 불가피하게 파생되는 삶의 방식과 트렌드의 변화를 노마드적 삶이라고 표현하고 있다. 유목민처럼 자유롭게 거주와 직장의 이동이 빈번한 사람들, 자유로우면서도 창조적인 사고방식을 갖춘 사람들을 의미한다.

노마드적 삶과 붙박이형 인간들을 대칭형으로 묘사하고 있고, 과거에 아날로그 시대가 붙박이형 인간들의 전성시대였다. 정치현상에서도 우리는 젊은 층을 주축으로 일고 있는 패러다임의 변화 희구하는 거대한 힘의 움직임을 목격한 바 있다. 마찬가지로 그 근처에는 자유와 개성을 최우선에 내세우는 새로운 삶의 방식들이 주목받고 있다. 디지털 시대의 엘리트들인 노마드인은 토지, 노동, 자본이라는 전통적 유형(有形)자산 보다는 지식, 기술정보라는 무형(無形)의 자산을 중시하고 있다.[58]

58) 손관승, 디지털시대의 엘리트 노마드, 북앳북스, 2003

징기스칸의 꿈꾸기

지금부터 800년 전에 21세기를 살다 간 사람들이 있었다. 성을 쌓고 사는 자는 반드시 망할 것이며, 끊임없이 이동하는 자만이 살아남을 것이다.

닫힌 사회는 망하고 열린사회만이 영원하리라는 이 말은 글로벌 인터넷시대를 살아가는 모든 이에게 매서운 교훈이 될 것이다.

유라시아의 광활한 초원에서 살았던 칭기스칸과 그의 부족들이다. 그들은 나무도 없는 황무지를 떠돌아다니는 유목민이었다. 때문에 칭기스칸은 글을 몰랐다. 앞날을 기약할 수 없는 이동과 끊임없는 전쟁, 잔인한 약탈이 그가 배울 수 있는 전부였다. 칭기스칸은 선대로부터 이어오던 오랜 싸움을 종식시키고 몽골 고원을 통일후 바깥세상으로 달려 나갔다.

칭기스칸 시대에 정복한 땅은 777만 제곱킬로미터에 이른다. 알렉산더

(348만)와 나폴레옹(115만)과 히틀러(219만), 이 세 정복자가 차지한 땅을 합한 것보다 더 넓다. 칭기즈칸과 함께한 이들의 성공 비결을 한 마디로 요약하면 '꿈'이다. 그들은 한 사람이 꿈을 꾸면 꿈으로 끝날지 모를 일을 만인이 꿈을 꾸면 얼마든지 현실로 이루어낼 수 있다는 신념을 지녔던 것이다.

한 사람의 꿈은 꿈이지만 만인의 꿈은 현실이다. 안락은 스스로를 안락사 시킨다. 성을 쌓는 자는 반드시 망할 것이며, 끊임없이 이동하는 자만이 살아남을 것이다.

칭기스칸의 삶은 유라시아의 광활한 초원에서 시작되었다. 나무도 없는 황무지를 떠돌아 다니는 유목민이었던 그가 배울 수 있는 세상일은 기약할 수 없는 이동과 끝없는 전쟁, 잔인한 약탈이 전부였다.

그는 개인의 감정보다 꿈을 중요시 여겼다. 아내 버르테가 어느 날 적장에게 납치되었다. 다시 아내를 되찾았을 때, 버르테는 적장의 아이를 임신해 만삭인 상태였다. 보통의 왕이라면 아내를 죽이거나, 좀 더 너그럽다면 아이가 태어나고 나서 그 아이만 죽이거나 쫓아낼 수도 있다. 하지만 그는 그 아이를 거두어들인다. 그 아이의 이름을 조치라 이름 짓는다. 후에 조치의 아들 바투칸이 유럽을 정벌해 세운 국가가 킵차크칸국이다. 함께 꿈꿔 온 사람이 어느날 실수를 했다. 상처가 된다. 그럼 난 그 꿈을 저버린다. 다시 함께 꿈꾸고 싶다. 처음에 꿈꾸었던 그 때를 생각해야겠다.

몽골인의 인사말은 "안녕하십니까?" 아니라 "당신이 온 쪽에서 무슨 일이 있었습니까?"라고 한다. 몽골인의 시력은 4.0이라고 하는데 그들은 시력 뿐 아니라 생각까지 좀 더 넓은 시각을 가진 듯하다. 어떤 사람을 만날 때 그에 대해 좀 더 세밀하게 관심을 갖는 모습이 나에게 필요할 듯하다. 지방에 머물고 있는 동생이 오랫 만에 집에 왔다. "잘 지냈어?"하고 물어보는 게 아니라 오랜 시간차를 타고 집에 온 동생에게 좀 더 관심을 가지고 물어봐야겠다.[59)]

59) 김종래, CEO 칭기스칸, 삼성경제연구소, 2006

20세기 말에 일부 혁명적 물리학자들과 사회학자들 사이에서 폭발적으로 시작된 네트워크 과학은 20세기까지 지배적 사고였던 환원주의(Reductionism)에 대한 반동으로 출발했다. 환원주의는 '자연을 이해하려면 구성성분을 해독하고, 부분을 이해하면 전체를 이해할 수가 있다'는 데서 출발하여, 네트워크 과학은 이 복잡한 세계(Complex Universe)에 대한 이해와 해답을 요구하고 전체를 유기적으로 통찰하려는 세계관이자 방법론이다.[60]

문화평론가 이어령 전 이화여대 교수는 변화하는 세상을 결과적으로 이제 우리가 알아야 할 조각들은 거의 모두 알게끔 되었다. 그런데 문제는 그 조각들을 맞춰 전체를 이해하려는 게 생각보다 어렵다는 것에 있다. 즉 자연은 다시 재조립하는 방법이 오직 하나뿐인 잘 설계된 퍼즐이 아니라는 것이 문제였다. 자연은 매우 복잡한 시스템(Complex system)의 구성요소들이, 서로 결합하는 방법 또한 너무 많고, 나아가 매우 유기적으로 결합하고 있다는 것이다. 개미는 땅을 기어 다니며 평면 이동을 하지만 거미는 공중에 매달려 공간 이동을 한다. 그래서 두 곤충은 매우 다른 생각을 가지고 살아간다. 개미는 분업 체제로 조직되어 있어 집단적으로 움직인다. 개미에게 무리를 벗어난다는 것은 곧 죽음을 뜻한다. 그러나 지금은 다르다. 로빈슨 크루소처럼 무리에서 떨어져 혼자서도 무인도를 개척할 줄 아는 사람들만이 미래를 열어 간다.

인터넷의 www는 world wide web으로 세계에 널리 깔린 거미줄이라는 뜻이다. 지금은 지구에 쳐진 거대한 은빛 거미줄 위에서 살아가는 시대이다. 개미의 시대에서 거미의 시대로 변했다. 글로벌 사회에서는 거미처럼 각자 자신의 네트워크를 갖고 자기의 생존전략을 고민하며 살아야 한다.[61]

60) 알버트 바라바시, 강병남 역, 21세기를 지배하는 네트워크 과학 동아시아, 링크, 2002
61) 이어령, 천년을 만드는 엄마, 삼성출판사, 2000

3) 리더와 글로벌 리더

어둠 속의 촛불

리더(leader)란 다른 사람을 이끌 수 있는 능력, 모두가 따라가게 하는 능력, 앞서서 경험하거나 인식한 길을 가르쳐 주는 지도능력 등을 가진 사람을 뜻한다. 리더에 관한 사전적 의미를 살펴보면 지휘관(commander), 사령관(commandant), 우두머리(boss, master, chief, head), 관리자(manager), 집행자(executive), 중역(key-man), 여론주도자(opinion leader), 엘리트(elite) 등과 같은 다양한 의미를 포함하고 있다.

리더에는 두 종류가 있다. '난 사람'과 '된 사람'이다. '난 사람'이 탁월한 능력을 소유한 사람이라면, '된 사람'은 능력은 부족하지만 상하좌우 긍정적인 영향력을 발휘하는 사람이다. 전자는 과거형 리더이고, 후자는 21세기가 요구하는 리더이다. '된 사람'은 끊임없이 스스로를 갈고 닦는다. '된 사람'은 어둠 속의 촛불과도 같다. '난 사람'이 말과 명령으로 사람들을 움직인다면, '된 사람'은 말이 아닌 행동으로 앞선다.

필자는 3사관학교 입학하여 졸업 후 소위로 임관하여 소대장으로서 갖추어야 할 소임에 대한 교육과 훈련을 받았다.

마크 한가운데에는 로마군인의 칼이 하늘을 향해 반듯하게 세워져 있고, 칼날 위에는 '나를 따르라'라는 글자가 둥그렇게 새겨져 있었다. 이렇듯 마크에는 소대장은 지휘관(commander)이 아니라 지휘자(leader)라는 의미가 담겨 있었다. 지휘자는 소대원들과 생사고락(生死苦樂)을 함께하며 부대를 이끌어야 한다. 지휘봉으로 지시만 하는 것이 아니라 앞장서서 솔선수범하는 것이다. 소대원들과 함께 피와 눈물과 땀을 흘릴 줄 아는 자가 진정한 리더라는 사실을 배웠다.

위대한 리더로서 솔선수범하는 모습을 잘 보여주는 일화가 있다. 남북전쟁이 한창일 때, 링컨 대통령은 부상당한 병사들이 입원해 있는 병원들을 일일이 찾아다녔다. 링컨은 중상을 입고 죽음 직전에 있는 한 병사에게 다가가 도울 일이 없냐고 물었다. 대통령의 얼굴을 알지 못하는 병사는 어머니에게 보내는 마지막 편지 한 통을 써 달라고 부탁했다. 링컨은 병사가 말하는 내용을 정성껏 편지지에 받아 적었다. 그리고 "당신의 아들을 대신해 에이브러햄 링컨이 씁니다"라고 서명했다. 병사는 쓴 편지를 보여 달라고 했고, 그 편지를 읽고는 깜짝 놀랐다. "당신이 정말로 대통령인가요?" 링컨은 다른 도울 일이 없는지 물었다. "제 손을 잡아주시면 편안히 떠날 수 있을 것 같습니다." 링컨은 병사가 숨질 때까지 손을 잡아 주었다.[62]

62) 이민희 · 윤철경 · 김안아, 청소년 글로벌 리더십 프로그램 모형 개발, 문화관광부, 한국청소년개발원, 1999

하얀색 리더십

리더십의 정의는 매우 다양하다. "조직 구성원들에 의해 공유된 목표를 향하여 집단을 지도하는 과정에서 나타나는 개인의 행위" "주어진 상황에서 구체화된 목표를 달성하고자 하는 노력으로서 효과적인 커뮤니케이션을 활용하여 이루어지는 대인관계적인 영향력" "상사가 부하의 행동을 변화시킬 수 있도록 영향력을 행사하는 과정" "상대방에게 자발적인 변화를 이끌어내 조직의 목표를 달성하도록 영향력을 행사하는 과정" 등이 그것이다. 결국 리더십이란 조직의 공동목표를 달성하기 위해 영향력을 행사하는 능력, 구성원을 설득하여 변화시키는 능력이라 할 수 있다.

미래 리더십의 키워드는 '열림 · 소통 · 여성성 · 과학기술 · 창조사회'이다. 내일의 리더는 특히 창조사회를 이끌 수 있어야 한다. 지본(地本), 자본(資本), 뇌본(腦本) 사회를 거쳐 21세기는 개방과 융합의 창조사회로 본격 진입하기 때문이다. 창조사회는 상상력으로 새로운 것을 만들어 내는 사회이다.

리더십 전문가는 리더가 조직을 관리하는 과정에서 필요한 리더십 기술로 다섯 가지를 들고 있다.

(1) **전문적 기술(technical skill)**: 이는 경험, 교육, 훈련에 의해 얻어지는 것으로서 어떤 직무를 수행하는 데 필요한 지식, 방법, 기술 및 장비를 활용할 줄 아는 능력을 말한다.
(2) **인간관계 기술(human relations skill)**: 이는 사람들과 더불어 일하고 또 사람들을 통해 일을 이뤄가는 능력과 판단력이며, 모든 계층의 리더에게 적용되는 효과적인 관리기술이다.
(3) **개념적 기술(conceptual skill)**: 이는 조직을 하나의 총체로 보는 능력을 말한다. 한 조직 내부의 여러 가지 기능들이 각 단위들 간에 어떤 상호관계를 가지고 있는지를 인식하는 능력이다.
(4) **의사소통 기술(communication skill)**: 이는 의미 있는 정보를 전달하는 과정을 말한다. 단순히 결정된 정책이나 과정의 변화를 알려주는 것이 아니라, 의사를 바르게 전달하려는 노력으로 다른 사람의 동기와 의지를 불러일으킨다.
(5) **의사결정 기술(decision-making skill)**: 이는 사실을 수집, 분석하여 대안들 사이에서 최적 안을 선택하는 능력이다.

리더십에 관한 재미있는 이야기가 하나 있다. 기자들이 아이젠하워 대통령에게 리더십의 비법을 물었다고 한다. 그랬더니 아이젠하워는 50센티미터의 실을 책상 위에 늘어놓고는 기자들에게 실을 뒤에서 밀어보라고 말했다. 기자들이 실을 뒤에서 밀었지만 실은 구부러지기만 할 뿐이었다. 그때 아이젠하워는 실을 앞에서 끌어당겼고 실은 곧게 앞쪽으로 이동하기 시작했다. 아이젠하워는 이 모습을 가리키며 "리더십은 이와 같이 앞에서 행동으로 끌어주어야 합니다. 짐승은 뒤에서 몰아도 되지만 사람은 앞에서 솔선수범하며 인도해야 합니다.

21세기 리더십을 색으로 표현하면 하얀색이라 할 수 있다. 하얀색은 혼자서도 아름다움을 발휘할 수 있지만 다른 색의 바탕이 되어 또 다른 아름다움을 창조한다. 꽃에 비유하자면 안개꽃과 같다. 안개꽃 역시 그 자체로도 아름답지만 장미나 프리지어 등의 배경이 되어 함께 어우러질 때 더욱 아름답다.[63)]

글로벌 리더십기

- 민물고기 바닷고기

어떤 사람은 글로벌 리더를 연어에 비유하기도 한다. 연어는 강 상류의 물이 맑고 자갈이 깔려 있는 곳에서 산란을 한다. 수정된 알은 약 두 달이 지나면 부화하며, 이듬해 봄이 오면 어린 연어는 먼 바다로 여행을 떠난다. 연어는 북태평양 지역에서 생활하다가 알을 낳을 때가 다가오면 다시 멀고 먼 여행을 떠나 자기가 태어난 강을 찾아가서 그곳에 알을 낳고 죽는다.

연어는 독특하다. 연어가 독특한 것은 민물에서도 살 수 있고 바닷물에서도 살 수 있는 능력 때문이다. 대부분의 물고기는 양쪽에서 사는 것이 불가능하다.

그러나 연어는 다르다. 민물과 바닷물 모두가 삶의 터전이다. 이는 다른 물고기가 도저히 흉내 낼 수 없는 놀라운 적응력이며, 생명력이다. 글로벌 리더는 연어를 닮은 사람이다.

자신의 고향이 아무리 좋다고 해도 계속 머물지 않는다. 때가 되면 고향을 뒤로하고 과감하게 큰 바다로 나간다. 거대한 세계로 뛰어드는 것이다. 민물과 바닷물 양쪽에 살 수 있는 연어의 적응 능력이 바로 글로벌 리더의 핵심적 능력이다.[64)]

63) 박내회, 현대리이더쉽론, 법문사, 1987, 조병남, 우리 아이 리더 만들기, 물푸레, 2006
64) 남상훈, 글로벌 리더, 인물과 사상사, 2006.

- 글로벌 리더

글로벌 리더는 '세계의' '지구촌의'라는 뜻을 가진 글로벌(global)과 리더(leader)가 합성된 말이다. '세계화(globalization)'라는 말은 '지구촌화'와 같은 의미로 사용되고 있다. 지구촌(地球村)이란 말은, 작은 마을에서 모두가 서로 잘 알고 가족같이 지내는 것처럼, 넓은 세계가 이제 한 촌락(村落)과 같이 가깝게 여겨지게 되었다는 것을 보여준다.

'글로벌 리더'란 글로벌 환경에서 리더십을 효과적으로 발휘할 수 있는 사람을 말한다. 글로벌 리더는 자기 나라를 떠나 문화적 배경이 다른 외국인들과 함께 일하면서 상대방으로 하여금, 같이 속해 있는 조직이나 팀을 위해 일할 때 강제로 하게 하는 것이 아니라 스스로 동기를 부여하여 자발적으로 공헌할 수 있도록 능력을 발휘하는 사람이다.[65]

65) 이민희 · 윤철경 · 김안아, 청소년 글로벌 리더십 프로그램 모형 개발,문화관광부, 한국청소년개발원, 1999

넓은 의미에서 글로벌 리더십은 초국가화(transnationalize)되어 가는 미래사회에서 인종이나 문화를 초월하여 정부, 비정부, 국제기구, 영리법인 등을 포함한 조직을 이끌어 나가고 구성원들에게 만족을 줄 수 있는 능력을 뜻한다. 글로벌 리더십을 구성하는 중요 요소들로는 세계적 표준(global standard)을 체득하고 세계 비전(world vision)을 가지는 것이다.

국내외를 막론하고 모든 사람들과의 관계에서 건전하고 능동적인 영향력을 끼칠 수 있는 유망 직업은 넓은 의미에서 글로벌 리더십은 초국가화(transnationalize)되어 가는 미래사회에서 인종이나 문화를 초월하여 정부, 비정부, 국제기구, 영리법인 등을 포함한 조직을 이끌어 나가고 구성원들에게 만족을 줄 수 있는 능력을 뜻한다.

글로벌 리더십을 구성하는 중요 요소들로는 세계적 표준(global standard)을 체득하고 세계 비전(world vision)을 가지는 것, 국내외를 막론하고 모든 사람들과의 관계에서 건전하고 능동적인 영향력을 끼칠 수 있는 능력, 국가와 민족은 물론 전 세계의 평화와 번영을 위해 이바지할 수 있는 능력, 다원주의적 문화 이해와 수용 능력 등을 들 수 있다.

4) 한국의 글로벌 리더들

한국 역사상 최초의 글로벌 리더였던 장보고

우리나라의 북쪽은 강대국의 벽으로 가로막혀 있지만, 남쪽은 태평양을 향해 열려 있다. 우리 역사상 남쪽으로 열린 바다를 통하여 동북아시아 바다를 지배한 인물이 있었다. 바로 장보고이다. 장보고는 8세기 말 통일신라시대 때, 완도 부근의 한 섬에서 미천한 신분으로 태어났다. 장보고는 어렸을 때 당나라로 건너갔다. 당시 당은 통일신라에 비해 상대적으로 개방적이었고, 외국인에게도 재능 여부에 따라 관직을 부여하였다. 장보고는 두목(杜牧) 같은 당대의 시인으로부터 영웅적인 인물로 평가받을 정도의 무장(武將)으로 출세했다.

신라 흥덕왕 3년(828) 당나라에서 돌아온 장보고는 왕을 알현하면서 "지금 중국 해적들이 우리 신라 사람을 잡아다 노비로 파는 일이 빈번하게 벌어지고 있으니, 대왕께서는 청해(전남 완도)에 진을 설치하여 해적들이 노략질을 하지 못하게 하옵소서" 하고 아뢰었다. 이에 흥덕왕은 흔쾌히 병사 1만의 군진을 설치하도록 허락하고 장보고를 책임자인 대사(大使)에 임명하였다. 장보고는 청해진 대사로 임명된 후 해적을 소탕하고 국가 간의 무역을 장려함으로써 동북아 해상을 지배했다. 청해진에서 당과 일본은 물론 아라비아와 페르시아 상인들과도 교류가 이루어졌다.

민군(民軍) 1만여 명과 그에 딸린 가족들까지 포함된 해상왕국의 질서를 지키며 제 기능을 발휘하게 만들기 위해서는 탁월한 리더십이 필수였다. 장보고는 다양한 인력과 기능이 복합된 청해진을 중심으로 광활한 활동영역을 일사분란하게 경영하였다.

그는 상이한 문화와 국경을 망라하는 글로벌 네트워크의 지휘자로서 가장 필요한 덕목인 포용력을 가지고 있었다. 국가별로 드러나는 문화적 차이를 인정할 줄 알았으며, 다양한 인재를 포용할 수 있는 도량을 지니고 있었다. 신라, 당, 일본에 흩어져 있던 재외 신라인들을 하나의 네트워크 아래 결집시킨 장보고는 우리나라 역사상 최초의 국제인 이었다.[66]

66) 한창수, 천년전의 CEO, 해상왕 장보고, 삼성경제연구소, 2004

한국 최초의 UN 전문기구 CEO가 된 이종욱 박사

이종욱 박사는 한국인 최초의 UN(United Nations, 국제연합) 전문기구 최고 책임자였다. 이 박사는 어려서부터 자립심이 매우 강했다. 경복고등학교에 다닐 때 종로구청장을 지낸 아버지가 돌아가시자, 과외교사를 하면서 스스로 학비를 벌 만큼 강한 자립심을 가지고 있었다. 또한 강한 리더십의 소유자로 따르는 후배가 많았다. 이종욱은 그들의 정신적인 리더였다. 그는 서울대 공대를 졸업한 후에 다시 서울대 의대로 진학하였는데, 이는 봉사하는 삶을 살고자 하는 결심에서 나온 결정이었다. 이후 대학 재학 중에 경기도 안양에 있는 성 나자로 마을에서 한센병 환자들을 돌보던 시절, 일본에서 모금한 돈으로 한국의 한센병 환자들을 간호하고 있던 가부라키 레이코(鏑木玲子)를 만나 결혼하였다.

이종욱은 서른여섯의 나이에 남태평양의 조그만 섬나라 사모아의 린든 B. 존슨 병원의 의사로 일했다. WHO(World Health Organization, 세계보건기구)와의 인연은 WHO 남태평양 지역사무처에서 의료봉사활동을 시작하며 맺었다. 이 박사는 사모아에서도 열정적으로 한센병 환자를 돌보았다. 더욱 많은 사람들을 치료하고 싶어서 WHO 서태평양 지역사무처의 한센병 자문관으로 국제기구 생활을 시작하였다. 이 박사는 2003년 한국인 최초로 WHO 사무총장으로 취임했다.

에이즈에 맞서 '3 by 5'(2005년까지 개발도상국 거주 300만 명에게 항에이즈 바이러스 치료제 제공) 사업을 벌였고, AI(조류인플루엔자) 확산 방지, 소아마비와 결핵 예방, 흡연 규제 등으로 탁월한 지도력을 인정받았다. 관행상 사무총장은 국가원수급 예우를 받지만 그는 청빈하게 생활하였다. "가난한 나라가 낸 분담금도 있는데 그 돈으로 호강할 순 없다"며, 1500cc 하이브리드 차를 승용차로 몰았고, 비행기를 탈 때도 항상 1등석 대신 2등석을 고집했다. 흔한 아파트 한 채도 갖고 있지 않았다. 평생을 가난하고 소외된 사람들을 위해 봉사하는 삶을 살았기에 사람들은 그를 '아시아의 슈바이처'라고 불렀다.

소아마비 발생률을 세계 인구 1만 명당 1명 이하로 낮춘 그를 '백신의 황제'라고 칭했다. 『타임』은 '세계에서 가장 영향력 있는 100인'으로 선정했다. WHO 내에서도 '작은 거인(a Man of Action)'으로 불렸다. 이 박사는 국제기구에서 일하고 싶어 하는 젊은이들에게 화려하고 편협한 외교관의 모습을 상상하지 말라고 충고했다. 국제기구에서는 편협한 인종주의와 속 좁은 애국심으로는 버틸 수 없으며, '열정 없이 이런 일을 하는 것은 죄악'이라고까지 말했다.

또한 외교관의 덕목으로 추진력을 꼽으면서, "하려고 하는 일은 일단 시작해서 밀고 나가야 한다. 그리고 이 일이 과연 옳은 일이고 인류를 위해서 반드시 해야 하는 일인가에 대해서만 고민해야 한다. 2006년 5월 22일 이종욱 박사는 WHO 총회 준비 도중 과로로 쓰러져 이 세상을 떠났다.[67]

67) 권준욱, 옳다고 생각하면 행동하라, 가야북스, 2007

유엔 사무총장의 꿈을 이룬 소년대장 반기문

제8대 유엔 사무총장으로 반기문 외교통상부 장관이 선출되었다. 유엔 사무총장은 192개 유엔 회원국의 대표로, '지구촌 대통령'이라 불린다. 전 세계에서 유일한 분단국가인 대한민국에서 세계평화를 실현하는 유엔의 수장(首長)인 사무총장을 배출한 것은 역사적으로 매우 의미 있는 일이다.

소년 반기문은 초등학교 6학년 때 다그 함마르셸드 유엔 사무총장에게 헝가리 국민봉기에 대한 탄원서를 보냈다. 소련군이 헝가리를 무력으로 침공했기 때문이었다. "존경하는 함마르셸드 유엔 사무총장님! 헝가리 사람들이 자유를 위해 공산주의에 맞서 싸우고 있습니다. 세계의 평화를 위해 일하는 유엔에서 그들을 도와야 합니다." 당시 시골 초등학생으로서는 매우 획기적인 생각을 한 것이다. 어쩌면 그때부터 유엔 사무총장의 꿈을 품기 시작했는지 모른다. 그가 중학교 3학년 겨울방학 때의 일이다. 반기문은 영어 교과서를 다 떼고 나니 읽을거리가 마땅치 않았다. 모아둔 용돈으로, 당시 미군부대에서 흘러나온 영자신문과 잡지를 파는 가게에서 영어 잡지 『타임 Time』을 샀다.

미국과 소련을 중심으로 한 국제 정치 이야기, 과학기술 이야기 등이 실린 『타임』을 읽으며 조금씩 큰 세계에 대해 눈을 뜨기 시작했다. 그러다 고2 때 훌륭한 선생님 한 분을 만났다. 그 분은 영어를 가르치는 김성태 선생님으로터 학생들을 지도하는 데 무척 열성적이었다. 선생님은 공부를 잘하거나 모범적인 학생들을 골라 청소년적십자단(RCY, Red Cross Youth)에 가입시켰다. 선생님은 반기문 군에게 비스타(VISTA, Visit of International Student to America)라는 미국 연수 프로그램을 알려주었다. 비스타는 미국 적십자에서 해마다 세계 각국의 청소년들을 미국으로 초청하여 한 달 동안 연수를 실시하는 글로벌 프로그램이었다.

비스타로 가기 위해서는 서울에서 개최하는 영어경시대회에서 최고 점수를 받아야 했다. 그리하여 미국에 도착한 뒤 한 달 간 연수와 봉사활동에 들어갔다. 그 기간 중에 소년 반기문에게 가장 뜻 깊었던 일은 미국 대통령인 케네디를 만난 것이다. 대통령은 한국에서 온 소년에게 장래 희망을 물어보았다. 소년은 망설임 없이 "외교관입니다"라고 말했다. 대통령은 그 대답을 듣고는 빙그레 웃으며 자리를 떠났다. 소년 반기문은 그 꿈을 이루어 40여 년 만에 세계 최고의 외교관 자리에 선 것이다.[68]

68) 신웅진, 바보처럼 공부하고 천재처럼 꿈꿔라, 명진출판, 2007

신을 감동시킨 세계적 골퍼 최경주

"신이 우즈를 선택했다면 최경주는 신을 감동시켰다"라는 말이 있다. 골프 황제 타이거 우즈가 주최한 대회인 미국 PGA 투어 AT&T 내셔널에서 최경주는 짜릿한 역전 우승을 하며 '세계 빅4'로 부상했다. 세계 언론과 전문가들은 우즈와 최경주를 비교해가며 다양한 기사를 썼다. 최경주는 우즈가 갖지 못한 것을 가지고 있다는 극찬을 받았다. 최경주와 우즈의 골프 출발은 환경부터가 너무 달랐다. 우즈가 3살 때부터 '골프 신동'이라는 평가를 받으며 조기골프 교육을 받은 반면, 최경주는 전남 완도에서 유년시절을 어렵게 보냈다.

주니어 시절 우즈는 IMG와 나이키의 지원 속에서 탄탄하게 골프 실력을 쌓아갔지만, 최경주는 역도를 하면 학비를 면제해준다는 말을 듣고 열세 살 때 40kg짜리 바벨을 들어야 했다. 최경주는 이후에 자신이 역도로 성공할 수 없음을 깨닫고 주니어 시절에 종목을 골프로 바꿨다. 그는 성공을 위해 상경의 길을 택했다. 완도를 떠나오던 날 아버지는 최경주를 경운기에 태우고 선착장으로 향하며 다시 한 번 잘 생각해보기를 권했다. 그러나 최경주는 변화를 두려워하지 않았다. 레슨비가 없었던 최경주는 연습장에서 먹고 자면서 독학으로 골프를 익혔다. 그는 선배들의 스윙을 지켜보면서 손님이 없는 늦은 시간을 이용해 실력을 쌓아갔다.

레슨 받는 것을 상상조차 할 수 없었던 그에게 유일한 스승은 잭 니클라우스 비디오와 골프 관련 책뿐이었다. 최경주가 강한 정신력의 소유자가 된 것은 변화를 두려워하지 않는 도전정신 덕분이었다. 그의 도전정신은 섬에서 태어나 성난 파도와 부딪쳐 가면서 만들어진 것이다. 그가 완도의 거친 바다 모래에서 익힌 천하무적 벙커샷은 우즈도 가르쳐달라고 할 만큼 예술에 가까운 기술이다. 또한 최경주는 우즈가 가지고 있지 않은 '탱크 정신'이 있었다. 그는 단 한 번도 자신이 잘못되리라고 생각하지 않는 확고함을 가지고 있었고, 연습벌레라는 소리를 들을 정도로 끊임없이 연습을 거듭했다.

또한 그는 남몰래 '이웃사랑'을 실천하는 신앙심의 소유자이기도 하다. 최경주는 한국인으로서 애국심과 자긍심이 매우 강했기 때문에 경기 때마다 가방과 신발에 태극기를 붙이고 다닌다. "태극기가 힘을 준다. 그리고 태극기는 행동거지도 조심하게 한다. PGA 첫 한국 선수로서 늘 자랑스럽게 생각하고 있다." PGA 투어 AT&T 내셔널 우승을 차지하고 최경주가 한 말이다.[69)]

69) 신이 우즈를 선택했다면 최경주는 신을 감동시켰다", 주간조선, 2007. 7. 24.

한국의 차세대 글로벌 리더

다보스포럼은 세계를 이끌어가는 정치와 경제, 미디어 리더들이 스위스의 휴양지 다보스에 모여 지구촌 현안을 논의하는 국제적인 포럼으로 공식 명칭은 '세계경제포럼(WEF, World Economic Forum)'이다. 매년 1월 스위스 다보스에서 연차총회를 열어 지구촌 화두를 제시하기 때문에 '다보스포럼'이라는 별칭이 붙었다. 세계적인 기업인은 물론 세계 각국의 정상과 학자들이 한 곳에 모이기 때문에 '민간UN기구'라고도 불린다. 이 포럼에서는 2004년부터 매년 전 세계의 젊은 인재들 중에서 '차세대 지도자(Young Global Leader)' 250명을 선정하고 있다. 이들은 국가를 대표할 인재인 동시에 세계를 이끌어갈 차세대 유망주들이다.

차세대 지도자는 추천받은 40세 이하 연령의 전 세계 후보 4000여 명 가운데 직업 세계에서의 성취도와 사회에 대한 헌신, 미래를 이끌 잠재력 등을 종합 평가해 선정한다. 포럼은 '2007년 차세대 지도자'로 한국인 가운데 이재용 삼성전자 전무(불법잉여로 취소됨), 박지성 축구선수, 이해진 NHN 전략담당임원(CSO, Customer Satisfaction Officer), 조현상 효성 전략본부 전무 등 4명을 선정했다.

세계경제포럼은 미래경영 보고서인 다보스포럼은 세계를 이끌어가는 정치와 경제, 미디어 리더들이 스위스의 휴양지 다보스에 모여 지구촌 현안을 논의하는 국제적인 포럼이다. 다보스포럼은 기술과 사회, 경제, 지정학, 비즈니스 측면에서 4대 힘의 축이 이동하고 있다고 진단하고 있다. 이 4개 분야에서의 힘의 이동 원리를 진단해 미래경영에 적극 대비하는 기업과 국가, 사회만이 새로운 기회를 찾을 수 있고 낙오하지 않을 것이라고 단언한다. 현재 세계는 공간적으로 미국과 유럽에서 아시아의 중국, 인도로, 시장에선 생산자에서 소비자로, 커뮤니티에서는 거대 기관에서 개인과 소그룹으로, 제조업자에서 부품과 원료 공급업자로 힘의 축이 이동하고 있다. 신흥시장이 부상하고 있고 신흥 소비자들이 기존 시장의 질서를 바꿔놓고 있다. 인터넷 혁명은 전통적 비즈니스 모델을 위협하고 있으며, 기후변화와 물 부족, 테러 위협 등의 글로벌 리스크는 지구촌의 미래를 어둡게 하고 있다. 또한 다수의 이해관계자들이 기업의 사회적 책임경영을 요구하고 있다. 이러한 힘의 이동 시대를 논의할 때 핵심은 우리 사회와 기업과 국가의 지구촌의 권력방정식 경쟁은 어떻게 주도적인 역할을 할 것인가? 결국 힘의 이동을 읽는 자, 힘의 향방 속에서 기회를 찾는 자만이 미래의 승자가 될 수 있다. 작은 부분보다 전체를 보는 다보스 리포트에서 제기되는 문제들과 그래프들은 매년 초 신문기사에서 자주 접하던 것들이었지만 과연 다보스 포럼에서 어떤 의제들이 어떤 배경에서 제시되는지에 대한 것은 알 수 없어서 아쉬웠던 적이 적지 않았다. 그러나 힘의 이동이라는 책은 우리가 알지 못하는 사이에 세계의 리더들이 무엇을 고민하고 있고, 세계의 미래를 어떻게 예측하고 있는지를 잘 보여주고 있다. 매일 반복되는 일상을 살아가며 세상의 흐름에 대해서는 신문이나 인터넷을 통해 표면적으로나마 접할 수 있었던 나에게 힘의 이동이라는 책은 새로운 관점을 가질 수 있게 해 주었다.

서로 만날 기회가 많지 않은 다양한 분야의 리더들이 한자리에 모여 교류할 수 있는 세계 최고의 사교모임이기도 하다.

참가비가 연간 4,000만원으로 알려져 있으며, 정치인과 관료, 시민단체 지도자 등을 초청한다.[70]

70) 매일경제 세계지식포럼 사무국, 다보스 리포트 힘의 이동, 매경출판, 2007

5) 글로벌 리더가 갖추어야 할 자질과 습관

(1) **성숙한 판단력**: 리더는 먼저 자신의 위치에 맞는 경험과 교육의 기본 자질을 갖추어야 한다. 경험은 문제를 해결해 나갈 때 중요하게 작용하며, 교육은 훌륭한 판단력과 의사결정을 하는 데 필요하다.

(2) **성실성**: 성실성은 리더에게 가장 중요한 자질이다. 이것은 다른 사람과 공유하는 목표에 대한 정직성이고, 자신에게 맡겨진 것에 대한 책임감을 의미한다.

(3) **변화에의 민감성**: 리더에게는 변화를 재빨리 감지할 수 있는 능력이 필요하다. 변화의 추이를 초기에 찾아 알맞은 시기에 대응하면 결과를 성공적으로 이끌 수 있다.

(4) **상상력**: 조직의 성공은 리더의 창의성에 달려있다. 리더가 문제해결을 위해 상상력을 얼마나, 어떻게 발휘하는지가 무척 중요하다.[71]

글로벌 리더가 되기 위해서는 지식과 기능, 가치, 태도 측면에서 필요한 능력을 갖추어야 한다.

지식과 기능 측면에서는 세계 변화를 인식할 수 있는 민감성과, 세계의 역사 · 정치 · 경제 · 사회 · 문화 등에 대한 폭넓은 지식과, 외국인과 소통할 수 있는 어학적 능력, 갖가지 세계 정보를 선별할 수 있는 정보처리 능력과, 원만한 대인관계 기술, 상황에 따른 합리인 판단 능력, 비전 창출 능력, 가치판단 능력, 구체적인 목표수립 능력, 조직화 능력이 필요하다.

가치 측면에서는 세계 시민적 사고방식과 대한민국 국민으로서의 주체성이 필요하다. 그리고 변화에 대응할 수 있는 능동성과 변화지향적인 가치관을 함께 지녀야 하며, 민주시민으로서의 자질을 갖추어야 한다.

태도 측면에서는 세계 각국의 다양한 문화를 이해하고 수용할 수 있는 개방적인 태도와 실천하는 자세, 그리고 개인의 영달보다는 인류공동의 평화와 발전을 위해 일하고 노력하는 세계 민주시민 정신이 필요하다.[72]

71) 박내회, 현대리이더쉽론, 법문사, 1987
72) 글로벌 리더-세계무대를 꿈꾸는 젊은이들이 알아야 할 아홉 가지 원칙, 백형찬, 살림출판, 2007

글로벌시대 경영전문가 되기 위한 필요한 요소

(1) 언어(Language) : 국내 유수 기업들은 주로 외국 출신의 CEO를 영입한다. 이는 세계를 무대로 활동하는 경영인에게 필수적인 언어 능력 때문이다.

(2) 비전(Vision) : 목표를 정하여 도전하고 성취하는 것은 크든 작든 성장을 유도한다. 목표의식 없이는 성공하기 힘들다. 비전을 가질 수 있는 계기를 만들어주어야 한다.

(3) 자세(Attitude) : 글로벌 인재가 되기 위해서는 진지함과 성실성 같은 기본적인 자세를 갖추어야 한다. 아무리 능력이 뛰어나도 기본자세가 갖추어지지 않으면 다른 사람과 함께 주어진 목표를 달성할 수 없다.

(4) 가치(Value) : 무엇이든 자신이 지키고 추구해야 할 가치를 스스로 찾아야 한다. 가치부여는 자신의 인생을 행복하게 할 수 있는 비결이 된다.[73)]

73) 글로벌 리더가 되기 위해 지녀야 할 4가지 원칙, 우먼센스, 2007. 5

한국 최초의 국제회의 통역사인 최정화 교수(한국외대 통역번역대학원)는 30여 년 동안 국제 통역 현장에서 수많은 글로벌 리더를 만났다. 자신의 통역 경험을 바탕으로 『엔젤 아우라 Angel Aura』라는 책을 펴냈다. 최 교수는 '엔젤 아우라'를 다섯 가지 CQ(협력 · 소통 · 문화 · 집중 · 창의력 지수)로 나눠 '성공의 법칙'을 소개하였다. 김수환 추기경은 영어, 프랑스어, 독어, 이탈리아어, 일어 등을 말할 수 있다. 그런데 각국 기자들과 인터뷰 시, 독일이나 이탈리아 기자의 질문에는 그 나라 말로 직접 답변을 하지만, 프랑스 기자의 질문에는 통역을 맡고 있는 최정화 교수가 프랑스에서 공부했음을 고려하여 최 교수로 하여금 통역 · 답변토록 했다.

이는 상대를 포용하고 배려하는 협력지수(Cooperation Quotient)가 높음을 의미한다. 반기문 유엔 사무총장, 자크 시라크 전 프랑스 대통령, 빌 게이츠 마이크로소프트사 회장, 나루히토 일본 왕세자, 주룽지 전 중국 총리도 협력지수가 높은 리더이다. 소통지수(Communication Quotient)

가 높은 인물로는 순간순간 적절한 비유를 사용하는 이어령 전 문화부 장관과 빌 클린턴 전 미국 대통령을 꼽는다. 세계적 디자이너 피에르 카르댕은 다른 사람의 장점과 조언을 수용해 자신을 발전시키는 문화지수(Culture Quotient)가 높은 리더이다.

무대의 삶과 일상의 삶 간의 균형을 유지하는 지휘자 정명훈, 말년을 아내와 지내기 위해 대통령 선거 불출마를 선언한 자크 들로르 전 유럽연합(EU) 집행위원장은 한 가지에 몰두하는 집중지수(Concentration Quotient)가 높은 리더이다. 메모 습관이 몸에 밴 한승수 평창동계올림픽 유치위원장, 프랑수아 미테랑 전 프랑스 대통령은 창의력 지수(Creativity Quotient)가 높은 리더이다.

몸 다스리기

송나라의 성리학자인 주자(朱子, 1130~1200)에 따르면 『대학 大學』은 대인(大人)의 학문, 즉 군자(君子)로서의 올바른 행실을 가르치는 학문이다. 군자는 요즘 말로 글로벌 리더라 할 수 있다. 대학에는 3강령(綱領)과 8조목(條目)이 있다. "천하를 다스리고자(평천하, 平天下) 한 사람은 먼저 그 나라를 다스렸으며(치국, 治國), 그 나라를 다스리고자 한 사람은 먼저 그 집을 다스렸고(제가, 齊家), 그 집을 다스리고자 한 사람은 그 몸을 다스렸다(수신, 修身).

몸을 다스리고자 한 사람은 먼저 그 마음을 다스리고(정심, 正心), 그 마음을 다스리고자 한 사람은 먼저 그 뜻을 참되게 했으며(성의, 誠意), 그 뜻을 참되게 하고자 한 사람은 먼저 그 앎을 이루었다(致知).

구용구사

우리나라가 낳은 세계적 유학자인 율곡 이이(李珥, 1536~1584)는 조선

시대 때 정치가, 교육가로 큰 업적을 남겼다. 그가 지은 『격몽요설 擊蒙要訣』은 글로벌 리더를 꿈꾸는 사람들이라면 언제든 읽어봐야 할 좋은 경구(警句)로 가득하다. 율곡은 몸가짐에는 아홉 가지 태도(九容)보다 더 중요한 것이 없고, 배움에 나아가고 지혜를 더하는 데에는 아홉 가지 생각(九思)보다 더 중요한 것은 없다고 말했다.

아홉 가지 태도라는 것은 걸음걸이는 무겁게 하고, 손은 공손하게 가지며, 눈은 바르게 뜨며, 입은 다물고 있으며, 말소리는 조용히 하며, 머리는 곧게 들며, 숨소리는 정숙하게 하며, 서 있는 모습은 의젓해야 하며, 얼굴빛은 위엄이 있게 한다는 것이다.

아홉 가지 생각이라는 것은 볼 때는 환히 볼 것을 생각하고, 들을 때는 똑똑하게 들을 것을 생각하고, 안색은 온화하게 가질 것을 생각하고, 태도는 공손할 것을 생각하고, 말은 진실 될 것을 생각하고, 일할 때는 조심할 것을 생각하고, 의심날 때는 물어볼 것을 생각하고, 화가 날 때는 곤란하게 될 것을 생각하고, 이득이 생기면 의리를 생각해야 한다.[74)]

74) 박희병, 선인들의 공부법, 창작과비평사, 1998

자녀교육

제갈량(181-234)은 그의 호를 따서 흔히 '제갈공명' 또는 '공명 선생'으로 불린다. 삼국지에서 유비가 공명의 명성을 듣고 '삼고초려(三顧草廬)' 한 일화는 유명하다. 유비가 "내게 공명이 있음은 물고기에게 물이 있는 것과 같다"라는 유명한 말을 남길 정도였다. 이러한 제갈량이 아들인 제갈첨에게 보낸 편지를 「계자서 誡子書」라 부르는데 역대 중국 가정의 자녀교육에 매우 큰 영향을 미친 글이다. 제갈량은 편지를 통해 아들에게 몇 가지 충고를 했다.

무릇 사내(군자)의 행동은 차분함으로 자신을 수양하고 근검절약으로 덕을 기르는 것이다. 맑고 투명하지 않으면 뜻을 바로 세울 수 없으며, 냉정하지 않으면 멀리 내다볼 수 없다.

모름지기 배움이란 차분해야만 뜻을 지극히 할 수 있다. 타고난 것이 아니라면 노력해서 배우지 않으면 안 된다. 노력하여 배우지 않으면 재능을 넓힐 수 없고, 뜻을 세우지 않으면 배운 바를 성취할 수 없다.

게을러서는 분발하여 정진할 수 없고, 사납고 급해서는 좋은 품성을 가질 수 없다. 나이는 세월과 함께 흘러가고 세웠던 의지도 시간과 함께 사라져 끝내 아무것도 이루지 못한 채 허름한 초가집만 처량하게 지킨다면 그때 가서 후회한들 때는 늦으리라.[75]

75) 김영수, 명문가의 자식교육, 아이필드, 2005

링컨이 수염일화

미국 화폐 1센트짜리 동전에는 미국 사람들이 제일 존경하는 인물인 에이브러햄 링컨(Abraham Lincoln, 1809~1865)의 얼굴이 새겨져 있다. 구리 동전 속의 링컨 얼굴에서 수북한 수염이 인상적이다. 링컨의 상징이라 할 수 있는 이 수염과 관련된 재미있는 일화가 있다. 1860년 10월, 미국 대통령 선거전이 한창 열기를 뿜고 있을 무렵이었다. 시골 조그만 마을에 살고 있는 한 소녀가 한 장의 그림을 들여다보고 있었다. 수척한 얼굴, 움푹 팬 두 볼은 무시무시했다. 두려운 생각이 들 정도였다. 그림의 주인공은 바로 공화당 대통령 후보인 링컨이었다. 소녀는 펜을 들어 편지를 썼다.

링컨의 얼굴이 너무 홀쭉하니 수염을 기른다면 지금보다 훨씬 좋게 보여 틀림없이 대통령에 당선될 것이라는 내용의 편지였다. 편지는 선거본부로 전달되었고, 링컨은 바로 시골 소녀에게 답장을 보냈다. 지금 새삼스럽게 수염을 기른다면 사람들이 자신을 바보 같은 사람이라고 흉볼 것이라는 내용이 담긴 답장이었다. 대통령 선거는 그해 겨울에 있었고, 링컨은 선거에서 승리하여 대통령이 되었다. 이듬해 백악관으로 가는 특별열차가 링컨을 싣고 그 소녀의 동네 가까운 정거장에 잠시 머무른다는 소식이 전해졌다.

소녀는 벅찬 흥분 속에 정거장으로 나갔다. 대통령을 실은 열차는 플랫

폼으로 들어왔다. 대통령의 즉석연설이 시작되었다. 소녀는 키가 작아서 대통령의 모습을 보지 못한 채 말만 들을 수밖에 없었다. "이 마을에는 나와 편지를 주고받은 소녀가 있습니다. 그 소녀는 이 못생긴 제 얼굴을 어떻게 하면 좀 더 낫게 보이게 할까를 알고 있었습니다. 만일 그 소녀가 여기 이 자리에 있다면, 만나서 이야기를 나누고 싶습니다. 소녀의 이름은 '그레이스 베델'입니다." 이 말을 들은 소녀는 가슴이 마구 뛰었다.

미국 대통령과 같은 위대한 사람이 이 조그만 마을에 찾아와 자기 이름을 잊지 않고 불러준다는 것에 크게 감격하였다. 소녀는 아버지의 손을 잡고 대통령 앞으로 나갔다. 대통령의 얼굴을 들여다보았다. 대통령의 두 뺨과 턱은 무성한 수염으로 덮여 있었다.[76)]

글로벌 리더의 습관

성공하는 아이들 습관은 '자신의 일을 스스로 선택하고 책임진다. 목표를 정하고 행동한다. 소중한 것부터 먼저 한다. 너도 좋고 나도 좋은 것을 한다. 먼저 잘 듣고 난 후에 말한다. 여럿이 함께 해 더 큰 것을 이룬다. 몸도 마음도 튼튼하도록 스스로 돌본다.

실패하는 아이들 습관은 '기분대로, 느끼는 대로 행동하며 남의 탓을 한다. 결과에 대한 생각 없이 닥치는 대로 행동한다. 소중한 것보다 눈앞에 닥친 급한 일부터 한다. 내 이익과 기분만 생각한다. 내 말을 먼저 하여 나만 이해 받으려 한다.

내 뜻대로 안 되면 다른 사람과 함께 하지 않는다. 하고 싶은 일만 하면서 몸과 마음을 돌보지 않는다.[77)]

76) 오천석, 노란손수건, 샘터사, 1975
77) 글로벌 CEO 되자, 조선일보, 2007. 5. 28.

톨스토이 일기쓰기

톨스토이(Lev Nikolaevich Tolstoi, 1828~1910)는 19세 때인 1847년부터 생애의 마지막 순간까지 무려 63년 동안 일기를 썼다. 평생 쓴 일기 분량이 20권에 이른다. 톨스토이는 어릴 적에 부모를 모두 잃고도 위대한 문학가, 사상가로 우뚝 섰다. 불우하게 자란 톨스토이가 세계적인 작가로 명성을 누릴 수 있었던 것은 바로 일기 쓰기 때문이었다.[78)]

빌 게이츠의 똑똑한 친구 사귀기

오늘의 빌 게이츠가 있게 된 중요한 요인 중 하나로 '똑똑한 친구'를 들 수 있다. 빌 게이츠는 명문학교에서 만난 두 명의 친구 덕분에 컴퓨터 황제에 오를 수 있었고, 세계 최고의 갑부가 될 수 있었다. 두 친구는 빌 게이츠의 단점을 완벽하게 보완해 준 똑똑한 친구들이었다.

빌 게이츠는 시애틀의 한 사립 명문학교를 다녔는데, 이곳에서 컴퓨터광인 폴 앨런을 만나 컴퓨터에 눈을 뜨게 되었다. 폴 앨런은 1975년 빌 게이츠와 함께 마이크로소프트사를 창업했다. 또한 하버드대학에서 만난 스티브 발머(마이크로소프트사의 CEO) 덕분에 빌 게이츠는 마이크로소프트사를 세계 최고의 회사로 만들 수 있었다.[79)]

나폴레옹의 마상(馬上) 독서

리더들은 책 읽기를 무척 즐긴다. 리더는 책과 신문을 통해서 아이디어를 얻고, 인생과 경영, 정치를 읽어낸다. 지식 습득의 올바른 방법은 책을 읽어서 이해하고 다시 읽어서 자신의 것으로 만드는 것이다. 리더들은 이 단순하고 위대한 진리를 따라서 매일 활자를 접한다. 나폴레옹은 전쟁터에서도 말 위에 앉아 책을 읽었다.

나폴레옹이 사람들에게 전쟁광이 아닌 영웅으로 남을 수 있었던 까닭은, 대문호 괴테와 음악가 베토벤까지 감동시킬 정도로 뛰어난 학식과 교

78) 최효찬, 사소한 습관, 일기쓰기의 힘, 조선일보, 2007. 7. 9.
79) 최효찬, "아이에게 큰 돈 주지 마라", 조선일보, 2007. 6. 11.

양, 예술적 감각이 있었기 때문이다. 이는 늘 책을 잡는 습관에서 나왔다. 「타이타닉」의 제임스 카메론 감독이나 「다이하드2」의 레니 할린 감독 역시 어렸을 때부터 책벌레였다. 뿐만 아니라 그들은 작업을 하면서도 늘 손에서 책을 놓지 않는다.[80)]

앨빈 토플러의 책사랑

미래학자 토플러는 열정과 호기심이 많은 사람이다. 그는 세상 모든 일에 늘 관심과 의문을 갖고 있다. 토플러가 혼자 있을 때 가장 즐기는 것은 사색과 독서이다. 그는 책벌레라고 할 정도로 항상 책을 읽는다. 면도할 때도 옆에 책을 둔다. 이처럼 토플러가 책을 좋아하는 이유는 '다른 사람이 자신의 모든 것을 다 바쳐 연구한 것을 짧은 시간 안에 내 것으로 만들 수 있기 때문'이라고 말한다.

또한 토플러는 신문 중독자이기도 하다. 토플러는 '세상의 새로운 소식을 가득 담고 있는 신문이 호기심을 자극한다'고 말한다. 토플러는 아침마다 전 세계에서 배달되는 7가지의 신문을 손끝이 새까매지도록 꼼꼼히 읽으면서 하루를 시작한다. 토플러는 다양한 사람들과의 만남, 탐구심과 호기심, 사색과 독서, 관찰과 분석 등을 통해 세상에 대한 통찰력과 함께 미래를 읽는 안목을 얻고 있다.

토플러는 우리나라 청소년들을 대상으로 한 강연에서 "미래는 예측(predict) 하는 것이 아니라 상상(imaging) 하는 것이다. 한국 청소년은 한국이 아니라 세계라는 시각에서 정보를 끊임없이 습득해야 한다. 급속한 발전을 이룬 한국을 나는 특별하게 생각한다. 미래에 대해 상상하기 위해서는 독서가 가장 중요하다. 미래를 지배하는 힘은 읽고, 생각하고, 커뮤니케이션 하는 능력이다"라고 말했다.[81)]

80) 읽는 것이 힘이다. 리더들은 모두 책벌레였다. 매일경제. 2007. 3. 6.
81) 앨빈 토플러 · 하이디 토플러. 앨빈 토플러. 청소년 부의 미래. 청림출판. 2007

최고 엘리트 가족의 책읽기

어머니 전혜성 박사(전 예일대 교수)가 자녀들을 모두 엘리트로 키운 배경에는 책읽기 교육이 있었다. 여섯 남매를 모두 하버드대와 예일대에 보내고 미국 주류사회의 엘리트로 키웠다. 미국 매사추세츠주 보건후생부 장관을 지낸 고경주는 하버드대 공중보건대학원 부학장으로, 클린턴 정부시절 국무부 인권차관보를 지낸 고홍주는 예일대 로스쿨 학장을 지냈다.[82)]

제주를 빛낸사람 고홍주 차관보(高洪株, 영어: Harold Hongju Koh, 1954년생)는 미국의 법률가이며 예일 법학전문대학원의 학장이다. 유명한 인권법 전문가이기도 하다.

하버드 법대를 졸업한 뒤 해리 블랙먼 대법관, 어머니는 자녀들을 책 읽는 아이로 키우려면 철들기 전부터 습관을 들여야 한다고 강조한다.

여섯 아이를 키울 때 언제 어디서든 책을 읽을 수 있도록 거실은 물론 아이들 방과 지하실 등에 책과 함께 책상 18개를 배치했다고 한다.

책이 있다고 해서 당장 다 읽는 것은 아니지만 언젠가는 보게 된다는 것이다. 어머니는 자녀들에게 TV를 주말에 하루만 보게 하는 등 TV 시청을 엄격하게 제한했다. 물론 자녀들에게 책만 읽도록 한 것은 아니다. 자녀들과 함께 팝뮤직을 듣고 영화를 보면서 현실과 연결하도록 함께 토론을 했다. 그리고 정기적으로 미술관과 도서관에 가서 자녀들의 상상력을 키워주었다. 어머니는 자녀들을 리더로 키우려면 '사명감(sense of mission)'을 계속 상기시켜 주는 것이 매우 중요하다고 강조하고 있다.[83)]

82) 김석범, 문화진흥재단 팀장과 대담중, 2008. 1. 14.
83) 6남매 엘리트로 키운 전혜성 박사의 '독서론', 조선일보, 2007. 3. 23.

위인처럼 생각하기

어린이는 위대한 인물의 생애와 업적, 피나는 노력을 묘사한 전기(傳記)를 많이 읽어야 한다. 전기는 어린이가 높은 뜻을 세우고 폭넓은 세계관과 인생관을 가질 수 있도록 한다. 대개 전기에 등장하는 인물들은 역사상 존재했던 인물이거나 현재 살아 있는 인물들이다. 전기에는 위인들이 살아오면서 겪은 역경과 시련을 이겨낸 과정들이 잘 기록되어 있다.

전기 속에 등장하는 위인들은 고난과 불굴의 정신을 보여주며 아이들을 격려할 수 있고 그 길로 이끌 수 있다. 좋은 책 한 권은 어린이를 투지에 불타게 한다. 인도의 초대 수상을 지낸 네루는 "위대한 전기에서 에너지를 섭취하고 인생의 교양을 쌓아야 한다.

최근에는 어린이들이 쉽고 재미있게 읽을 만한 위인전이 많이 출간되고 있다. 『선생님도 놀란 인물뒤집기』는 위인전에 대한 고정관념을 바꾼 미국 러너출판사의 바이로그래피 시리즈를 한국어로 번역한 것으로 자신의 분야를 즐기며 노력해서 최고가 된 사람들의 삶이 담겨있다. 이 시리즈는 빌 게이츠, 타이거 우즈, 힐러리, 클린턴과 같은 성공한 인물들의 이야기를 흥미롭게 다루고 있어서 어린이들 사이에서 큰 인기를 끌고 있다.

그리고 노벨상 수상자의 삶을 만화로 재미있게 읽을 수 있는 『내 아이 노벨상 수상자로 키우기』란 책이 있다. 이 책은 2001년 노벨상 100주년 기념사업의 일환으로 만들었다. 또한 우리나라 근현대사에서 큰 발자국을 남긴 위대한 인물들의 이야기를 담은『큰 작가 조정래의 인물 이야기』 시리즈가 있다. 어린이들은 신채호, 안중근, 한용운, 김구 등의 민족지도자들이 걸어갔던 발자취를 더듬으면서 리더로서 큰 꿈을 꿀 수 있다.[84)]

84) 저우예후이, 최경숙 역, 내 아이를 위한 일생의 독서 계획, 바다출판, 2007

6) 글로벌 가정과 학교 / 교육방법

전략국제무대의 주인공이 되기 위해서는 기본적으로 몇 가지 전략이 필요하다.

(1) **영어공부 열심히 하기** : 아무리 뛰어난 능력을 가졌어도 영어를 제대

로 구사하지 못하면 글로벌 세계에서 리더가 될 수 없다. 원어민 발음도 중요 하지만 더 중요한 것은 정확하고 고급스러운 영어를 구사해야 한다.

(2) **외국 체험 기회 많이 갖기** : 기회가 있을 때마다 각 나라의 박물관, 문화원, 행사, 전시회 등을 찾아다니며 체험을 한다. 해외여행을 할 수 없는 형편이면 책이나 TV 프로그램을 통해 간접경험을 한다.

(3) **봉사활동 많이 하기** : 리더의 중요한 덕목 중 하나는 낮은 위치에 있는 사람에게 모범이 되는 것이다. 이를 위해 형편이 어려운 나라를 찾아가 봉사를 한다.

(4) **국제교류 행사 참여하기** : 국제교류 행사는 정부 간 청소년 교류, 국제회의 및 국제 행사, 청소년 해외체험 프로그램 등으로 다양하다. 국제교류는 외국체험, 국제적 인맥 형성, 다문화 이해 경험을 가질 수 있는 좋은 기회가 된다.

(5) **국제기구 관심 갖기** : 국제기구에서 일하기 위해서는 글로벌 스탠더드에 맞는 자질과 전문성이 필요하다. 국제기구에 진출하려면 장기적인 계획과 준비가 필요하다.

(6) **독립심과 문제해결력 키우기** : 어릴 때부터 다양한 유소년 캠프 활동을 체험함으로써 자립심과 문제해결 능력을 키운다.

(7) **열린 생각 갖기** : 글로벌 시대에는 세계 여러 나라의 문화적 특성을 이해하고, 받아 들이는 열린 태도가 중요하다.

(8) **글로벌 자격증 취득하기** : 한미 FTA 시대가 본격적으로 전개되면 미국 자격증을 가진 사람은 미국 노동시장에 취업하기가 훨씬 쉬워진다.[85]

85) "글로벌 리더로 키우는 엄마의 실전교육법", 우먼센스, 2007. 5

글로벌리더 교육방법

- 세계적 음악가 정트리오의 어머니

"저희 7남매를 향한 어머니의 절대적인 믿음과 칭찬은 그 어떤 백 마디 교육보다 큰 채찍질이 되었습니다."(정명화, 첼리스트)

"우리 어머니는 생일이다 입학이다 해서 격식대로 때맞춰 챙겨주시는 것보다는 필요한 부분을 딱 집중해서 '셋업' 해주시는 그런 분이었었다. (정경화, 바이올리니스트)

"어머니의 교육방법에는 세 가지 포인트가 있었다. 먼저 아이들에게 맞는 것을 찾아주는 겁니다. 그런 다음 아이가 그것을 좋아하고 스스로 하겠다고 결정할 때까지 기다리는 겁니다. 마지막으로 아이가 결심을 하면 그때서야 아이가 그것을 공부할 수 있는 가장 효과적인 방법을 찾아내 지원해주셨습니다."(정명훈, 지휘자)

이상은 '나의 어머니 이원숙'에 대한 자녀들의 말이다. 정트리오를 비롯한 7남매를 세계적인 음악가와 교수, 사업가, 의사로 키운 어머니 이원숙 씨의 교육 비결은 무엇일까? 이원숙씨는 일곱이나 되는 자녀들을 키우면서 단 한 번도 아이들에게 자신의 욕심을 강요한 적이 없고, 자신의 조바심으로 아이들을 다그친 적도 없다고 말한다.

저 아이들이 자기 재능을 활짝 꽃피울 수 있도록 기회를 만들어주고 최선을 다해 뒷받침했을 뿐이라 한다. 이원숙씨는 자녀들을 키우면서 세 가지 사항은 절대로 하지 않겠다고 맹세했다.

첫째로 어떤 일이 있어도 자녀들에게 거짓말을 하지 않고, 둘째로 자녀들의 실수를 야단치지 않으며, 셋째로 칭찬거리가 아닌 것을 함부로 칭찬하지 않는 것이었다. 이원숙씨가 자녀교육에서 가장 신경 썼던 것은 고된 훈련을 감내할 수 있도록 자녀들의 체력을 길러주는 것과 매일 꾸준히 연습하는 습관을 붙여주는 것이었다.

음악을 전공으로 택한 사람이라면 특히나 뼈를 깎는 연습을 감수해야 한다. 이원숙 씨의 자녀들 역시 음악을 전공으로 택한 후에는 손이 아파서 더 이상 연습을 할 수 없을 정도로 고된 훈련을 계속했다.

이원숙씨는 자녀들을 실수를 두려워하지 않는 사람으로 키웠다. 정명훈 씨가 열네 살 때 일이다. 미국 시애틀에서 독주회가 열렸다. 너무 많은 청중이 몰려 어린 정명훈 군은 무척 긴장을 했다. 드디어 연주회가 시작되었다. 정명훈 군은 천천히 자리에 앉아 첫 곡으로 바흐를 침착하게 연주하기 시작했다. 그런데 갑자기 소리가 삐끗하고 말았다. 정명훈 군은 피아노 치던 손을 멈췄다. 그때 이원숙씨는 '저 애가 저대로 주저앉으면 어쩌나' 싶어, 그 짧은 순간 동안 생애에서 가장 절실한 기도를 하였다고 한다.

그때였다. 바흐의 첫 부분이 다시 들려오기 시작했다. 그런데 아까 그 부분에서 또다시 소리가 삐끗하였다. 이원숙씨는 이젠 눈을 감고 말았다. 그러나 다음 순간, 바흐의 첫 부분이 다시 연주되었다. 다시 처음으로 돌아가 아무렇지 않게 연주를 시작한 정명훈 군은 침착하게 그 곡을 모두 끝마쳤다. 어머니는 아들에게 "오늘 네 실수는 아주 시기적절한 것이었다. 참 잘 틀렸다. 지금 이런 무대에서 틀렸으니 망정이지 나중에 큰 무대에서 실수했다면 어쩔 뻔했니? 오늘 이렇게 틀려보았으니 좋은 경험을 쌓은 셈이지"라고 격려해 주었다.

정경화 씨가 세계 정상의 바이올리니스트로 이름을 날리기 시작할 때의 일이다. 정경화 씨는 어머니와 함께 런던 시내 식당에서 밥을 먹다 말고 엉엉 울음을 터뜨리며, "엄마, 나 이제 못하겠어요. 너무 힘들어요. 바이올린 그만두고 싶어요"라고 말했다. 정경화 씨의 위치는 남들이 보기에는 화려한 자리에서 음악을 하는 이들에게는 부러운 자리였다. 어머니는 "그래, 지금 당장 바이올린 그만두자꾸나. 사람이 먼저지 바이올린이 먼저냐? 너를 위해 바이올린을 해야지, 바이올린을 위해 바이올린을 해서야 되겠니? 우리가 소원했던 대로 한국인의 재능을 세계에 알리고 떨칠 수 있었으니 이제 이만하면 됐다. 너는 정말 넘치도록 이룬 거야. 엄마는

86) 이원숙, 통 큰 부모가 아이를 크게 키운다, 동아일보사, 2005.

네가 정말 자랑스럽다. 우리 다음 일은 다음 아이들에게 맡기자"라고 따뜻한 위로의 말을 건넸다. 정경화 씨는 이때 일생에서 가장 큰 위로를 받았다고 한다.[86)]

피아니스트 김선욱 군은 아시아 연주자로서는 처음으로 리즈 국제 피아노 콩쿠르에서 우승했다. 리즈 콩쿠르는 세계무대에서 활동하고 있는 거장들을 배출한 권위 있는 음악 경연 대회이다. 우리나라에서도 정명훈 씨가 1975년에 4위, 서주희 씨가 1984년에 2위, 백혜선 씨가 1990년에 5위로 입상했지만 우승은 처음이었다. 2005년 클라라 하스킬 피아노 콩쿠르에서도 최연소로 우승했던 김선욱 군은 리즈 콩쿠르에서도 6명의 결선 진출자 가운데 최연소로 진출하는 등 '최연소' 기록을 항상 달고 다닌다.

김선욱 군이 피아노를 처음 접한 시기는 만 세 살 때였다. 세 살 위인 형이 피아노 학원 차를 타고 가면 목 놓아 울던 김선욱에게 그때부터 피아노는 인생의 전부가 되었다. 초등학교 2학년 때, '베를린 필 상임지휘자'를 꿈꾸었다. 초등학교 3학년 때, 김선욱 군은 자신의 인생 계획을 적어놓은 수첩을 부모님께 보여드렸다.

김선욱 군의 어머니는 콩쿠르 우승 비결 몇 가지를 다음과 같이 알려주었다.

(1) **자립심 기르기** : 부모는 맞벌이 부부라 일일이 아들을 따라다닐 시간이 없었다. 어릴 때부터 혼자서 전철을 타고 레슨이며 음악회를 다녔다.

(2) **구체적인 꿈 갖기** : 베를린 필 지휘자가 되는 게 꿈이었다. 초등학교 때 정명훈에게 빠져 엄마 몰래 신용카드를 갖고 나가 경매장에서 정명훈이 사용했던 지휘봉을 사왔다.

(3) **음악 골고루 듣기** : '훌륭한 연주만큼 좋은 스승이 없다'라는 말을 믿고, 음악은 닥치는 대로 들었다. 초등학교 4학년 때부터 음악회에 다니는 습관이 들었다. 예술의전당 콘서트홀 2열 13번은 자기 자리라며 맨 먼저 예매한다.

(4) **열중하기** : 한 때는 지하철 티켓을 가격별 · 색깔별로 모으기도 하고,

야구 선수 이름을 줄줄 외우기도 했다. 좋아하는 음악이 있으면 연주자별로 음반을 다 구입했다.

(5) **성급한 유학은 금물** : 초등학교 때는 유학 떠나는 날짜까지 못 박아 놓고 부모를 졸랐지만 훌륭한 스승을 만나고 나서는 '모든 게 때가 있다'는 걸 깨달았다.

(6) **강요하지 않기** : 피아니스트가 되라고 강요한 적은 없다. 부모가 앞장서서 아이를 끌고 가기보다는 본인이 스스로 택한 길을 잠자코 뒷바라지해 주었다.

(7) **체력 기르기** : 어릴 때부터 축구·야구를 좋아했다. 왼손 투수 이상훈 선수를 특히 좋아해 왼손으로 벽에 공을 던져 맞히곤 했다. 덕분에 왼팔이 강해져서 세종 체임버홀에서 2시간 30분짜리 독주회를 거뜬히 해냈다.

(8) **따뜻한 관심** : 부모가 해준 것은 놓친 음악회의 TV 방송을 녹화해 주고, 음악회에 같이 가서 로비에서 기다리다가 연주자의 사인을 맨 먼저 받아 주고, 연습할 때 악보를 넘겨준 것이 전부였다.[87]

87) 초등 2년부터 내 꿈은 베를린 필 지휘자", 조선일보, 2006. 9. 25.

세계적 문화평론가 이어령의 어머니

20대 때 이미 문학평론가가 된 이어령 교수는 쓰는 책마다 베스트셀러가 되는 '언어의 마술사'이다. 그런 능력과 소질은 이어령 교수가 고백하듯이 어머니로부터 나온 것이다. 어머니는 전혀 글자를 모르던 어린 아이에게 책을 읽어주었다. 유대인들이 갓난아이가 귀가 들리기 시작하면 어머니는 아이를 무릎에 앉히고는 유대인의 역사책인 구약성경을 히브리어로 날마다 들려주는 것과 같은 교육 방식이었다. 그러한 어머니의 교육이 있었기에 훌륭한 문화평론가가 될 수 있었다.

이어령 교수의 어머니는 아이가 잠들기 전에 늘 아이 머리 맡에 앉아 책을 소리 내어 읽어주었다고 한다. 특히 아이가 감기에 걸려 신열이 높아지는 그런 때에는 암굴왕, 무쇠탈, 흑두건 같은 재미있는 소설책을 읽어 주었다. 이어령 교수는 '겨울에 지붕 위를 지나가는 밤바람 소리를 들으며, 여름에는 장맛비 소리를 들으며, 어머니의 하얀 손과 하얀 책의 세계를 방문했다'고 회상하며, '어머니의 목소리가 담긴 근원적인 그 책 한 권이 나를 따라 다닌다.

그 환상적인 책은 60년 동안에 수천수만 권의 책이 되었고, 그 목소리는 나에게 수십 권의 글을 쓰게 하였다. 어머니는 내 환상의 도서관이었으며, 최초의 시요, 드라마였으며, 끝나지 않은 길고 긴 이야기 책이라고 고백한다.[88)]

88) 이어령, 천년을 만드는 엄마, 삼성출판사, 2000

세계적 축구스타 앙리의 아버지

프랑스 출신의 세계적 축구선수인 티에리 앙리는 잉글랜드 프리미어리그 득점왕을 4번이나 차지했다. 앙리는 명예와 함께 막대한 부도 누리고 있다. 앙리의 연간 수입은 호나우지뉴(3270만 달러), 데이비드 베컴(2979만 달러)에 이어 3위(2140만 달러)이다. 앙리는 프랑스 빈민촌에서 가난한 이민 부부의 아들로 태어나 불우했던 청소년 시절을 딛고 성장했다. 앙리의 아버지는 프랑스령 서인도제도의 과달루프 출신이고, 어머니는 서인도제도 동부의 마르티니크 출신이다.

앙리 가족은 방 2개짜리 작은 아파트에 살았는데, 1층에는 세네갈, 2층에는 포르투갈, 3층에는 서인도제도의 음식 냄새가 늘 풍겨 나왔다. 앙리의 아버지는 축구를 무척 좋아해 선수가 되고 싶었다. 그러나 할아버지와 할머니의 반대로 꿈을 접었다. 아들을 낳으면 마음껏 축구를 할 수 있게 해주겠다고 다짐했다. 앙리는 6살 때 처음으로 아버지를 따라 운동장에 가서 축구를 했다.

아버지는 골키퍼 역할을 하면서 축구공을 굴려 주었다. 앙리 아버지는 다른 아버지들처럼 일부러 골을 먹어주지는 않았다. 앙리도 고집이 있어,

골을 넣기 전까지는 먼저 집에 가자는 얘기를 하지 않았다. 앙리 아버지는 앙리를 위한 축구 교육에 헌신적이었다. 경비원으로 일하던 아버지는 앙리를 축구 경기에 데리고 다니느라 직장에서 해고되기까지 했다. 앙리 아버지는 내 아들은 프랑스 대표팀에서 뛰게 될 것이라고 늘 말했다. 결국 앙리는 세계 최고의 축구선수가 되었다.[89)]

89) 프랑스 축구스타 앙리를 만나다, 조선일보, 2007. 6. 9-10.
90) 매너 빵점인 애들은 하버드 나와도 취직 못해요, 조선일보, 2007. 4.

글로벌 엄마의 충고

"요즘 엄마들, 영어만 일찍 가르치면 뭣해요. 아이들의 문화적 소양과 매너는 빵점인 걸. 그런 아이들은 서울대, 아니 하버드대 졸업장을 들고 가도 글로벌 기업에서 선택하지 않아요."

이렇게 충고하는 사람은 미국에서 25년간 ESL(English as a Second Language) 전담교사로 활약해 온 김유미씨이다. 김유미씨는 한국 유학생들을 가르친 경험이 있는 교사이며, 두 딸을 경영컨설팅회사의 부사장으로, 시카고 트리뷴 LA 타임스 마케팅 책임자로 키워낸 '글로벌 엄마'이다.

김유미씨가 말하는 글로벌 엄마로서의 첫째 덕목은 아이를 필기시험의 귀재로 키우지 말고 문화적 소양이 풍부한 '품위 있는 아이'로 키우라는 것이다. 둘째 덕목은 자녀들의 시야를 어릴 때부터 세계로 넓혀주는 것이다. 영어 학원을 보내는 대신 그 돈을 모아 가족이 함께 해외여행을 떠나는 것이다. 어학연수가 아니라 그냥 보고 느끼고 즐기는 여행이나 캠프를 다녀오는 것이 좋다.

셋째 덕목은 엄마 자신의 글로벌화이다. 자녀가 미술을 좋아하면 엄마도 함께 유명 작가의 일대기를 살펴보고, 수박 겉핥기식이라도 음악과 세계사, 와인에 대한 기본 지식을 쌓아야 한다. 자녀들에게는 영어공부 하라고 잔소리 하면서 엄마는 한마디도 못하면 안 된다. 유창하게 하라는 것이 아니다. 문법은 중학교 수준이면 충분하고, 해외여행 갔을 때 혼자서 쇼핑을 할 정도의 실력이면 된다.[90)]

7) 글로벌 사회 경험 쌓기

정부 및 민간 교류, 국제기구 인턴글로벌 리더를 꿈꾸는 사람들은 세계로 진출하여 글로벌 사회를 직접 경험할 필요가 있다. 예전에는 우리 청소년들이 국제무대에서 경험할 기회가 매우 적었다. 그러나 최근에는 국제협력단을 비롯한 정부기구, 비정부기구(NGO), 기업체, 교육기관 등을 통하여 다양한 글로벌 사회를 경험할 수 있는 기회가 늘어났다. 마음먹고 조금만 준비하면 세계에 나가 외국인 친구들과 어깨를 맞대고 갖가지 경험을 할 수 있다. 그러면 정부 및 민간교류, 국제기구 인턴에 대해 살펴보자.

정부에서는 청소년 국제교류 차원에서 해외 파견자를 모집한다. '정부간 교류'는 모든 청소년이 참가할 수 있으며, 정부가 편도항공료와 여행자보험료 및 방문국 체재비를 지원한다. '청소년 해외체험 프로그램'은 해외조사나 연구, 연수사업을 비롯하여 자원봉사활동에 참가할 청소년을 모집해 파견한다. 또한 청소년위원회 홈페이지(www.youth.go.kr)를 통해 국제회의 등 특정 활동에 파견할 청소년을 모집한다.

국제교류네트워크(iye.youth.go.kr)에서는 지방자치단체 국제교류인 청소년 자원봉사활동, 캠프대회, 해외 자매단체 방문, 역사문화탐방 등의 교류행사에 대한 정보뿐 아니라 민간 국제교류인 잼버리, 생태투어, NGO 해외봉사단, 해외인터넷 청년봉사단 등의 모집 정보도 함께 알 수 있다.

국제기구에 취업하려면 유엔 국별 경쟁시험(NCRE)에 합격하거나 초급전문가(JPO) 제도를 이용할 수 있다. 그러나 많은 사람들이 국제기구나 비정부기구(NGO) 인턴십에 참여하는 방법을 택하고 있다. 이에 대한 정보는 국제기구채용정보(www.unrecruit.go.kr)나 유엔사무국 인턴십 홍보(www.un.org/Depts/OHRM/sds/internsh)에 들어가면 알 수 있다. 뉴욕 유엔본부의 경제사회업무국 여성지위향상국에서 인턴십으로 근무했던 한 이화여대 대학원생의 경우, "직종을 불문하고 자신이 원하는 곳에서 전문성을 쌓고 있는 수많은 사람들을 만났다. 평범하면서도 나이에 상관없이 열정을 잃지 않는 유엔 직원들을 보면서 누구나 준비만 하면 국제무대를 누비는 글로벌 여성이 될 수 있다는 사실을 깨달았다."라고 한다.

한편 국제기구에서 인턴으로 활동하면 취업기회가 무척 넓어질 수 있다. 연세대 국제대학원에 재학 중이던 한 학생은 코소보 유엔개발계획 사무소에서 인턴으로 일할 때 한 외국인 사무관의 지도를 받았다. 이후 두 사람은 친하게 지냈고, 국제기구 직원의 꿈을 키웠다. 귀국 후 유엔봉사단에 지원할 뜻을 밝히자 그 사무관은 선뜻 추천서를 써 주었다. 결국, 그는 유엔개발계획(UNDP) 산하의 유엔봉사단(UNV) 채용에 합격했다. 한국외대에 재학 중이던 한 학생은 대한항공 뉴욕지사에서 인턴으로 일했다.

국제봉사와 대한적십자사

국제봉사단 활동젊은이들의 해외봉사단 파견은 현재 한국 국제협력단(KOICA, Korea International Cooperation Agency)과 같은 정부기관, 국제구호기구를 비롯한 다양한 비정부기구(NGO), 그리고 민간기업과 종교단체의 봉사프로젝트가 주류를 이루고 있다. 국제협력단을 통해 해외봉사를 나가는 우리나라 젊은이는 해마다 1500명에 이른다. 생활비는 전액 정부가 지원한다. 이들은 개발도상국 정부기관이나 비정부기구에 파견되어 기술 교육, 보건 · 의료, 농업, 한국어 교육, 행정 지원 등 다양한 분야에서 1~2년간 활동한다.

상당수의 사람들은 기간 만료 후에도 활동기간을 연장하고 있다. 파견분야에 대한 구체적인 정보는 국제협력단 홈페이지(www.koica.go.kr)에서 알 수 있다. 미국에서는 1961년에 평화봉사단이 만들어졌다. 케네디 대통령이 미국의 젊은이들에게 "인생의 2년을 개도국에서 봉사해 세계평화에 기여하자"는 캠페인을 전개한 것이 계기가 되어, 그동안 140여 개국에 18만7000명의 봉사단원이 파견되었다.

이런 경험을 쌓은 이들 중 다수가 미국의 정치 · 경제 · 학문 · 예술 등의 다양한 분야에서 지도자로 활동하고 있다. 이들은 미국과 세계 곳곳을 연결하고 지구촌의 발전을 이끌어가는 주역이다.

2004년에 국내에서 처음으로 '청소년유엔회의(MUNOS)'가 열렸다. 당시 참가자는 70여 명에 불과했다. 그 후 청소년유엔회의에 관심이 늘면서 참가자가 해마다 크게 증가하고 있다. 3일간 열리는 MUNOS(총회, 안전보장이사회, 경제사회이사회, 인권위원회, 환경위원회, 특별위원회, 국제사법재판소, MUNOS 서밋 등)의 모든 토론은 영어로 진행한다.

MUNOS는 영어 토론이 가능한 중학교 3학년에서 고등학교 3학년 사이의 학생이라면 누구나 신청할 수 있다. MUNOS 홈페이지(www.munos.co.kr)에서 구체적인 정보를 얻을 수 있다. 이 외에도 '세계학생유엔'이 있다. 세계학생유엔은 유엔 회원국의 고교 학생회장 대표를 회원으로 한다.[91)]

91) "청소년 영어토론 '반기문 효과'", 동아일보, 2007. 5

대학적십자 해외봉사활동대학적십자 해외봉사활동은 청소년들에게 적십자의 인도주의 정신을 경험하고 실천할 수 있는 기회를 제공하기 위하여 기획한 대한적십자사의 대표적인 대학생 해외봉사활동으로, 1993년부터 시작하였다. 해외봉사활동을 하는 목적은 적십자 인도주의 보급, 저개발국 해외봉사활동을 통한 인류애 실현, 자매적십자사 RCY와의 청소년프로그램 교환 및 친선활동, 대한민국의 청소년문화 전파를 통한 자긍심 고취, 새로운 문화체험을 통한 도전정신 고양 등을 들 수 있다.

파견대상자는 원칙적으로 대학적십자 회원으로 활동하고 있는 대학생이다. 대상자 선정은 각 시 · 도 본부의 우수한 회원들을 대상으로 추천을 받아 RCY 중앙본부에서 최종 적격자를 판단하여 선발한다. 또한 대학적십자 전문봉사단 및 사이버 봉사단원으로 활동하는 대학생들 중 활동이 우수한 사람을 시 · 도 본부의 추천으로 선발하기도 한다. 해외봉사활동에 대한 보다 구체적인 내용은 대한적십자사 홈페이지(www.redcross.or.kr)에서 살펴볼 수 있다.

청소년 적십자(RCY) 글로벌 리더 프로젝트'RCY 글로벌 리더 프로젝트'는 RCY 단원들이 UN을 방문하여 국제기구의 역할을 이해하고, RCY 선배인 반기문 UN 사무총장과의 만남을 통하여 글로벌 리더로서의 능력을 함양할 수 있는 계기를 마련하고자 기획한 프로그램이다. 또한, 미국 적십자사 본사를 방문하여 선진국의 인도주의 활동을 참관하고, 주미 한국대사관을 방문하여 우리나라의 외교활동과 변화하는 국제사회 환경을 이해한다. 이 프로젝트는 현재 활동하고 있는 RCY 단원뿐만 아니라 일반 대학생에게도 적십자 활동에 참여하여 글로벌 리더로서 성장할 수 있는 기회를 제공한다.

선발은 서류전형과 면접으로 이루어지며, 서류전형에서는 대한적십자사가 주관하는 응급처치법, CPR(심폐소생술), 또래성 교육 등의 각종 강습 수료자, 헌혈 5회 이상 한 자, 자원봉사활동 경험이 많은 자를 우대하며, 미래의 글로벌 리더로서의 참여 동기 및 참여의지가 진취적인 자를 우선 선발한다. 면접에서는 지원동기 및 참여의지, 참여 결격 사유 여부를 평가한다.

기업의 세계문화체험 활동

기업 지원 세계문화체험 프로그램LG그룹에서 지원하는 'LG글로벌챌린저'는 대학생들이 직접 탐방활동의 주제 및 탐방국가를 선정하여 활동하는 프로그램이다. 국내에서 가장 오래된 대학생 대상 해외 탐방 프로그램으로, 1995년에 시작하였다. 지금까지 총 410개 팀, 1500여 명의 학생들이 해외를 탐방하였다. 경쟁률은 평균 20 대 1로 매우 높은 편이다. 지원자는 엄격한 심사를 거쳐 선발한다. 선발된 학생들은 여름방학 기간 중에 각 팀별로 자율적인 탐방계획에 따라 2주 동안 해외 탐방활동을 벌인다. LG에서는 탐방활동에 필요한 항공료, 숙식비 전액과 소정의 연구비를 지원한다.

응모분야는 자연과학, 정보통신 · 공학, 경제 · 경영, 인문 · 사회, 문화 · 예술 · 체육 분야로 나누어진다. 선발인원은 100여 명 내외이며 한 팀당 4명으로 구성한다. 응모자격은 전국 4년제 대학교 및 대학원 재학생이다. 선발된 학생들은 2주간 외국 정부기관과 연구소, 대학, 기업, 사회단체 등에서 탐방활동을 펼친다. 또한 탐방 결과 보고서를 심사하여 시상하는데, 대상 및 최우수상을 받은 팀에는 LG 입사자격 및 인턴자격을 부여한다.[92)]

92) LG 글로벌챌린저 홈페이지 (challenge.lg.co.kr)

8) 글로벌 리더가 되기 위한 길

세상을 넓게 보기

우주에는 수많은 별들이 떠 있다. 우리가 살고 있는 은하계만 해도 수천억 개의 별들로 이루어져 있다. 우주에서 지구를 내려다보면 푸른 별로 보인다. 이 아름다운 별에는 갖가지 인종들이 살고 있다. 그런데 지구의 부(富)는 소수만이 지배하고 있으며 인류의 반 이상이 극악한 환경 속에서 살고 있다. 동화작가 위르겐 푹스(Juergen Fuchs)는 이러한 지구의 모습을 작은 마을로 그렸다.

지구를 인구가 1000명밖에 안 되는 작은 마을이라고 하자. 이 마을에는 564명의 아시아인과 210명의 유럽인, 86명의 아프리카인, 80명의 남아메리카인, 그리고 60명의 북아메리카인이 살고 있다. 1000명 중 300명이 기독교인인데 그 중 183명은 가톨릭, 84명은 개신교, 33명은 정교회 신자들이다. 1000명 중에는 물론 다른 종교를 믿는 사람들도 있다. 175명은 이슬람교도들이고, 128명은 힌두교, 75명은 불교, 47명은 정령 숭배자들이며 나머지는 아무런 종교도 갖고 있지 않다.

위르겐 푹스는 여기까지만 보면 이 마을은 다양한 문화와 종교가 공생하는 아주 정상적인 마을로 보이지만 조금만 더 자세히 들여다보면 그렇지 않다고 한다.

이곳에 사는 1000명의 주민 중 60명이 전체 수입의 절반 이상을 차지하고 있다. 940명이 나머지 절반을 나눠가지는 것이다. 1000명 중 500명은 기근에 시달리고 있고, 600명은 슬럼 지역에 살고 있으며 글을 읽거나 쓸 줄 모르는 사람도 700명에 달한다.

우리가 살고 있는 지구를 다시 생각하게 만드는 글이다. 우주에서 지구를 내려다보면 제일 먼저 자기네 나라만 눈에 들어온다. 조금 여유가 생기면 자기가 속한 대륙의 땅덩어리가 들어온다. 시간이 더욱 흐르면 우주인의 생각 속에는 우주의 유일한 푸른 별인 지구 자체가 자리를 잡는다. 이렇듯 글로벌 리더는 자기 민족, 자기 국가, 자기 이웃 나라에만 관심을 가져서는 안 되며, 전 인류를 생각하는 전 지구적 사고를 해야 한다.[93]

93) 위르겐 푹스, 강희진 옮김, 리더의 지혜를 담은 동화책, 새론북스, 2004.

꿈을 구체적으로 꾸기

꿈을 구체적으로 꿈꾸는 사람들은 세계로 진출하여 글로벌 사회를 직접 경험할 필요가 있다. 예전에는 우리 청소년들이 국제무대에서 경험할 기회가 매우 적었다. 그러나 최근에는 국제협력단을 비롯한 정부기구, 비정부기구(NGO), 기업체, 교육기관 등을 통하여 다양한 글로벌 사회를 경험할 수 있는 기회가 늘어났다. 마음먹고 조금만 준비하면 세계에 나가 외국인 친구들과 어깨를 맞대고 갖가지 경험을 할 수 있다. 그러면 정부 및 민간교류, 국제기구 인턴에 대해 살펴보자.

정부에서는 청소년 국제교류 차원에서 해외 파견자를 모집한다. '정부간 교류'는 모든 청소년이 참가할 수 있으며, 정부가 편도항공료와 여행자보험료 및 방문국 체재비를 지원한다. '청소년 해외체험 프로그램'은 해외조사나 연구, 연수사업을 비롯하여 자원봉사활동에 참가할 청소년을 모집해 파견한다.

또한 청소년위원회 홈페이지(www.youth.go.kr)를 통해 국제회의 등 특정 활동에 파견할 청소년을 모집한다.

국제교류네트워크(iye.youth.go.kr)에서는 지방자치단체 국제교류인 청소년 자원봉사활동, 캠프대회, 해외 자매단체 방문, 역사문화탐방 등의 교류행사에 대한 정보뿐 아니라 민간 국제교류인 잼버리, 생태투어, NGO 해외봉사단, 해외인터넷 청년봉사단 등의 모집 정보도 함께 알 수 있다.

국제기구에 취업하려면 유엔 국별 경쟁시험(NCRE)에 합격하거나 초급 전문가(JPO) 제도를 이용할 수 있다. 그러나 많은 사람들이 국제기구나 비정부기구(NGO) 인턴십에 참여하는 방법을 택하고 있다.

이에 대한 정보는 국제기구채용정보(www.unrecruit.go.kr)나 유엔사무국 인턴십홍보(www.un.org/Depts/OHRM/sds/internsh)에 들어가면 알 수 있다. 뉴욕 유엔본부의 경제사회업무국 여성지위 향상국에서 인턴십으로 근무했던 한 이화여대 대학원생의 경우, "직종을 불문하고 자신이 원하는 곳에서 전문성을 쌓고 있는 수많은 사람들을 만났다. 평범하면서도 나이에 상관없이 열정을 잃지 않는 유엔 직원들을 보면서 누구나 준비만 하면 국제무대를 누비는 글로벌 여성이 될 수 있다는 사실을 깨달아야 한다.

한편 국제기구에서 인턴으로 활동하면 취업기회가 무척 넓어질 수 있다. 연세대 국제대학원에 재학 중이던 한 학생은 코소보 유엔개발계획 사무소에서 인턴으로 일할 때 한 외국인 사무관의 지도를 받았다. 이후 두 사람은 친하게 지냈고, 국제기구 직원의 꿈을 키웠다. 귀국 후 유엔 봉사단에 지원할 뜻을 밝히자 그 사무관은 선뜻 추천서를 써 주었다. 결국, 그는 유엔개발계획(UNDP) 산하의 유엔봉사단(UNV) 채용에 합격했다. 한국외대에 재학 중이던 한 학생은 대한항공 뉴욕지사에서 인턴으로 일했다.

현지에서 유태인 변호사에게 한국어를 가르쳐 주었는데, 그 변호사의 추천서가 80 대 1의 경쟁률을 뚫고 대한항공에 취업하는 데 큰 도움을 받았다. 어떤 한동대 졸업생은 재학시절, 2년간 카자흐스탄에서 태권도를 가르치는 국제 봉사활동을 한 것이 계기가 되어 카자흐스탄 현지인들과 인맥을 쌓았다. 그 인맥이 그를 '카자흐스탄 소식통'으로 만들었고, 이러한 사실을 인정받아 그는 한국 국제협력단에 무난히 합격했다.

하고 싶은 일 하는 사람이 행복하다.

마음껏 자기가 좋아하는 일을 하면서 인생을 살아가는 사람이 가장 행복한 사람이다. 자기가 좋아하는 일을 할 때는 아무리 고생스러워도 비관적인 생각을 하지 않는 법이다. 글로벌 교육에서 중요한 것은 '무엇이 되고 싶다'보다 '무엇을 하고 싶다'는 꿈을 키워주는 것이다. 이어령 교수가 지은 「일등을 시키려면」이라는 짤막한 글이 있다. 이 글은 하나의 답에만 매달려 있는 우리 부모들에게 아이가 좋아하는 방향에 따라 여러 개의 답이 나올 수 있다는 것을 깨닫게 해준다.

"같은 방향으로 뛰면 일등은 하나밖에 없어요. 그러나 동서남북으로 뛰면 네 사람이 일등을 해요. 360도 둥근 원으로 뛰면 어때요? 360명의 일등이 나오잖아요. (중략) 왜 꼭 그 학교라야 하나요. 왜 꼭 그 직업이라야 하나요. 판사, 검사가 아니라도 의사, 변호사가 아니라도 길은 많아요. 틀림없이 있을 거예요. 남들이 가지고 있지 않은 내 아이만의 재능, 그것이 경쟁에서 일등을 할 수 있는 지름길이에요. 남들이 남쪽으로 뛰어갈 때 혼자서 동쪽으로 가고 싶어 하면, 그 곳으로 뛰게 하세요. 거기 아무도 먹지 않은 탐스런 과일이 열려 있어요.

21세기 글로벌 리더에게 필요한 사고방식은 하나만 고집하는 수렴(收斂)적 사고가 아니라 확산(擴散)적 사고이다. 부모부터 이를 실천해야 한다. 자녀가 하고 싶어 하는 일을 마음껏 할 수 있도록 지원해 주는 것이 글로벌 부모의 책임이며 의무이다.[94)]

94) 이어령, 천년을 만드는 엄마, 삼성출판사, 2000.

글로벌 리더는 고집이 있어야 한다.

고집이 있어야 한다는 말은 뚜렷한 자기주장이 있어야 한다는 말이다. 부모님과 선생님 말씀만 꼬박꼬박 잘 듣는 모범적인 사람은 글로벌 리더가 될 가능성이 적다. 그렇다고 일부러 말을 듣지 않고 고집스러운 주장을 피우라는 뜻은 절대 아니다. 고집이 올바르다면 그 고집을 억지로 꺾으려 해서는 안 된다. 오히려 그 고집이 큼지막한 열매를 맺을 수 있도록 격려해 주어야 한다. 음악가 헨델의 이야기는 고집스러운 아이가 결국 크게 성공한다는 교훈을 들려준다.

'음악의 어머니'로 불리는 헨델은 음악과 전혀 관련이 없는 집안에서 태어났다. 아버지는 외과의사였다. 옛날에는 귀족에게 속해 있던 이발사가 외과의사를 겸했는데 헨델의 아버지가 바로 그런 사람이었다. 헨델은 어릴 때부터 음악을 하고 싶어 했으나 아버지는 허락하지 않았다. 음악을 좋아하지 않았던 아버지는 아들을 법관으로 키우고 싶어 했다. 아버지는 음악을 배우고 싶어 하는 헨델에게 '음악이란 굶어 죽기 딱 좋은 짓'이라고 말하곤 했다. 그러나 이 같은 아버지의 반대도 음악을 향한 헨델의 열정을 막을 수 없었다.

어린 헨델은 아버지의 눈을 피해 한밤중에 다락방으로 올라가 달빛을 불빛 삼아 악보를 읽고 연주법을 익혔다. 마침내 헨델의 재능은 주위사람들에게 알려졌고, 그들은 헨델의 아버지를 설득했다. 헨델은 아홉 살 때부터 작곡법과 오르간 연주법을 배웠다. 한때 아버지의 뜻에 따라 법과대학에 진학하기도 했지만, 결국 1년 만에 그만두고 말았다.

헨델은 비록 아버지의 소원대로 법관이 되지는 못했지만, '음악을 하면 굶어죽기 십상'이라는 아버지의 걱정을 비웃기라도 하듯 많은 돈을 벌었다. 헨델은 단순히 음악을 만드는 데에만 만족하지 않고 사업으로 연결시켰다. 대규모 연주회를 열고, 나중에는 직접 오페라단까지 구성해 대규모 극장에서 공연하는 등 음악 사업을 벌여 흥행에 성공했다. 헨델은 음악으로 돈을 번 최초의 음악가가 되었다.[95]

95) 금난새, 금난새와 떠나는 클래식 여행, 생각의 나무, 2003.

자기관리

남에게는 관대하게 대하면서 자신에게는 조금도 용서를 허락하지 않는다. 외유내강(外柔內剛)이라는 말이 이에 해당한다. 자신에게 매우 엄격했던 대표적인 사람이 바로 벤자민 프랭클린(Benjamin Franklin, 1706~1790)이다. 프랭클린은 가장 열악한 환경 속에서 갖가지 고난과 역경, 그리고 시련을 겪으면서 자신의 꿈을 찬란하게 이룬 사람으로 미국 사람들이 가장 존경하는 인물 중 하나이다. 또한 미국인들이 성공하기 위한 모델로 삼고 있는 인물이기도 하다.

그래서 미국인들은 프랭클린의 얼굴을 가장 고액의 화폐인 백 달러짜리 한가운데 자랑스럽게 새겨 놓았다. 프랭클린은 자신의 삶에 대한 원칙과 기준을 명확히 세워놓고 이를 엄격하게 지켜나갔다. 그는 자신이 개발한 독특한 자기관리기법을 적용하였다.

자기관리는 13가지 덕목(德目)을 매일 지키는 것으로 시작한다. 13개 덕목은 '절제, 침묵, 질서, 결단, 절약, 근면, 정직, 정의, 중용, 청결, 평정, 순결, 겸손'으로, 프랭클린이 삶을 살면서 발굴한 지혜이기도 하다.

덕목의 내용은 청교도적이지만 그 정신만은 글로벌 리더가 될 사람들이 배워야 한다. 프랭클린은 13개 덕목을 계획적으로 실천하기 위해 작은 수첩을 준비했다. 그 수첩의 각 장에는 13개의 덕목을 적고는 날마다 그 실천여부를 체크하였다. 프랭클린은 이렇게 자기 자신을 철저하게 관리해 나갔기에 미국인들로부터 가장 존경받는 인물이 된 것이다.

글로벌 리더는 자신을 건강하게 바라볼 줄 알아야 한다. 자신의 꿈에 대한 확신과 자신의 현재 모습에 대한 믿음을 가져야 한다. 이것이 바로 '건강한 자아상'이다. 자신의 모습을 거울에 비추어 보았을 때, 건강한 모습으로 나타나야 한다. 병든 모습을 가지고는 글로벌 리더가 될 수 없다. 그리고 자신을 긍정적으로 바라볼 줄 알아야 한다.

자신을 긍정적으로 볼 줄 아는 사람만이 글로벌 리더가 될 수 있다. 글로벌 리더를 꿈꾸는 사람의 얼굴은 항상 희망과 자신감으로 차 있다. 꿈을 생각하며 하루하루를 열심히 살기 때문이다. 또한 글로벌 리더는 자신의 미래와 현실을 정확하게 접목시킬 줄 알아야 한다. 나의 미래는 무엇이며, 공부라는 현실과는 어떻게 접목시킬 것인지를 깊이 생각하고 실천에 옮겨야 한다.

또한 물에게서 건강함을 배워야 한다. 물은 끊임없이 흐른다. 땅 위로 흐르고, 땅속으로도 흐른다. 넓게도 흐르고, 좁게도 흐른다. 빠르게 흐르기도 하고, 천천히 흐르기도 한다. 흐르다가 고이기도 한다. 추우면 얼음이 되고, 더우면 녹는다. 뜨거우면 수증기가 되어 하늘로 오른다. 그리고 비가 되어 다시 땅으로 내린다. 물은 유교에서 가장 이상적인 인간형으로 생각하는 '군자(君子)'의 모습이다.

생각이 자유로우면서도 바르고, 그리고 몸과 마음이 함께 건강한 사람이 군자이다. 군자의 모습은 글로벌 리더의 모습이기도 하다. 글로벌 리더는 늘 변화하는 환경에 잘 적응하면서 생각도 물처럼 자유롭고 건강해야 한다.

커뮤니케이션 능력 키우기

고려대에서 국제화 프로젝트를 주도했던 어윤대 전 총장은 글로벌 인재에게 요구되는 절대적인 자질로 국제적인 의사소통 능력을 꼽았다. 그는 "일본은 대국이지만 영어 구사능력에서 떨어지기 때문에 국제적인 리더십을 갖지 못한다. 우리가 초등학교 때부터 어학교육을 본격화해야 한다"라고 말했다. 서울대 노경수 교수도 같은 주장을 하고 있다. "우리 인구의 최소 10%는 아주 능숙하게 외국어를 구사해야 하며, 이들이 바로 국제경쟁의 최전선에서 뛰어야 할 사람들이다"라는 것이다.

한국을 방문한 리콴유(李光耀) 전 싱가포르 총리는 "만약 내가 지금 한국의 학생이라면 글로벌 교육을 받기 위해 노력할 것이다. 지금 같은 국제화 시대에 한국인끼리만 알고 지낸다는 것은 불행한 일이다. 글로벌 인재가 되기 위해서는 무엇보다 영어를 공부하고, 가능하다면 중국어나 일본어를 더 공부해야 한다"라고 조언했다. 리콴유 전 총리는 대표적인 글로벌 리더이다. 작은 도시에 불과했던 싱가포르를 세계적인 금융과 물류의 중심지로 탈바꿈시켰고, 교육을 통해 시민의식을 선진국 수준으로 끌어올렸다.

리 전 총리의 자녀교육은 유명하다. 그의 아들 리센룽(李顯龍)은 아버지의 뒤를 이은 싱가포르의 총리이다. 말레이 민족이 싱가포르 인구의 대부분을 차지하고 있는 현실과 인접한 말레이시아와의 외교적 관계를 고려하여 5살 아들에게 말레이어를 가르쳤다. 또한 유치원과 초등학교를 중국계 학교로 보냈다. 강대국으로 부상할 중국을 생각해서 중국어를 공부시킨 것이다. 그 결과, 리센룽 총리는 영어, 중국어, 말레이어에 이어 러시아어까지 구사하는 보기 드문 국가수반이 되었다.

글로벌 인재에게 커뮤니케이션 능력은 매우 중요하다. 언어적 소통뿐만 아니라 국제적으로 인맥을 구축하는 데 필요한 능력이기 때문이다. 글로벌 사회는 커뮤니케이션 능력이 뛰어난 인재를 원한다.

글로벌 리더를 키우는 교육환경 만들기

교육에 있어서 환경이 갖는 의미는 매우 각별하다. 교육환경과 관련해서 너무도 유명한 이야기가 있다. '맹모삼천지교(孟母三遷之敎)' 이야기이다. 맹자는 어려서 아버지가 일찍 돌아가셨기에 어머니가 키웠다. 어머니는 아들 교육에 남다른 관심을 가졌다. 맹자가 어머니와 처음 살던 곳은 공동묘지 근처였다. 맹자는 늘 보던 대로 곡(哭)을 하며 장사지내는 놀이를 하였다.

이 광경을 본 어머니는 안 되겠다 싶어 시장 근처로 이사를 했다. 이번엔 상인 흉내를 내며 노는 아들을 보고, 다시 서당 근처로 이사를 했다. 그랬더니 맹자가 공부하는 모습을 보이기 시작하였다. 맹자 어머니는 이

곳이야말로 아들과 함께 살 만한 곳이구나 생각하고는 그곳에 정착하였다. 이러한 어머니의 노력으로 맹자는 뛰어난 학자가 된 것이다. 이 이야기는 교육에 있어서 환경이 주는 영향이 얼마나 중요한지 깨닫게 해준다.

노벨상을 만들고, 노벨상을 수상한 사람들의 어린 시절 이야기 속에서도 환경이 얼마나 중요한지 알 수 있다.

초등학교 2학년이던 알프레드 노벨은 아버지의 실험실을 가장 좋아했다. 아버지는 건설현장에서 쓰는 폭약을 개발하는 일에 관심이 많았다. 아버지는 공장 일을 하면서도 틈틈이 여러 가지 화학 재료들을 가지고 폭약실험을 하곤 했다. 비커와 플라스크를 들고 실험에 열중하고 계신 아버지의 모습은 마치 동화책에 나오는 마법사 같았다. 어린 알프레드는 이렇게 조금씩 과학의 세계로 빠져들었다.

그 후에 알프레드는 시련과 고난 끝에 다이너마이트를 발명하였고, 이와 함께 큰 명성과 부를 누리게 되었다. 알프레드는 이 세상을 떠나기 전에 '나의 재산을 인류의 행복과 평화를 위해 노력하는 사람들에게 수여하라'는 유언을 남겼다. 이에 따라 1901년에 노벨상이 만들어졌다.

어린 마리 퀴리에게 아버지의 서재는 정말 신기했다. 흔들리는 안락의자와 오래된 가구, 루이 18세의 얼굴이 새겨진 찻잔과 북처럼 생긴 추시계, 장기판 모양의 둥근 테이블 등 온갖 물건이 다 있었다. 그중에서 특히 어린 마리의 눈길을 끈 것은 우아하고 아름답게 생긴 유리상자였다. 그 속에는 작은 저울과 시험관, 광물의 표본, 금박을 입힌 감전기 등이 들어 있었다. 학교에서 물리와 수학을 가르치던 아버지가 실험을 할 때 쓰는 기구였다.

어린 마리는 틈만 나면 아버지의 서재에서 실험 기구를 구경하며 놀았다. 학교 수업이 없는 날이면 아버지는 어린 딸을 앉혀 놓고 실험하는 모습을 보여주었다. '나도 아빠처럼 실험을 해 보고 싶어. 훗날 마리는 라듐이라는 새로운 방사능 원소를 발견하였고, 1898년에 노벨물리학상을 받았다.[96]

96) 햇살과 나무꾼, 노벨상 수상자들의 어린 시절, 서울문화사, 2000.

글로벌 매너는 어렸을 때부터 가르쳐야 한다.

어린 시절에 가장 중요하게 가르쳐야 할 글로벌 매너는 '질서 지키기' '기다리기' '남에게 폐 안 끼치기'이다. 글로벌 시티즌 여부를 가늠하는 기본적 잣대가 바로 이 세 가지이다. 그런데 우리나라 청소년에게 가장 부족한 부분이 바로 이 세 가지이기도 하다. 선진국을 여행하다 보면 길거리에서 사람들이 질서를 지키며 기다리고 있는 모습을 늘 본다. 레스토랑에서, 공연장에서, 미술관에서, 하다못해 길거리 가게에서도 줄을 서서 기다린다. 기다린다는 것은 자기 차례가 올 때까지 인내심을 갖고 차분히 견디는 가장 도덕적인 행위이다.

이러한 질서 지키기와 기다리기 교육은 결국 남의 생명에 대한 경외심의 표시이기도 하다. 영화「타이타닉」이 이를 보여준다. 배가 가라앉는 상황에서도 침착함을 잃지 않고 어린이, 부녀자, 노인 순으로 구명보트에 태워 보내고는 자신들은 차가운 물속에서 죽어가는 감동적인 모습들이 아름다운 덕목은 어린 시절부터 교육을 통해 길러져야 한다. 남에게 폐 안 끼치기 교육은 일본 부모가 참으로 혹독하게 시킨다. 대중들이 있는 곳에서 자녀가 불편을 주는 행동을 하면 그 자리에서 가차 없이 혼을 내준다. 아이는 그 자리에서 다시는 그런 행위를 하지 않을 것을 결심한다.

또한 글로벌 매너는 국제적 행위이기도 하다. 대전 프랑스문화원 박한표 원장은 "국제매너는 다른 문화에 대한 배려이고, 좋은 국제매너는 서로 다른 문화 사이에서 올바른 커뮤니케이션이 이루어질 때 나오는 것"이라고 말한다. 문화의 상대주의를 이해하는 사람이 국제매너를 잘 알고 있는 사람이라는 것이다. 국제 사회에서는 외국어만 잘 한다고 해서 모든 것이 해결되지 않는다. 그 나라의 문화나 사람들의 관습, 생각하는 방식을 이해해야지만 그들과 쉽게 통할 수 있다. 글로벌 리더가 될 사람들에게 이러한 태도는 필수적이다.[97)]

97) 박한표, 글로벌 매너, 살림출판사, 2006.

연구문제

1. 제4의 물결에 대하여 약술하시오.

2. 글로벌시대 경영전문가 되기 위한 필요한 요소에 대하여 설명하시오.

3. 다음 용어를 설명하시오.

   ① 자기관리 13가지 덕목(德目)

   ② 지식 노마드(nomad ; 유목민) 시대

   ③ 맹모삼천지교(孟母三遷之敎)

   ④ 글로벌 리더의 습관

4. 글로벌 리더가 되기 위한 요소에 대하여 약술하시오.

5. 앨빈 토플러의 사상에 대하여 약술하시오.

참 고 문 헌

[1] 리처드 바크, 류시화 역, 갈매기의 꿈, 현문미디어, 2003

[2] 트렌즈 지 취재팀, 권춘오 역, 일상이상, 2012

[3] 김성태, 스마티즌, 제4의 물결중심, 북콘서트, 2013

[4] 앨빈 토플러, 청소년 부의 미래, 청림출판, 2007

[5] 앨빈 토플러, 김원호 역, 누구를 위한 미래인가, 청림출판, 2009

[6] 최윤석, 양성식, 박복원, 앨빈토플러처럼 생각하는법, 라이온 북스, 2012

[7] 박영숙, "미래사회의 10대 트렌드", 월간조선, 2007, 10

[8] 군드라 엥리슈, 이미옥 역, 잡노마드 사회, 문예출판, 2002

[9] 손관승, 디지털시대의 엘리트 노마드, 북앳북스, 2003

[11] 김종래, CEO 칭기스칸, 삼성경제연구소, 2002

[12] 알버트 바라바시, 강병남 역, 링크 ; 21세기를 지배하는 네트워크 과학 동아시아, 2002

[13] 이어령, 천년을 만드는 엄마, 삼성출판사, 2000

[14] 이민희 · 윤철경 · 김안아, 청소년 글로벌 리더십 프로그램 모형 개발, 문화관광부, 한국청소년개발원, 1999

[15] 박내회, 현대리이더쉽론, 법문사, 1987, 조병남, 우리 아이 리더 만들기, 물푸레, 2006

[16] 남상훈, 글로벌 리더, 인물과 사상사, 2006

[17] 한창수, 천년전의 CEO, 해상왕 장보고, 삼성경제연구소, 2004

[18] 권준욱, 옳다고 생각하면 행동하라, 가야북스, 2007

[19] 신웅진, 바보처럼 공부하고 천재처럼 꿈꿔라, 명진출판, 2007

[20] "신이 우즈를 선택했다면 최경주는 신을 감동시켰다", 주간조선, 2007, 7

[21] 매일경제 세계지식포럼 사무국, 다보스 리포트 힘의 이동, 매경출판, 2007

[22] 이원숙, 통 큰 부모가 아이를 크게 키운다, 동아일보사, 2005

[23] 초등 2년부터 내 꿈은 베를린 필 지휘자, 조선일보, 2006. 9. 25

[24] 프랑스 축구스타 앙리를 만나다, 조선일보, 2007. 6. 9-10

[25] 박내회, 현대리이더쉽론, 법문사, 1987

참 고 문 헌

[26] 글로벌 리더-세계무대를 꿈꾸는 젊은이들이 알아야 할 아홉 가지 원칙, 백형찬, 살림출판, 2007

[27] 글로벌 리더가 되기 위해 지녀야 할 4가지 원칙, 우먼센스, 2007. 5

[28] 박희병, 선인들의 공부법, 창작과비평사, 1998

[29] 김영수 , 명문가의 자식교육, 아이필드, 2005

[30] 오천석, 노란손수건, 샘터사, 1975

[31] 글로벌 CEO 되자, 조선일보, 2007. 5. 28

[32] 최효찬, 사소한 습관, 일기쓰기의 힘, 조선일보, 2007. 7. 9

[33] 최효찬, "아이에게 큰 돈 주지 마라", 조선일보, 2007. 6. 11

[34] 읽는 것이 힘이다. 리더들은 모두 독서광이다, 매일경제, 2007. 3. 6

[35] 앨빈 토플러 · 하이디 토플러, 앨빈 토플러 청소년 부의 미래, 청림출판, 2007

[36] 6남매 美 엘리트로 키운 전혜성 박사의 '독서론', 조선일보, 2007. 3. 23

[37] 저우예후이, 최경숙 역, 내 아이를 위한 일생의 독서 계획, 바다출판, 2007

[38] 글로벌 리더로 키우는 엄마의 실전교육법", 우먼센스, 2007. 5

[39] 매너 빵점인 애들은 하버드 나와도 취직 못해요, 조선일보, 2007. 4

[40] 청소년 영어토론 '반기문 효과', 동아일보, 2007. 5

[41] LG 글로벌챌린저 홈페이지(challenge.lg.co.kr)

[42] 위르겐 푹스, 강희진 옮김, 리더의 지혜를 담은 동화책, 새론북스, 2004

[43] 금난새, 금난새와 떠나는 클래식 여행, 생각의 나무, 2003

[44] 햇살과 나무꾼, 노벨상 수상자들의 어린 시절, 서울문화사, 2000

[45] 박한표, 글로벌 매너, 살림출판사, 2006

Chapter 5

경영 사례 연구

제5장에서는 경영 사례 연구에 관하여 살펴본다.

지금까지 우리 기업들은 경영이념보다는 실무에 직접적인 영향을 미치는 것들에 집중해왔다. 어떻게 하면 제품의 생산성을 높이거나 많은 이윤을 남길까 하는 것에 포커스를 맞춰 기술혁신에 모든 것을 걸다시피 했다. 그러나 치열한 경쟁에서 살아남아야 하고, 글로벌화나 정보화로 인해 갈수록 다양해지는 기업구성원들을 제대로 끌어안기 위해서는 경영자의 절대적이고 올바른 경영철학이 우선이다. 나와 세상에 대해 기존에 당연시하던 생각들에 끊임없이 의문을 갖고 질문을 던진다. 그러한 질문들에 대한 답을 찾는 과정에서 사고와 행동은 혁명적으로 바뀌고 마침내 우리가 살고 있는 세상도 완전히 다르게 바뀌게 되는 것이다. 경쟁이 심화되고 환경이 급변하는 현 시대에서 경영자의 감각에만 의존하는 것은 외줄타기처럼 위험하다. 기업의 성장과 조직의 원활한 운영을 위해 CEO 자신은 끊임없이 쇄신해야 한다.

5. 경영 사례 연구

1) 기업의 창업과 장수브랜드

빌게이츠, 스티브잡스, 구글의 창업

세계적 기업 모델인 IBM 100년 전통과, 코탁이 1892년에 창업하고, 에디슨이 창업한 GM 등 150년간 유지해온 기업 모델이 무너지고, 75년 빌게이츠는 도박으로 번 돈으로 MS를 창업하였고, 76년 스티브 잡스는 친구인 스티브 워즈악과 차고지에서 멕켄토시가 탑재된 컴퓨터로 창업했으며 이들이 공통점은 55년생으로 대학을 중퇴했으며, 독서를 좋아했다. 20대에 창업을 하면서 이 시대의 성공한 경영자이자 천재들이며, 산업혁명이후 정보통신혁명을 주도한 창조적 인물이다.

구굴은 98년 스탠포드 대학원 연구실에서 세르게이 브린과 레리 페이지가 공동으로 백럽 검색 엔진을 개발을 시작으로 사업 초창기부터 실용과 매력적이며 빠르고, 혁신적이며 보편성과 품질의 신뢰성을 바탕으로 창업한지 10여년 만에 독창적이고 창의적인 세계적인 기업으로 만들었다.

에릭 스미드는 구글에 영입된 최고경영자이다.

한국의 장수브랜드 쓰리쎄븐 손톱깍기, 에이스 침대, 피죤 세제, 한국타이어, 귀뚜라미 보일러, 제비표 페인트, 모닝글로리, 쏘나타, 랜드로바, 훼스탈 소화제, 진로, 칠성사이다, 샘표간장, 우황청심원, 우루사, 박카스, 삼립호빵, 다시다, 초코파이, 요쿠르트, 부라보콘, 바나나우유, 신라면, 순창고추장, 새우깡, 도루코 면도기, 까스 활명수, 팬덤 골프공 등이 30년 이상을 소비자로부터 사랑받아온 장수 브랜드다.[98)]

98) 김승범, 한국최고의 브랜드, 흐름출판, 2005

대학생 청년 창업가 박준성

초기자본금보다 더 절박했던 건 창업지식과 경영마인드, 창업의 근간이었다.

연매출 230억원의 쇼핑몰 대표인 박준성(국민대, 경제99) 학생이 학교에 1억원의 발전기금을 약정하고, 우선적으로 삼천만원을 이성우 총장에게 전달하였다. 전공수업으로 배우는 경제학이 창업을 가능케 하고 지금의 나를 이끌고 있는 원동력이 된 데 대해 모교에 감사의 마음을 전했다. 이성우 총장은 발전기금을 전달한 박군에게 "발전기금 기부에 대한 박군의 귀한 의지를 고맙게 받아들여 후배 학생들을 위해 소중히 사용하겠다. 이번 기부는 개교 65주년 기념 발전기금 모금사업인 [Love Kookmin 65] 캠페인의 촉진제가 될 것이다."고 답하였다.

누나 월급으로 빌린 초기 자본금으로 패션 쇼핑몰을 시작했다고 한다. 현재 그는 "부건 F&C"와 "부건 어페럴"의 대표이며 온라인 쇼핑몰 두 군데를 운영하고 있다. 작년에는 230억원 이상의 매출 실적을 올렸다. 그의 쇼핑몰은 남성 온라인 쇼핑몰 최초로 벤처기업 인증도 받았다.

"대학 1학년 때부터 창업에 관심이 많아 경제학과의 e-비지니스 수업을 들었습니다. 수업을 통해 배운 지식을 통해 비교적 초기 자본금 부담이 적어 접근하기 쉬운 인터넷 쇼핑몰 창업에 대한 용기를 갖게 되었습니다."

대한민국 대학생이면 대부분 몰입하는 취업준비로 인해 대학 존재의 위상이 사회적 화두로 떠올랐다. 처음에는 다른 대학생들 처럼 취업준비에 여념이 없었다. "부모님께 용돈 받아 자취하는 평범한 대학생이었고 거창하게 창업은 엄두도 내지 못했습니다. 저도 취업에 대한 걱정으로 학점관리도 신경쓰고 토익도 공부하고 도서관을 드나들며 취업준비에 여념이 없던 시절도 있었습니다. 그런데 어느날 과연 이게 내가 원해서 하는 것인가? 하는 의문이 들더니, 하고 싶어서가 아니라 남들이 하니까 나도 거기에 휩쓸려 막연한 취업준비를 하고 있다는 생각이 들더군요. 군대를 다녀온 뒤로도 내가 뭘 잘할 수 있을까를 1년여 동안 고민하다가 정말로 내가 하고 싶고 잘 할 수 있는 패션분야 창업에 뛰어들었다.

인터넷 창업은 오프라인에 비해 초기 자본금이 적게 들고, 다양한 아이템으로 뛰어들 수 있다는 장점으로 대학생 등 젊은층이 관심을 가지는 분야이다.

"쇼핑몰 사업에 뛰어들었을 때는 이미 쇼핑몰 창업은 포화상태였습니다. 친구들은 토익시험에 면접보러 다니느라 여념이 없을 때 저는 혼자 컴퓨터와 씨름을 하고 있으려니 위기감이 들기도 했다.

그리곤 당시 회사생활을 하던 누나에게 월급의 반을 빌려 본격적으로 사업을 시작했다고 한다. 홈페이지도 만들어야 하고, 그 외에도 생소한 분야에 대한 연구에 몰입을 했다. 그때 가장 절박했고 도움이 되었던 것이 전공수업에서 배운 '사업계획서 작성하기'였다. 경영학 마케팅을 부전공으로 하면서 사업계획서 작성에 대한 방법과 중요성을 그때에 절실히 몸으로 느꼈다. 6개월에 걸쳐 사업계획서를 구체적으로 꼼꼼히 검토하고 계속 수정해가면서 당시로서는 생소했던 남성패션 커뮤니티를 열어 일단 사람들을 모았습니다. 커뮤니티가 형성되고 입소문을 타면서 본격적으로 쇼핑몰이 활성화 되었습니다.

박준성은 80년생으로 국민대학교 경제학과를 휴학하고 70만원을 누나에게 빌려 말 닷컴으로 100억 매출을 기록하고, 2006년 인터넷 쇼핑몰 멋남을 운영하면서 현재 230억원 이상의 매출액을 올리고 있는 대학생청년 창업가이다.[99)]

99) MBC 박예진이 만난 대학생 청년 창업가 박준성, 2011, 3, 2

페이스 북

20세 2004년 2월 하버드대 대학생이던 마크 주커버그와 더스틴 모스코비치(84년생)가 셋방살이 집에서 페이스 북을 공동 창업하였다. 창립초기 소비자의 과시욕에 중점을 두고 현대인의 욕구를 자극하여 7억명이 접속과 70조원이 억만장자가 되었다.

현재 자산 가치는 500억 달러로 구굴, M.S, 애플과 함께 차세대 IT 주자로 부상하고 있다. 페이스북 구조의 이해하기 위해서는 우선 한국에 싸이월드와 비교하면 확실히 알 수 있다.

싸이월드는 미니홈피로 누구나 똑같은 형태이고 아파트처럼 느껴진다. 그리고 네이트 블로그와 연동된다. 하지만 페이스북은 나와 관련된 내용으로 되어 있고 나와 관련된 내용을 중심으로 페이스북이라는 땅을 꾸밀 수 있는 것이다. 싸이월드는 미니홈피로 되어 있지만 페이스북은 내가 중심이 되서 만드는 공간이라고 생각하면 차이점을 알 수 있다.

후지필림은 1934년에 설립하여 88년 디지털카메라를 출시하면서 코닥을 따라잡은 21세기 유목 및 방목형 디지털 기업 모델로 생존을 모색했다(KBS, 신동엽, 연세대. 2011. 11. 2).

세계경제산업이 세계적인 강호 기업들이 엄청난 역량 파괴적인 환경변화임에도 불구하고 강점에만 집착하고 있다. 세계기업들이 몰락하는 것은 새로운 21세기형 경영패러다임에 적응하지 못하고 있기 때문이다. 그 대표적인 예가 코닥이다. 코닥은 디지털 카메라의 출현에 대해 필름을 고집했다. 핵심역량이 변화했는데도 불구하고 타이밍을 놓친 것이다. 세계 최고기업 시어즈 로벅 회사(미국 최대 소매업체)는 인터넷과 홈쇼핑의 출현에 대해 카탈로그 비즈니스의 경쟁력이 사라졌는데도 이를 고집하다 무너졌다. 노키아(세계에서 가장 큰 핸드폰 핀란드 제조회사)도 애플과 구글에 의해 위기가 시작됐다.

한국의 장수브랜드 연구

1955년 설립된 도루코는 국산 수동 면도기의 역사와 궤적을 함께 한다. 올해로 창립 50주년을 맞는 도루코는 면도기 · 칼 분야의 '마이 웨이'를 걸어왔다. 현재 전 세계 1억 3000만 명의 남성들이 매일 '질레트' 면도기를 사용한다. 전 세계 면도기 시장의 70% 이상을 점유하는 질레트도 한국에서 만큼은 독점 체제를 유지하지 못하고 있다. 50년 역사의 국내 토종 브랜드 '도루코'가 안방을 지키고 있기 때문이다. 면도기 · 칼 전문 업체 ㈜도루코가 지난해 내놓은 최신형 면도기 '엑스펙 3'에는 연마기술 · 디자인 등 10가지 특허가 담겨있다. 도루코가 국내 면도기 시장에서 질레트 · 쉬크 등 외국 브랜드에 밀리지 않는 비결은 무엇보다 이 같은 기술력에 있다.

질레트 · 쉬크에 이어 세계 3대 면도기 브랜드로 자리매김하는 게 도루코의 목표입니다. 첨단기술이 접목된 면도날은 이미 세계적 수준입니다.

업계에 따르면 900억원대에 이르는 국내 수동 면도기 시장에서 외국 브랜드와 치열한 경쟁을 벌이고 있는 도루코는 44%의 점유율로 1위를 달리고 있다.

월 평균 8000만개의 면도기를 생산하며 지난해 750억원의 매출을 올린 도루코는 '브랜드 파워' 조사(한국능률협회)에서 지난해까지 4년 연속 면도날 부문 1위로 선정됐다.

한 세기 전에 만들어진 제품 중에서 지금도 팔리는 것이 세상에 몇이나 될까? 활명수는 대한민국이 일본에 국권을 위협받던 1897년에 나온 이래 아직까지도 성장기를 구가하는 보기 드문 제품이다. 지금까지 판매된 활명수는 무려 80억 병에 이르며 이는 길이로 지구를 24바퀴나 돌 수 있는 수량이다. 활명수는 출시 후 115년 동안 우리 사회의 변화와 함께 갖은 풍파를 겪으면서 우리의 건강을 지켜온 국민 소화제이다.

활명수는 일제 강점기에는 일본 침략자들에게 수난을 당했고 6 · 25를 겪으면서는 회사가 존폐의 고비를 넘었으며 수많은 경쟁자의 공격과 외환위기의 어려움까지 감내해냈다. 활명수는 슬기로운 경영전략으로 어려운 시기마다 그 위기를 극복해나갔다.

동화약품의 활명수는 올해로 115년의 역사와 전통을 자랑하고 있다. 1897년생으로 아스피린과 동갑이며, 한국에서 가장 오래된 '제1호 브랜드'다. 미국 경제전문지 〈포춘〉이 500대 기업의 평균 수명을 분석한 결과를 살펴보면 건실한 기업들(코카콜라, 포드, 존슨 앤존스, 네슬레)도 100년을 살아남기 힘든데, 활명수가 115년 동안 지속될 수 있었던 비결은 무엇일까?

오늘의 험난한 기업 환경을 헤쳐나가야 하는 경영자들에게 지속가능경영의 비밀과 세대를 뛰어넘는 경영의 지혜를 알려준다. 아울러 약으로 대중을 구제하겠다는 활명수의 탄생 비화나 나라가 살아야 기업이 산다는 의로운 정신으로 독립운동에 투신한 이야기와 100년 전이라고는 믿기지 않을 정도로 획기적인 마케팅과 광고, 홍보 전략에 얽힌 이야기 등은 놀라움과 함께 감동을 느끼게 한다.

한약처럼 달여 먹지 않아도 되고 휴대하기 쉽다는 편리함과 신속한 효력이라는 소비자 지향적인 특성에서는 '최고의 품질을 가진 창의석인 세품을 만들어라' 국내 최초의 신약, 국내 최초의 상표 등록, 국내 최초의 생산직 전 사원 월급제 실시, 100년 전부터 시작한 사회공헌 활동 등에서는 '미래를 향해 끊임없이 진화하라'는 경영의 지혜를 배울 수 있다.

활명수 성공비결

활명수는 '궁중 비방'이라는 신화와 함께 태어난 셈인데 이러한 이야깃거리는 신제품의 성공적인 시장 진입에 큰 도움이 된다. 동양의학과 서양의학에 대한 지식을 토대로 궁중 비방에다 양약의 편리함과 이점을 더해 만든 활명수는 전래의 한약처럼 달여 먹지 않아도 되는 편리함과 신속한 효력이라는 소비자 지향적인 특성으로 제품을 히트시켰다.

활명수는 '생명을 살리는 물'이라는 뜻의 브랜드 네임과 '부채표'라는 확실하게 차별화되는 브랜드 마크를 갖고 있다.

1910년 8월 15일 '부채표'를 우리나라 최초의 상표로 등록하고, 1919년 활명수 상표를 보호하고자 '활명액'이라는 유사상표 방어용 상표를 등록했다.

활명수는 한약처럼 달여 먹지 않아도 되고 휴대하기 쉽다는 편리함과 신속한 효력이라는 소비자 지향적인 특성을 내세워 소비자 욕구를 선도하고 시장을 선점했다.

활명수는 초기에 전략적으로 일석다조를 노린 고가정책을 실시하였다. 그 당시 설렁탕 두 그릇 값으로 오늘날 환산해보면 대략 17,500원으로 초기 고가 전략으로 시장진입에 성공한 사례이다.[100)]

100) 활명수 100년 성장의 비밀, 예종석, 리더스북, 2009

IMF전후 주택정책으로 아파트가 늘어나면서 예전처럼 김칫독을 묻을 만한 마당이 사라져 겨울철 김장김치의 보관이 어려워졌다. '딤채'의 주 고객층을 20대 이상의 기혼여성을 타켓으로 하는 마케팅 전략을 사용함으로써 여성 고객을 사로잡을 수 있었다. 즉, 김장김치 보관의 어려움과 여성들의 사고, 라이프스타일(임신과 육아, 여가시간활용을 중시하는 요즘 여성들) 그리고 여성이 선호하는 디자인을 고려한 것이다.

딤채의 시장세분화(Segmentation)는 인구 통계적 특성 및 구매 행동적 특성, 라이프 스타일적 특성 3가지 관점에서 진행하였다. 인구 통계적으로는 45세 전후의 주부로서 생활수준은 중 · 상류 이상, 가족은 4인 이상, 주거 형태는 아파트나 빌라 같은 기본조건 아래 지역적으로는 강남의 대형 아파트 단지를 선택했다

김치냉장고 딤채의 마케팅 성공은(95' 김치냉장고 시장 1조원, 관련특허, 497개, 숙성온도, 0-7 온도) 강남지역 중산층 주부에게 딤채 김치냉장고 5천대 나눠주고 3개월 후 사용한 결과 구매여부는 80% 이상이 구입을 원했고 2개월 만에 품절되었다.

소비자를 따라가기 보다는 소비자의 숨겨진 욕구를 이끌어 내야 한다는 판단으로 소비자들의 니즈를 발굴한 김치 냉장고를 출시한다면 소비자는 만족할 것이라고 생각하였다. 제품은 만들어졌는데 중요한 브랜드 네임이 확정되지 않은 상황 속에서 네이밍 업체와 내부 공모를 통한 여러 가지 브랜드 네임을 검토하였으나 초기 상품기획 담당자가 생각했던 것보다 좋은 브랜드 네임이 나타나지 않았다고 한다. 그래서 결국 대한민국

전통음식인 김치의 맛을 지키려는 위니아 만도의 의지를 담아 김치의 고어인 '딤채'를 사용하기로 했다.

서구 음식 문화의 보관 방법인 기존 냉장고와는 달리 발효식품인 우리의 김치를 보관하는 김치 냉장고는 한국형 냉장고인 딤채라는 이름이 아주 잘 어울렸다고 볼 수 있다.

딤채의 성공요인

34개월 동안 34억 원을 쏟아 부어 개발한 '딤채' 기술의 핵심은 김장김치 맛의 재현이다.

딤채는 겨울철 김장김치 보관의 최적 땅속 온도를 유지해주는 항온기술(온도편차를 ±1℃ 사이를 유지해주는 기술)로 김치를 맛있게 익게 하면서도 4개월이나 장기보관이 가능하도록 했다.

이것은 적게는 ±2℃에서 크게는 ±8℃의 온도 편차를 보이는 경쟁제품과는 차별화 된 기술이라 할 수 있다.[101)]

101) 공룡울린 딤채의 만루 홈런, 이석호, 중앙이코노미스트, 2001

2) 21세기 기업경영

그러면 20세기 기업 경영 방식과 전혀 다른 방식으로 성공한 모델기업들의 특징을 정리 해 본다. 그 성공기업들에게는 7가지 공식이 있다.

(1) 창조적 혁신은 끊임없이 새로운 가치를 창조하며 새로운 시장 창조. 괴짜 스타일의 창조적 인재 중시 규모와 효율성 경쟁을 통해 기존 시장방어하거나 확대해 나아간다.

(2) 창조적 파괴는 기존 상품이 정점일 때 후속 상품을 출시해 기존 상품 시장을 파괴하며 새 시장 창조 기존 상품이 쇠퇴할 시점에 후속 상품을 출시한다.

(3) 극단적 스탠퍼드는 시장의 기대를 뛰어넘는 품질, 기능 추구 적정 수준의 품질과 가격을 유지하는 것이다.

(4) 생태계 경쟁은 다양한 산업에 수많은 기업이 상호 보완적으로 가치를 창출하는 생태계를 형성해 다른 생태계와 경쟁 특정 산업의 경쟁 우위를 추구해야 한다.

(5) 개방적 혁신은 외부 전문가 집단과 고객 등 다양한 외부 자원과 역량을 적극 활용가능한 많은 역량을 내부 조직에 보유해야 한다.

(6) 실패에 관대함은 큰 방향이 정해지면 신속하게 실험하고 그 과정의 실패에 대해서는 관대하고 철저한 사전 계획 수립에 집중해 실패를 최소화 시켜야 한다.

(7) 조직의 유연성은 부서 간 경계 허물고 근무시간도 유연하게 자율 조정층과 부서간 책임과 권한을 엄격히 구분해야 한다.

팀장 100만 명의 시대, 팀장은 이제 회사의 중추로서, 그 생사를 좌우하기까지 한다.

따라서 팀장은 자신의 위상과 역할을 제대로 파악하고 노하우를 익혀 실제로 팀을 훌륭하게 운영할 줄 알아야 한다.

위대한 기업의 리더는 우리가 흔히 생각하는 것처럼 먼저 새로운 비전과 전략을 세우고 그에 따라 사람을 이끌어가는 것이 아니다. 오히려 그 반대로, 먼저 적합한 사람을 버스에 태우고 부적합한 사람을 버스에서 내리게 한다. 그 다음 적임자를 알맞은 자리에 앉히고 버스를 어디로 운전할까를 생각한다.

아무리 복잡한 일이라도 P(Plan 계획) → D(Do 실행) → C(Check 확인 · 점검) → A(Action 반성)의 사이클을 적용하면, 업무의 정확도와 성과는 높아질 수밖에 없다. 그런데 업무를 조금도 개선하지 못하고 문제를 질질 끌고 가는 회사나 팀장들이 있다. PDCA 사이클에 따라 업무를 추진할 수 없는 팀장은 개선이나 개혁이 불가능한 사람이며, 이는 팀장으로서

부적격하다고 말할 수 있다.

팀장들이 반드시 유념해야 할 점이 있다. 바로 언제, 어디서, 어떠한 계기로 꾸짖는 것이 가장 좋은 방법인가이다. 꾸짖음은 문제가 발생한 바로 그 시점에 있어야 한다. 시간이 지난 후에 마치 벼르고 있었다는 듯 잘못을 다시 언급하는 건 상대에게 단순한 추궁과 인심공격으로 느껴질 수 있기 때문이다. 칭찬이라면 여러 사람이 다 보는 앞에서는 해야 할 일이지만, 꾸중과 질책은 가능한 한 다른 사람의 방해를 받지 않는 조용한 곳에서 따로 하는 것이 좋다. 감정이 상해 있을 때에는 팀장이나 팀원 서로가 피해 주는 것이 좋다. 지나치게 감정이 개입된 상태에서 꾸짖게 되면 꾸짖는 본인에게도 유용하지 않을뿐더러 상대방에게도 오히려 역효과가 나게 되는 것이다.

과거의 마케팅 실적과 시장 전체의 신장률 등을 기초로 하고 여기에 노력 목표를 더해 목표를 세운다. 목표 설정에서 부하 직원들의 목표와 차이가 발생하게 되면 목표 달성에 상당한 차질을 빚게 되므로 그 과정에서 최대한 부하 직원들의 의사를 반영하는 것이 좋다.

부하 직원들의 의견을 무시하고 일방적으로 회사 측의 목표 수치를 강요하게 되면 반발을 살 수 있다는 점을 감안하여, 팀장은 부하 직원들의 의견을 청취하면서 다시 한 번 그 가능성을 검토하고 경우에 따라서는 개별 마케팅 전략을 수립하여 예측 수치를 목표 수치에 근접시키도록 하는 노력이 필요하다.

마케팅 계획에는 '판매 목표'와 '활동 계획'이 있다. 판매 목표는 부여된 목표를 가능한 한 세분화시켜야 한다. 목표를 세분화하면 할수록 현실적인 계획이 되며 실행 가능성이 높아지게 된다. 예를 들면, 연간 목표를 월별, 주별로 구분하고 또한 거래처별, 상품별로 구분해서 세우는 것이 효율적이다.

목표를 정하는 데 가장 중요한 것은 결코 무모한 모험심을 가져서는 안 된다는 점이다. 그 목표의 영광이 강렬하게 자기 내부의 욕망을 자극한다고 해서 당신의 인생을 모험으로 끌고 갈 수는 없는 것이다. 모험적인 목표는 착실한 성장보다는 언제나 위험스러운 결단을 요구한다.

자기 암시는 욕망의 구체적인 영상으로 당신을 지배한다. 자극을 주고 끈질긴 인내를 발휘시켜 주는 것이다. 최후의 영광을 위하여 팀장이 실천해 나아가야 하는 것은 욕망을 계속 자신의 사고 속에 암시로써 주입하는 일이다. 자기 암시로 욕망의 영상은 행동이라는 인화지에 하나하나 흔적을 남기게 된다. 따라서 어떤 일을 실행하기에 앞서 반드시 해내겠다는 확고한 의지보다 해낼 수 있다는 긍정적 자기 암시가 훨씬 더 중요한 것이다.

자신이 스스로 택한 행동에 갈채를 보내라. 당신의 인생은 오디션이 아니다. 비난이 두렵다고 멈추거나 도망갈 수 있는 것이 아니다. 또한 스스로 행동의 심판을 받으려고 줄을 서 기다릴 필요도 없다. 많은 반대를 겪지 않고 인생을 개척해 나갈 수는 없다. 반대는 오히려 당신이 거친 세상, 투쟁이 요구되는 이 세상에 존재하고 있다는 확실한 증거를 보여주는 것이다. 따라서 결코 반대를 두려워하거나 싸움을 피하기 위해서 행동을 구속시켜서는 안 된다.[102)]

102) 김승용, 회사를 살리는 팀장 파워, 꿈꾸는 사람들, 2011

글로벌 경영의 확대와 윤리경영

지금까지 우리 기업들은 경영이념보다는 실무에 직접적인 영향을 미치는 것들에 집중해왔다. 어떻게 하면 제품의 생산성을 높이거나 많은 이윤을 남길까 하는 것에 포커스를 맞춰 기술혁신에 모든 것을 걸다시피 했다. 그러나 치열한 경쟁에서 살아남아야 하고, 글로벌화나 정보화로 인해 갈수록 다양해지는 기업구성원들을 제대로 끌어안기 위해서는 경영자의 절대적이고 올바른 경영철학이 우선이다. 나와 세상에 대해 기존에 당연시하던 생각들에 끊임없이 의문을 갖고 질문을 던진다. 그러한 질문들에 대한 답을 찾는 과정에서 사고와 행동은 혁명적으로 바뀌고 마침내 우리가 살고 있는 세상도 완전히 다르게 바뀌게 되는 것이다. 경쟁이 심화되고 환경이 급변하는 현 시대에서 경영자의 감각에만 의존하는 것은 외줄타기처럼 위험하다. 기업의 성장과 조직의 원활한 운영을 위해 CEO 자신은 끊임없이 쇄신해야 한다.

본인은 물론 기업 구성원 모두의 생산성을 높이는 일이 되기 때문이다. 눈앞에 닥친 급한 일에 너무 휘둘리지 말고, 경영철학을 실천하면 그 어떤 위기상황에 놓여도 결국 그 위기를 뛰어넘어 장수기업으로 남을 수 있을 것이다.[103)]

103) 김진욱, 위기의 CEO 철학에서 길을 찾다, 책이 있는 풍경, 2011

기업실적은 환율, 금리 등 외부효과에 힘입어 우수한 성적을 기록했다. 시장가치 기준으로 삼성, SK, LG, 현대차 등이 4대 그룹(Big 4)을 형성하는 모습을 보였다. 이들을 포함하여 관심의 대상이 된 중견기업 및 대기업들은 공격적으로 경영활동을 전개했다.

외형상 수익은 큰 폭으로 늘어났지만, 본업인 영업력 제고보다는 영업외 수지 개선에 주로 의존했다. 미래성장력 확보를 위한 투자가 부진했고, 기업간 양극화 현상도 지속되었다.

국내기업의 중국진출 가속화로 중국이 미국을 제치고 최대의 해외투자처로 부상했다. 세계에서 가장 존경받는 50대 기업에 삼성이 한국기업으로는 처음 포함된 것을 비롯해, SK, LG 등 국내기업들이 해외시장에서 선전했다. 일본 렉서스 등 외국자동차 기업들의 국내시장 공략이 눈에 띄었고, 외국계 생명보험회사들의 약진도 두드러졌다.

휴대폰과 반도체에 필적할 주종사업을 발굴하기 위해 기업들은 지속적인 노력을 경주했다. 그러나 무선 PDA 폰 등 '디지털 컨버전스' 분야 외에는 가시적인 성과를 이루지 못했다. 한편 인터넷 기업들은 콘텐츠 유료화 등을 통해 수익구조의 개선을 위해 노력했다.

한국의 다국적기업은 실질적이고 효율적인 윤리경영을 하여 '지속가능기업', '착한 기업'으로 평가받아, 제품과 서비스의 세계시장 수출에 '기업의 사회적책임'을 다하지 못하여 'CSR Round'라는 걸림돌에 넘어지지 않기를 바란다.

세계화 시대에 한국경제가 발전할 길은 국내시장의 규모가 충분하지 않아서 한국기업은 활동무대를 세계시장으로 확대해야 하고, 세계시장으로 나가기 위해서는 CSR(Corporate Social Responsibility, 기업의 사회적 책임) Round 라고 부르는 비관세 장벽을 뛰어 넘을 수 있게 윤리경영을 해야 한다.

지속가능한 경영(Sustainability Management)은 기업에 대한 종합평가의 기준이 되는 지속가능지수, GRI(Global Reporting Initiative, 글로벌 자율보고)와 SRI (Socially Responsible Investment, 사회책임투자)이 중요해 지고 있다. 그리고 세계 유수의 투자은행 등 금융기관은 착한 기업 지속가능지수 평가에서 긍정적인 기업에게 투자하는 착한 소비자는 사회적 책임을 다하는 기업의 제품을 선호하는 추세이다.

윤리경영이라고 하면 많은 사람들이 '부정, 부패행위를 하지 않고 정도로 영업을 하는 경영이라고만 생각하고, 이외에 인간의 기본권을 존중하고, 지역사회와 함께 이익을 공유하고, 자연환경을 보존하는 모든 것들이 윤리 경영있다.[104)]

부자가 있고 졸부가 있다. 똑같이 부유하지만 부자는 존중받고 졸부는 비웃음을 산다. 품격의 차이에서 기인하는 일이다. 세계 13위 경제대국 대한민국도 국제적으로는 졸부다. 국가의 품격이라 할 수 있는 국가청렴도(부패지수)가 세계 39위(2010 국제투명성기구 발표)이기 때문이다. 품격(39위)이 재산(13위)을 쫓아가지 못하니 졸부라 표현할 수 밖에 없다. 국가청렴도 말고 환경순위는 94위(2010 예일대/콜롬비아대 발표)로 더 비참하다. 아직까지 대한민국의 품격은 갈 길이 멀고도 먼 셈이다.

한국이 진정한 부국으로 거듭나고 세계의 존경을 받기 위해선 탄탄한 윤리교육이 필수다. 최근 교과부의 도덕 과목 폐지가 우려를 일으키고 있는데, 윤리교육은 학교뿐만 아니라 기업과 사회에 전반적으로 확산되어야 한다.[105)]

104) 조영주, 윤리경영과 글로벌 경쟁력, 보는 소리, 2012
105) 서울과학종합대학원, 재미있는 윤리경영 이야기, 아이웰콘텐츠, 2011

한국 사회에서 내부고발만큼 뜨거운 감자는 드물다. 국가의 청렴도를 높이기 위해서는 내부고발이 활성화되고, 내부고발자도 보호되어야 한다는 당위성은 누구나 인정한다.

깨끗한 나라일수록 잘사는 나라라고 할 수 있으며, 청렴 선진국 클럽에 들어가려면 부패를 없애야 한다는 것은 모두 잘 알고 있다. 하지만 청렴 선진국이 되지 않고서는 결코 경제 선진국이 될 수 없다는 것은 알아도 어떻게 해야 청렴도를 높일 수 있느냐에 대해서는 쉽사리 답을 내놓지 못한다.

미국기업의 회계부정 사건 이후 기업경영의 투명성을 유지하면서도 사회적 책임을 다하는 윤리경영에 대한 관심이 높아졌다. CEO를 중심으로 글로벌스탠더드 수준의 윤리경영체제 구축을 위해 노력을 기울였으나 아직은 윤리경영 선언이나 윤리경영헌장을 작성하는 수준에 머물렀다.

미국의 분식회계 파문을 계기로 국내에서도 대주주 · 경영진의 책임 강화와 회계관련 공시제도의 강화 등 기업의 투명성을 강화하는 방향으로 관련제도의 개선방안을 마련했다. 또한 사외이사제도 등 기존제도의 정착을 위한 다양한 시행착오를 경험했다.

국내기업들은 차별화된 제품과 서비스를 바탕으로 고소득층 고객 확보 · 유지에 주력했다. 고급스러운 기업 이미지 창출을 위한 문화 마케팅에도 관심을 보였다. 한편 고객들의 요구가 더욱 까다로워지고 경쟁이 치열해지면서, 기업들은 IT기술 활용과 글로벌 인력 영입 등 마케팅 시스템과 인력의 전문화 · 정예화도 추진하고 있다.

대내외 환경의 불확실성이 높아지고, 지식정보화가 가속화되면서 기업들은 핵심인재 확보 및 유지에 주력했다. 한 명의 천재가 수천 명, 수만 명을 먹여 살리는 인재경쟁의 시대가 본격화된 것이다. 한편 외환위기 이후 부상한 미국식 성과주의 인사제도에 한국식 제도의 장점을 접목하려는 움직임이 보였다.

조직문화와 커뮤니케이션

기업이 경쟁에서 살아남는 방법 중 가장 최우선으로 꼽히는 것이 '양질의 인적 자원 보유'이다. 최고의 인재들이 신바람나게 일하여 최상의 실적을 낸다면 더 바랄 나위 없이 기업은 탄탄해질 것이다. 사람에게 동기부여를 하는 것에는 많은 급여와 수준 높은 복지 해택도 있겠지만 그것보다 더 우선인 것이 사람을 아끼고 존중하며 즐거운 분위기를 유지하는 편경영 문화이다. 건전하고 건강한 조직은 매년 10%씩 인적 순환이 있어야 한다.[106)]

106) 박기찬, 신나는 조직을 위한 편경영, 다밋, 2009

말없이 실천하는 것만이 미덕은 아니다. 말없이 실천하는 것은 한 인간을 평가할 때는 미덕이 될 수 있지만 조직에서는 다르다. 선언하지 않고 목표를 달성하는 방식은 조직에 사기를 불어넣지 못한다. 실행하기 전에 입으로 먼저 말하기를 꺼리는 사람이 있다. 이는 선언했던 목표가 달성되지 못했을 때 입을 타격을 생각하기 때문이다. 목표를 달성하지 못하면 어떻게 하지라는 생각이 앞서 있는 것이다. 하지만 목표를 선언하고 그 목표를 향해서 노력하고 달성했을 때의 기쁨도 크다. 목표 선언을 하는 것에 스트레스를 받지 말고, 즐기면서 정면으로 돌파하라. 이렇게 하면 조직의 사기가 올라간다.

세상도 회사도 변화하는 것이 당연하다. 이상하게도 세상 사람들은 변하는 것을 불안하게 생각한다. 아기가 태어났는데 전혀 변하지 않는다면 얼마나 불안한 일인가. 만일 입사한 지 5년, 10년이 지나도 월급이 똑같다면 불안해 견딜 수 없을 것이다. 세상은 변하는 것이 당연하다. 변해야 마음을 놓을 수 있는 것이다. 회사 역시 변하는 것이 당연하다. 끊임없이 변화해야 안심할 수가 있다.

남과 비교하지 않고 예전의 자신과 비교한다. 타인이나 타 부서와 비교하는 것은 난센스다. 이질적인 것들끼리 비교해봤자 무의미하다. 카레와 햄버거 중 어느 쪽이 맛있는지 비교하는 게 불합리한 것과 마찬가지다. 꼭 비교를 하고 싶다면 어제 먹은 카레와 오늘 먹은 카레 중 어느 쪽이 맛

있는지 비교하는 것이 맞다. 나는 올해의 성적과 작년의 성적을 비교해서 평가한다. 사람을 평가할 때도 마찬가지다. 남이 아니라 예전의 자신과 비교해서 성장한 부분을 칭찬한다.

영업자는 언제나 회사 밖에 있어야 한다. 고객은 회사 바깥에 있으므로 회사 안에서 성과를 낼 수는 없다. 나는 추석이나 설날 선물을 들고 거래처를 방문할 때 영업부장 같은 간부가 회사 안에 있는지 살펴본다. 영업부장이 언제나 회사 밖에 있는 회사는 대체로 실적이 좋다. 하지만 영업부장이 늘 회사를 지키는 회사는 실적이 나쁘다.

스케줄 조정에도 원칙이 있다. 몇 번씩 반복해야 하는 일들은 많다. 그런데 오늘 한 일을 다음에 언제 할지 정하지 않는 사람들이 꽤 많다. 처음부터 스케줄을 잡지 않고 나중에 언제 할지 생각하는 것은 시간과 노력의 낭비다.

훌륭한 경영은 흉내 내고, 다른 회사에 본받을 만한 점이 있으면 계속해서 흉내 내는 것이 가장 좋다. 자신의 경영철학을 추구하다 보면 시간이 많이 걸리고 결과를 산출하기도 힘들다. 그럴 바에야 남을 똑같이 흉내 내서 성과를 올리는 편이 훨씬 좋다.[107)]

107) 고야마 노루보, 박현미 역, 경영은 전쟁이다, 흐름출판, 2013

공동의 목표를 달성하기 위해 분업과 통합의 활동 체계를 갖춘 사회적 단위(social unit)를 말한다. 특정한 목적을 추구하기 위하여 의도적으로 구성된 사람들의 집합체로서 외부 환경과 여러 가지 상호작용을 하는 사회적 단위, 현대사회는 조직사회(組織社會)라 말할 수 있으리만큼 여러 분야에 걸쳐 다양한 조직이 수없이 존재하고 있다. 그리고 대부분의 사람들은 적어도 한 개 이상의 조직에 소속되어 있다.

조직에는 몇 사람들만으로 이루어진 조직이 있는가 하면 수십 수백만 명으로 구성된 조직도 있다. 일정한 환경 내에서 비교적 지속적으로 존재하는 사람들의 집합체로서 특정한 공동의 목표를 추구하며, 이를 달성하기 위하여 체계적으로 구성된 사회적 단위(單位)라 정의할 수 있는 조직(組織)을 대상으로 한다.

조직마다 제각기 독특하게 갖고 있는 보편화된 생활양식으로 조직문화란 한 조직 내의 구성원들 대다수가 공통적으로 가지고 있는 신념 · 가치관 · 인지(認知) · 행위규범 · 행동양식 등을 통틀어 말한다.

조직문화는 그 조직이 대외적 환경에 적응하고 내부적으로 통합화 하는 과정에서 생기는 여러 가지 문제점들을 극복하기 위하여 모색되고 개발되어 형성된 것이다. 이와 같이 조직문화는 조직 구성원들의 공통된 경험을 바탕으로 하여 이루어진 것이므로 조직이라는 하나의 공동체를 결속시켜 주고 구성원들로 하여금 일체의식(一體意識)과 조직에 대한 충성심을 갖게 한다.

조직이 분업화된 현대사회에서 조직의 효율성을 증대시키기 위해서는 조직 구성원 커뮤니케이션이 중요한 전제 조건이 된다. 왜냐하면 조직의 기능 분화에 따라 각자의 개성은 커뮤니케이션에 의해 통합되어야 하기 때문이다. 이에 따라 조직의 특성과 커뮤니케이션의 행태가 달라져야 하고, 이 가운데 PR 전문가의 역할은 더욱 중요해질 것이라고 예상한다.

이렇듯 사내 커뮤니케이션이 중요한 이유는 사원들이 회사의 가장 중요한 대변자이면서 또한 가장 큰 비판자이기 때문이다. 하워드(Howard, 1998)는 사원들은 정확한 정보를 유포시키며, 이를 통해 회사의 평판에 결정적 영향을 미치게 되므로, 상품의 질뿐만 아니라 소비자 지향 정도 못지않게 사원들의 충성도, 조직에 대한 신념 및 가치관, 내. 외부 커뮤니케이션의 일치성과 관련성 등도 중요하게 다뤄야 할 요소라고 주장했다.

사원들의 사기가 저하되거나 어려움에 처해 있을 때 회사가 사원들을 대상으로 커뮤니케이션을 잘 활용하는 것은 현명한 전략이라고 할 수 있다. 페인(Paine, 1996)은 오늘날의 사원들은 자율적이고 독립적이어서 이전 세대들과는 많이 다르기 때문에 이들의 요구에 대해 민감하게 대하고 자산으로 여기는 것이 필요하다고 말하고 있다. 또한 사원들의 사기를 북돋아주기 위해서는 조직 관리자나 경영자가 사원들의 감정적 측면도 고려해야 할 필요가 있다.

경영자는 조직 구성원에 대한 세심한 주의와 함께 전문지식을 바탕으로 감정해소를 위한 적극적이고 구체적인 방안을 모색해야 한다. 한국적 기업문화와 풍토에서는 조직의 규범이나 규칙을 무시한 인사 정책이 조직 내 구성원들의 지각 및 커뮤니케이션 행동에 영향을 미치는 감정의 자극 요인이 된다고 추정하고 있다. 그리고 유능하고 자신감 있는 조직 구성원들은 비마키아벨리스트적 커뮤니케이션 행동 특성을 소유하는데, 이들이 정치적인 이유 등으로 자신의 능력을 객관적으로 평가받지 못할 경우에는 조직에 대해 실망하고 이직 등 커뮤니케이션에서 변화된 행동을 보여 준다고 한다. 이러한 결과는 사내 커뮤니케이션 관리자가 사내 구성원 간 관계 및 감정적 문제에도 민감해야 하며, 그러한 문제들에 관해 전문 기술과 지식을 보유하고 대처해 나가야 한다는 사실을 암시하고 있다.

조직은 구조와 과정 및 규범을 내포하며, 환경과 상호작용을 한다. 기업의 내 · 외부 환경에 따라 적합한 조직문화의 유연성(flexibility of organizational culture)의 확보가 필요하다. 둘째, 기업의 경영위기 전후시기에는 모두 거래적 리더십이 효과적이다.[108]

108) 하동석, 행정학용어사전, 2010, 새정보미디어, 신호창, 사내 커뮤니케이션 성공요소, 커뮤니케이션북스, 2012

조직의 활동을 체계적으로 공부하는 경영학은 이론을 토대로 현실 생활에 실천 내지 응용하는 학문이다. 특히 하나의 통일된 개체로써 전반적인 조직을 연구하고 외부환경과의 상호작용을 분석하는 경영조직론이 이론적 단계에서만 머무른다면 그 학습효과는 기대한 만큼의 효과를 얻지 못 하는 경우가 많다.

따라서 이러한 이론적 연구의 한계를 뛰어 넘어서 이론적 지식을 경영조직의 현실 세계에 응용 시켜서 문제 분석 및 문제 해결 능력 향상을 위해 활용되는 교육방법이 사례연구이다. 사례조사는 원래 의학과 심리학에서 특정한 질병의 현상이나 원인 사례를 자세하게 분석 또는 설명하는 것에서 시작 되었다. 사례연구가 체계화되어 교육, 경영, 경제, 심리학 등의 사회과학에서 연구방법으로 관심을 끌게 된 것은 비교적 최근의 일이다. 모든 개인은 독특한 성격을 가지고 있으며 서로 다른 능력을 가지고 있기 때문에 그들이 가지고 있는 문제도 매우 상이하다. 그래서 각 개인이 모인 그룹, 그룹이 모여 탄생한 부서, 부서가 모인 조직에서 일어날 수 있는 여러 가지 상황들을 이해하기 위한 방법으로 사례연구가 효과적이다.

급격하게 변화하는 경영환경 속에서 오늘날 기업 경영자들과 근로자들은 환경의 변화에 신속하고 효율적으로 대처해 나갈 수 있는 창조적인 능력과 문제해결 능력이 필수적이다.

경영사례의 교육목적은 학생들로 하여금 오늘날 기업들이 직면하고 있는 실제의 경영상황을 본고의 실린 경영사례를 통해서 가상경험 해보는데 있다. 이러한 사례분석을 통해서 학생들은 경영자들이 실제 경영에서 얻은 것과 비슷한 경험을 하고, 이론적이고 주입식 교육에서는 배울 수 없었던 실용적인 지식과 능력을 함양할 수 있다. 사례분석을 통해 학생들의 분석력, 의사결정기술, 이론의 적용기술, 구두 의사소통기술, 시간관리기술, 대인간 혹은 사회적 기술, 창의적 기술 등을 향상 시킬 수 있다.[109)]

109) 알렉사더 오스터왈더, 예스 피그누어, 유효상 역, 비즈니스 모델이탄생. 타임비즈, 2011

진정한 권한 위임이란 관리자가 구성원들을 믿고 일을 맡기는 동시에, 일의 진행 상황을 파악하면서 적절한 때에 필요한 도움을 주는 것이다. 즉 관리자의 오랜 경험과 지식을 바탕으로, 일이 잘못되기 전에 제대로 된 방향을 알려주고 바로잡아 줌으로써 성과를 높이고 구성원들이 발전할 수 있도록 도와주는 것이다.

언젠가 '열심히 사는 것의 의미'에 대해서 강연을 한 적이 있다. "지금의 상황에서 보면 그 내용은 쓸모없는 것이 되었지만, 치열하게 살았던 의과대학 시절의 삶의 태도가 지금도 내 핏속에 흐르고 있고 현재의 삶을 살아가는 데도 중요한 역할을 하고 있다. 따라서 지금 내가 하고 있는 일이 나중에 어떻게 쓰일 것인지가 중요한 것이 아니라, 지금 내가 맡은 일을 어떠한 태도로 하고 있는지가 더 중요하다. 지식은 사라지지만 삶의 태도는 변하지 않기 때문이다.

나 자신도 발전할 수 있고 재미있게 일을 할 수 있으며, 사회에 도움을 줄 수 있는지를 생각해야 한다.

재미있게 일을 할 수 있다는 것에 큰 비중을 두지 않는 사람들이 더러 있다. 그러나 나는 이것이 무엇보다도 중요하다고 생각한다. 재미있다는 것은 오랫동안 열정을 가지고 일을 할 수 있다는 것과 직결된다. 아무리 성취감과 보람이 있는 일이더라도 열정을 가질 수 없다면 계속해서 그 일을 하기는 힘들며 그 분야에서 최고가 되기는 더더욱 힘들다.

시간은 원칙을 가지고 올바르게 살아가는 사람들에게는 가장 친한 친구이자 든든한 지원자이다. 그와는 반대로 위선적인 사람들에게는 가장 큰 적이 된다. 시간이 지나면 결국 그 사람이 더 이상 참지 못하거나 왜곡된 사실이 드러나면서 숨겨진 의도가 밝혀지기 때문이다. 시간을 내편으로 만들고 살아가는 사람은 힘들지만 소신 있게 살아나갈 수 있을 것이다.

원칙은 손해를 감수하면서까지 지킬 진정한 의미가 있고, 눈앞에 보이는 이익을 과감히 버리고 원칙에 충실하면 당장은 손해인 듯 보이지만 결국 그것이 옳은 결정이라는 용기가 필요하다.[110)]

110) 안철수, CEO 안철수, 지금 우리에게 필요한 것은, 김영사, 2004

3) 여성중심 사회

2011년 사범 연수원 중에 판사 81명중 63명, 검사 120명 중 69명이 여성이었고, 외무고시도 42명 중 25명이 여성이었다. 서울시내 초등학교(215/250명) 90% 이상이 여학생 회장이다(문석근, 신바람나는 세상? 마음먹기 나름 2012, 농협성공대학 3권).

2012년 19일에 치러진 제18대 대통령 선거에서 박근혜 새누리당 후보가 승리함으로서 첫 여성대통령 당선 기록을 세우게 되면서 전세계의 여성 정치지도자에 대해서도 관심이 쏠리고 있다.

현재 세계에서 가장 영향력 있는 여성 정치지도자로는 단연 독일 최초의 여성 총리에 오른 앙겔라 메르켈(58)이 꼽힌다.

유럽연합(EU)의 핵심 국가 독일의 수장으로서 유로존 긴축정책을 주도

하는 그는 마거릿 대처 전(前) 영국 총리에 견주어 '독일판 철의 여성'으로 불린다.

미국경제전문지 포브스가 선정한 '세계에서 가장 영향력 있는 여성 100인 중 1위를 차지했으며, '세계에서 가장 영향력 있는 인물' 가운데서도 버락 오바마 미국 대통령에 이어 2위로 선정됐다,

기독교민주당(CDU) 소속으로 물리학 박사 경력을 가지고 있다. 이공계 출신의 우파 정치인이라는 점은 박근혜 당선인과 닮았다.

남미 최대국 브라질을 이끄는 지우마 호세프(64) 대통령도 영향력이 높은 대표적 여성 정치지도자다.

포브스의 '영향력 있는 여성' 순위에서 3위를 차지한 호세프 또한 브라질의 첫 여성 대통령이다. 최근 조사에서는 80%에 가까운 지지율을 기록했다.

루이스 이나시오 룰라 다 실바 전 브라질 대통령의 후계자로 지난 2010년 집권 노동자당(PT) 후보로 나서 당선됐다.

변호사 출신의 줄리아 길라드(51) 호주 총리는 미혼으로 호주 사상 최초의 여성 총리가 됐다. 파트너인 남자친구 팀 매티슨과 총리공관에서 함께 생활하고 있다.

그가 의회에서 야권의 성차별주의와 여성혐오주의를 맹렬히 비난하는 모습을 담은 영상은 인터넷에서 화제가 되기도 했다.

이외에도 크리스티나 페르난데스(57) 아르헨티나 대통령, 헬레 토르닝-슈미트(45) 덴마크 총리, 셰이크 하시나(65) 방글라데시 총리, 요한나 시귀르다르도티르 아이슬란드 총리(70), 필란드 전대통령 타르야 할로넨(69), 등이 여성으로서 국가를 이끌고 있다.

힐러리 클린턴 미 국무장관, 크리스틴 라가르드 국제통화기금(IMF) 총재, 미얀마 아우산 수치 국회의원(67) 등도 국가수반은 아니지만 강력한 여성지도자로 꼽힌다.

특히 아시아권에서는 남편이나 남자 가족구성원의 후광을 입어 여성으

로서 국가 최고지도자에 오른 경우가 많았다.

탁신 친나왓 전 총리의 여동생인 태국의 잉락 친나왓(45) 총리가 현직 가운데서는 대표적이다.

필리핀의 코라손 아키노 전 대통령도 1983년 야당 지도자였던 남편 베니그노 '니노이' 아키노가 암살당하자 정치에 뛰어들었다.

세계 최초의 여성 총리로 기록된 스리랑카의 시리마보 반다라나이케 전 총리 또한 평범한 주부였으나 남편인 솔로몬 반다라나이케 전 총리가 1959년 암살된 이후 정치에 입문했다.

사상 최초의 여성대통령 역시 남편의 사망으로 1974년 대통령직을 승계하게 된 아르헨티나의 마리아 에스텔라 마르티네스 데 페론(이사벨 페론)이다.

권력의 최고에 선 여성들

미국 국무장관 콘돌리자 라이스/ 한국 여성 총리 한명숙/ 뉴질랜드의 여성 총리 헬렌 클라크/ 필리핀 여성 대통령 아로요/ 세계보건기구 여성 사무총장 마가렛 찬/ 칠레 여성 대통령 바첼레트/ 리베리아 여성 대통령 설리프/ 독일 여성 총리 메르켈/ 라트비아 여성 대통령 비케 프라이베르가/ 아일랜드 여성 대통령 메리 매컬리스/ 캐나다 여성 총독 미카엘 장/ 핀란드 여성 대통령 타리아 할로넨 등이 있다.

실패를 모르는 뜨거운 영혼이야말로 진정한 승자라는 희망을 마음 속 깊이 간직한 채 힘든 시간을 보내왔다. 그런 까닭에 장미에 비유되는 연약한 여성들이 뜨거운 열정을 품고 총과 칼이 난무하는 정치라는 전쟁터에 뛰어들었다는 사실은 그 자체만으로도 매우 흥미롭다.

1866년 영국 여성들이 최초로 여성선거를 추진하고 1869년 미국 여성들이 '여성의 정치 참여'를 정식으로 주장한 날로부터 지금까지, 정치 참여에 대한 여성들의 주장은 130여 년 동안 계속되고 있다. 보다 열린사회로의 발전을 의미하는 여성과 남성의 권력 공유는 구체적으로 말해 전통적인 남성 우월주의 속에서 여성들이 수동적이고 종속적인 지위에서 벗어나 남성과 동등한 지위에 오를 수 있는 기반이 마련되었다는 사회적 변화를 가리킨다. 이 과정에서 동양과 서양의 여성 정치가들은 다른 특징을 보여주고 있다.

제2차 세계대전이 종식된 후 세계적으로 국가 지도자의 자리에 오른 여성들이 빠르게 늘어났다. 1950년대에는 한 명에 불과하던 여성 지도자의 수가 1960년대에는 세 명, 1970년대에는 일곱 명, 1980년대에는 열한 명으로 늘어났고 1990년대에는 그 수가 더욱 늘어나 20명의 여성 지도자들이 탄생했다. 위와 같은 현상에 대해 누군가는 전통적인 정치 문화에 변화의 바람이 불고 있으며 여성들의 정치적 지위가 빠르게 높아져 21세기는 '그녀들의 세상'이 될 것이라고 주장하기도 했고, 심지어 인류가 고대의 모계사회로 회귀하고 있다는 의견도 있었다.

20세기 여권 신장 운동이 일어나면서 많은 여권 운동가들은 비난의 화살을 '남성 우월주의' 문화에 겨눴다. 예를 들어 영어에서 '주석(의장)'을 의미하는 'chairman'은 '의자에 앉은 남자'라는 단어의 조합으로 이루어진 합성어이다. 당시 많은 여권 운동가들은 이 단어가 남성에 대한 우월성을 간접적으로 내포하고 있다며 'chair-woman(의자에 앉은 여자)'라는 단어를 추가하거나 이를 중성화시킨 'chairperson(의자에 앉은 사람)'으로 대체해야 한다고 주장했다. 언뜻 보면 '글자 하나를 가지고 집요하게 따지는 것'처럼 보이겠지만 분명 여권 운동가들의 지적은 문제의 핵심을 가리키고 있다. 즉 여성의 정치적 지위문제는 법률 규정상의 문제일 뿐만 아니라 하나의 문화적 문제, 사회의식의 문제와 관련이 있다는 것이다.

많은 정치적인 말 중에서도 '여권주의'는 좋지 않은 이미지를 가진 단어로 인식되어 왔다. 특히 남성들은 이 단어에 대해 비웃음이나 적개심 같은 부정적인 이미지를 가지고 있다. 하지만 남성들은 더 이상 불쾌감을 느낄 필요가 없을 것이다. 왜냐하면 이 단어가 사라질 날이 멀지 않았기 때문이다. 그렇다고 해서 결코 남성들에게 좋은 소식만은 아닐 것이다. 여권주의의 소멸은 여성들이 더는 자신의 권리를 위해 남성과 사회와 싸울 필요가 없으며 스스로 능력을 유감없이, 당당하게 발휘할 '그녀들의 시대'가 다가옴을 의미하기 때문이다. 아마도 '그녀들의 시대'가 열리면 '남권주의'라는 단어가 필요할지도 모르겠다.

4) 글로벌 성공사례

브라질 무역왕을 꿈꾸는 청년 CEO, 조순

① 도전은 청춘의 특권이다

젊으니까 할 수 있는 게 많다는 것은 사업을 할 때 장점 중에 하나로 꼽힌다. 젊고 창조적인 마인드로 거침없이 도전하는 정신이야말로 청춘의 특권이라고 조 순 대표는 말한다.

② 리더는 1+1을 3으로 만든다

시드멕스를 창업한지 10년 만에 브라질 무역업계를 대표하는 청년 CEO가 된 조순. 여인진 대표와 그는 변변한 자본도, 든든한 인맥도 없이 서로에 대한 믿음 하나로 일을 시작하였다. 이들은 선의의 경쟁자이자 동반자로 사업을 키워나가며 시너지 효과를 발휘하였다.

김연경 선수는 러시아의 신체조건, 미국의 파워, 아시안의 기술, 브라질의 순발력을 모두 가지고 있는 선수입니다.

2011-2012 유럽 여자배구 챔피언스 리그에서 MVP를 거머쥐며 유럽을 정복하고 얼마 후 2012 런던 올림픽에서도 MVP를 수상하며 세계 최고의 선수로 우뚝 선 그녀는 다시 터키로 돌아가 터키 배구에 새로운 바람을 일으키고 있다.

믿을 수 없는 수준의 선수죠. 명실공히 세계 최고의 선수라고 할 수 있다.

아시아 최초 와인마스터, 이지연

① 미지의 세계에 도전하라

서양인들의 전유물이었던 와인 마스터 자격증을 아시아인 최초로 획득한 이지연. 아시아인들에겐 생소하기만 한 와인의 세계를 개척한 것이 그녀가 유일한 전문가로 우뚝 설 수 있었던 성공 비결이다.

② 시련을 겪은 나무가 좋은 열매를 맺는다

시련을 겪지 않고 편하게만 자란 포도는 맛있는 와인이 될 수 없다. 그녀 역시 '아시아인이라는 편견, 그리고 네 딸의 육아'라는 시련의 과정을 겪었기에 더욱 실력 있는 와인 마스터가 될 수 있었다.

치즈명장, 과학자, 김소영

① 좋아하는 일에 모든 것을 바쳐라

남편과 떠난 프랑스 여행에서 우연히 치즈와 사랑에 빠지게 된 그녀. 치즈에 문외한이었던 그녀는 칼폴리에 입학, 본격적으로 낙농학을 공부하고 매일 새벽에 일어나 차로 한 시간 거리의 이동도 마다 않으며 치즈 장인이 되기 위한 노력을 기울였다.

② 돈을 좇지 말고 자존심을 쫓아라

그녀가 생산량을 늘릴 기회도 많았지만 그러지 않은 이유는 치즈의 품질이 가장 중요하다는 생각에서다. 품질에 소홀해질 바에는 생산량을 줄이고 마음에 들지 않는 치즈는 폐기처분한다. 이렇게 까다롭게 만든 그녀의 치즈는 미국 유명 셰프들이 줄을 서서 기다릴 정도로 인기다.

프랑스 장관이 된 입양아, 플레르 페르랭

① 희망이 위대한 미래를 만든다

버려진 아이에서 한국계 최초 프랑스 장관이 되는 인생 역전을 이루어낸 그녀. 부모님으로부터 사회정의나 평등이 얼마나 중요한 것인지 배웠다고 말하는 그녀는 자신이 살아가는 환경에 대해 늘 고민했다. 결국 그녀가 세상을 바꿀 수 있다고 믿는 힘은 희망에서 비롯된 것이었다.

스포츠 클라이밍의 여제, 김자인

① 자신의 부족함을 10배의 노력으로 극복하라.

선수들의 평균키보다 무려 10cm나 작은 김자인. 자신의 단점을 탓하기보다 남들의 10배를 노력한 결과, 스포츠 클라이밍 세계무대를 재패했다.

② 지금 이 순간을 즐겨라.

마지막 홀드를 향해 올라가는 과정의 어려움도 오르는 자체로써 행복하다는 그녀는 오늘도 세상을 향한 힘찬 발걸음을 내딛고 있다.

③ 한계란 없다. 자신을 뛰어넘어라.

온갖 시련과 실패 속에서도 자신의 한계에 도전하고 싶었던 김자인. 세계 최초 리드와 볼더링 월드컵을 동시에 석권한 여성 클라이머가 되었다.

청바지 CEO로 변신한 변호사, 정장훈

① 남이 선망하는 길보다 내가 좋아하는 길을 가라

뉴욕 월가의 잘나가는 변호사였던 그는 과감히 변호사 사무실을 나와 맨몸으로 다시 청바지 사업에 뛰어 들었다. 안정적인 것을 마다하고 도전하는 정신이 그가 청바지 사업으로 성공 할 수 있었던 밑거름인 것이다.

② 날마다 새로워지지 않으면 날마다 퇴보한다

경쟁력의 핵심은 혁신이라고 말하는 정장훈. 글로벌 시대에 살아남으려면 날마다 새로워지고 날마다 앞으로 나아가야 한다.

③ 경험이 가장 좋은 스승이다

아무리 많이 알고 있다고 하더라도 실전에서는 어떤 상황이 펼쳐질지 장담할 수 없다. 그렇기 때문에 실패도 성공을 위한 경험이며, 경험만큼 가장 좋은 스승은 없다고 말한다.

필드의 개척자, 최경주

① 인생의 멘토(길잡이)를 만나다

고등학생 최경주에게 중고 골프채를 선물한 김재천 이사장, 고향 완도에 처음 골프연습장을 만든 추강래 사장, 우연 같은 인연으로 최경주는 골프 인생의 멘토를 만났다.

② 겸손하되 기죽지 않는다

미국 진출 초기엔 아무도 주목하지 않고, 영어 또한 서툴렀지만 그는 기죽지 않고 당당했다. 혼자 묵묵히 노력한 결과 PGA 우승이라는 놀라운 성과를 낼 수 있었다.

③ 가장 잘할 수 있는 방법을 생각하라

최경주는 지금까지 수많은 장비에 도전하고, 어떤 것을 썼을 때 가장 좋은 기량이 나오는지 끊임없이 고민하고 연구했다.

④ 절대 포기하지 않는다

시련 속에서도 포기를 몰랐던 최경주. 그 투지와 끈기가 성공을 만들었다.

⑤ 잡초 같은 근성으로 나아간다

"잡초 같은 정신, 누가 뭐래도 누가 시비를 걸어도 누가 어떻게 한다 해도 본인 스스로가 그것을 극복하고 그것을 통해서 최선을 다하고 그 결과에 관계없이 나아간다면 어떠한 일이든지 최고의 결과가 나온다.

세계가 주목한 차세대 여성 CEO, 김성주

① 정직이 경쟁력이다

어려서부터 아버지에게 정직의 중요성을 배운 김성주 회장은 회사를 운영할 때도 정직을 가장 중요한 가치로 삼는다. 이에 한국식 뒷거래에 염증을 내던 세계 명품기업들은 앞 다퉈서 김성주 회장과 계약을 맺게 되었다.

② 명품은 땀과 눈물이 만든다

이탈리아 장인이 만든 가방도 약간의 허점이 보이면 가위로 자르기를 마다하지 않는 김성주 회장. 품질이 따라 주지 않으면 이류 브랜드나 아류 브랜드로 전락한다고 생각하는 그녀는 세계 1등의 품질을 위해 노력하고 있다.

③ 신의를 지키면 언젠가 보상받는다

기술력이 뛰어난 회사가 부도 위기에 처하자 모두가 떠나갔다. 하지만 그 와중에도 김성주 회장은 신의를 택했고, 그녀의 도움으로 부도 위기를 모면한 회사는 의류제작 노하우를 공유하며 든든한 파트너가 되었다.

더 큰 나를 위해 나를 버린다, 박지성

① 디테일의 힘, 작은 차이가 승패를 가른다

태도의 적극성과 소극성, 이 작은 차이가 커다란 차이를 만든다고 한다. 다른 선수보다 열악한 신체조건에도 불구하고 그는 누구보다 그라운드를 종횡무진 활약하였고, 주변 선수들과도 늘 원활한 소통을 가지려고 노력하였다. 놓치기 쉬운 작은 부분까지도 챙기는 섬세함은 좋은 경기결과를 얻는데 있어 큰 일조를 하였다.

② 열정은 가장 훌륭한 스승이다

꼬마 박지성의 일기장에는 온통 축구 전술과 그날의 훈련에 대한 반성의 기록으로 가득했다. 어린나이지만 축구에 대한 강한 열정을 엿볼 수 있다. 그의 성공은 평발, 왜소한 체격등 주어진 불리함을 꾸준한 성실함으로 극복해 낸 그의 열정과 끈기가 있었기에 가능한 일이었다.

③ 훌륭한 제자는 스승을 뛰어 넘는다

그의 숨은 잠재력을 발견한 그의 감독들과 자신을 믿어 준 스승에게 부끄럽지 않은 제자가 되고자 늘 노력하였던 박지성. 지금의 그가 있기까지는 그를 알아봐 준 훌륭한 스승과 그 가르침을 믿고 따랐던 박지성의 끊임없는 노력의 완성물이다.

페루빈민의 대부, 한인시장 정흥원

① 인생의 아픔은 또 다른 의미의 기회이다

한국에서 큰딸을, 아르헨티나에서 하나뿐인 아들을 가슴에 묻은 정흥원. 그는 슬픔을 가슴에 간직한 채 아이들의 흔적이 없는 낯선 땅 페루로 향했다. 페루에서 그는 개인 사업을 하면서 어려운 이웃의 친구로 살았다. '빈민의 대부'로 수많은 사람들의 어려움을 함께 하며 가슴으로 안았던 10년여 세월. 그는 사람들의 민심을 얻고 시장이 되었다.

② 말은 줄이되 행동으로 증명하라

사람들 앞에서 연설 한번 해보지 않았던 그에게 시장직은 엄청난 도전이었다. 어디서부터 손을 대야 할 지 막막했다. 그에게 손을 벌리고 도움을 요청하는 마을, 사람들은 너무나도 많았다. 하지만 그는 모든 것에 응하고 승락하지 않았다. 모든 일에 우선순위를 결정하고 실행했다. 그 결과, 정흥원 시장의 집무 기간 동안 변화의 바람이 불기 시작했다.[111)]

111) KBS 글로벌 성공시대

재일교포 3세인 (주)몽쉘의 김미화 대표

글로벌 성공시대에 맞게, 대한민국에 머물지 않고, 세계 곳곳에 이민 1세대 뿐만이 아니라 교포 2세, 3세까지 활약상을 보여주고 있다. (주)몽셀은 연매출 600억원 정도로 매출액으로 보면 중견기업이지만, 케익 시장에서는 가히 경쟁자가 없을 정도의 대기업 같은 느낌의 몽쉘이다. 김미화 대표가 처음 케이크를 만들게 된 계기는. 유럽에서 본 초콜릿이나 케이크을 맛있게 먹는 걸 보고, 일본에 돌아와서 오사카에 첫 케이크 가게를 열었는데요. 일본에서 기존 케익은 카스테라로 맛을 내는데, 몽쉘은 생크림으로 승부를 낸다. 일명 도지마 롤케이크라고 하는데 오사카에 본사를 두고 있다.

독특한 점은, 회사가 커지면 CEO실은 별도로 분리되는게 일반적인데, 몽쉘의 김미화 대표는 다른 직원들과 같은 사무실을 사용하면서, 일이 어떻게 진행되고 있는지 파악한다고 한다. 지역명 "도지마"를 인용하여 그래서 도지마 롤 케이크라고 명명 되었다고 한다. 도지마 롤 케이크를 개발할 때 부터 끊임없이 메모를 하면서 더 좋은 케이크를 만들기 위해 노력하고 있다고 한다. 성공하는 CEO들은 메모광인 것 같다. 내 머릿속에 있는 아이디어는 어느 순간 휘발류 처럼 사라져버리기 때문이라고 할 수 있다.

케이크 시장에 뛰어들었을 때 이미 케이크 시장은 포화상태였지만, 김미화 대표는 그곳에서 도지마 롤 케이크를 시장에 내놓았으며, 소비자들로부터 인정을 받았다고 한다.

그러한 결과에는 끊임없는 노력이 있었기 때문이라고 볼 수 있다.

그리고 누구보다, 하루를 길게 살았다고 한다.

아침 7시부터 저녁 26시까지, 하루를 24시간이 아니라 26시간으로 살아가고 있고, 그래서 새벽 2시까지 일한다고 한다.

자기가 정말 좋아하는 일이라면, 퇴근시간은 의미가 없는 것으로 생각이 든다.

중국 상하이 월드 파이낸셜 센터에 해외 1호점을 열었고, 명품 그룹의 쇼핑몰에 입점하게 되는데, 백화점에는 버버리, 페라가모, 랄프 로렌, 피아제, 몽블랑 등의 명품 브랜드들이 입점하는데, 이곳에 몽쉘이 입점을 하게 된다.

일반 백화점에서는 몽쉘을 케이크 가게라고 하고, 상하이에서는 몽쉘을 브랜드라고 봐서 추천하는 것이 큰 차이라고 할 수 있다.

단순히 케익을 사는게 아니라, 브랜드를 산다는 의미가 된다.

요즘 명품 백을 사는 이유도, 단지 그 가방을 사는게 아니라, 브랜드를 믿고 구입하는 의미가 된다.

사무실에서 프리젠테이션을 하고 있는 자리가 CEO 자리이면서, 회의를 할 때는 직원들이 바로 볼 수 있도록 스크린을 사용하고 있다고 한다. 김미화 대표는 사업이 벽에 부딪칠 때 마다, 자신에게 질문을 던진다고 한다.

특별한 케익을 만들고 있는가? 내가 만든 케익이 다른 사람에게 행복한 시간을 선물하고 있는가?

그냥 돈을 벌고 싶은게 아니라, 다른 사람을 행복하게 한다면, 그 사업은 성공하리라 생각된다.

돈을 쫒는게 아니라, 내가 원하는 일을 하면서, 다른 사람을 행복하게 할 수 있다면 돈을 따라오는 것이라고 한다.[112)]

112) http://imbiz.tistory.com/72, 글로벌 성공시대

연구문제

1. 장수브랜드의 특징에 대하여 약술하시오.

2. 경영사례의 교육목적에 대하여 설명하시오.

3. 다음 용어를 설명하시오.

   ① CSR(Corporate Social Responsibility, 기업의 사회적 책임)

   ② 조직문화

   ③ 디지털 컨버전스

   ④ PDCA 사이클

4. 세계가 주목한 차세대 여성의 특징에 대하여 약술하시오.

5. 국내기업의 중국진출 가속화의 문제점에 대하여 약술하시오.

참고문헌

[1] 김승범, 한국최고의 브랜드, 흐름출판, 2005

[2] MBC 박예진이 만난 대학생 청년 창업가 박준성, 2011, 3, 2

[3] 활명수 100년 성장의 비밀, 예종석, 리더스북, 2009

[4] 공룡울린 딤채의 만루 홈런, 이석호, 중앙이코노미스트, 2001

[5] 김승용, 회사를 살리는 팀장 파워, 꿈꾸는 사람들, 2011

[6] 김진욱, 위기의 CEO 철학에서 길을 찾다, 책이 있는 풍경, 2011

[7] 조영주, 윤리경영과 글로벌 경쟁력, 보는소리, 2012

[8] 박기찬, 신나는 조직을 위한 편경영, 다밋, 2009

[9] 고야마 노루보, 박현미 역, 경영은 전쟁이다, 흐름출판, 2013

[10] 하동석, 행정학용어사전, 2010, 새정보미디어

[11] 신호창, 사내 커뮤니케이션 성공요소, 커뮤니케이션 북스, 2012

[12] 알렉사더 오스터왈더, 예스 피그누어, 유효상 역, 비즈니스 모델이 탄생. 타임비즈, 2011

[13] 안철수, CEO 안철수, 지금 우리에게 필요한 것은, 김영사, 2004

[14] 세계 최고의 권력을 가진 여성들, 뤄위, 이지은 역, 북공간, 2007

[15] KBS 글로벌 성공시대

Chapter 6
한국경제의 새로운 길

제6장에서는 한국경제의 새로운 길에 관하여 살펴본다.

선진경제가 되기 위해서는 멀리 보는 사고방식, 준법정신 그리고 평등한 정의와 공동체정신이 필요하다. 사적 부문은 경쟁시장에서 자신의 이익을 추구하고 혁신활동을 수행해야 한다. 정부는 양질의 공공서비스와 인프라 구축에 힘을 써야 한다. 지식을 축적하고 공공의료와 복지를 개선하는 일에도 힘써야 한다. 제도의 질적인 개혁이야말로 한국을 현재의 양극화의 성장에서 모두를 위한 번영의 길로 인도할 수 있다. 올바른 제도만이 선진나라를 만든다. 제도와 문화 그리고 정치적 행동도 변화해야 한다. 그러나 이런 변화를 위해서는 시간이 필요하다.

6. 한국경제의 새로운 길

2003년 미국의 유명한 투자사인 골드만 삭스가 향후 2050년이 되면 브릭스 국가들이 지금의 선진국들을 제치고 세계경제의 핵심적인 위치에 있을 것이라는 보고서를 내놓으면서 사람들에게 널리 알려지기 시작했다. 브라질, 러시아, 인도, 차이나의 영문 이니셜을 따서 BRICs라고 한다.

BRICs의 국가들이 가능성 있는 공통점은 인구가 많고 영토가 넓으며 많은 지하자원을 보유하고 있다는 점이다. 그리고 아직 개발도상국가의 위치에 있어서 경제의 활력이 넘친다는 점이다. 일단 인구가 많으니 우리나라처럼 수출위주의 사업구조를 가진 국가는 미국을 대신하는 새로운 시장으로서의 가치가 매우 크고 지하자원을 많이 보유 하지 못한 국가들에게 대분의 에너지를 수입하는 국가에게 안정적인 에너지의 공급처로서의 역할을 할 수가 있다.

BRICs를 이용한 한국의 전략은 이들 나라들은 아직까지 보유한 에너지 자원과 넓은 영토, 많은 인구를 100%활용하지 못하고 있기 때문에 우리나라의 우수한 기술을 이용하여 이들과 우호적인 관계를 확립한다면 21세기 우리나라의 경제발전의 원동력이 될 수 있다고 생각된다.

그동안 미국에게는 군사적인 안보와 주요 수출국으로서의 관계였고 일본은 원천기술을 수입하는 대미, 대일 무역의존도가 높았던 만큼 이제는 우리경제의 성장 원동력의 해답을 이들 브릭스 국가를 비롯한 다른 시장에서 찾아야 할 것이다.[113)]

113) 송병락, 한국경제의 길, 박영사, 2010

한국경제는 세계의 기술발전과 양립하는 인적자본을 통한 고도성장전략을 수행할 경우 지속적으로 발전할 수 있다는 것을 보여주는 것이다. 기술발전과 인적 자본으로 인한 교육의 질, 특히 저소득층의 자녀를 위한 양질의 교육, 정부 와 대기업 그리고 기업집단의 연구와 교육을 위한 지출규모에 달려있다.

선진경제가 되기 위해서는 멀리 보는 사고방식, 준법정신 그리고 평등한 정의와 공동체정신이 필요하다. 사적 부문은 경쟁시장에서 자신의 이익을 추구하고 혁신활동을 수행해야 한다. 정부는 양질 의 공공서비스와 인프라 구축에 힘을 써야 한다. 지식을 축적하고 공공의료와 복지를 개선하는 일에도 힘써야 한다. 제도의 질적인 개혁이야말로 한국을 현재의 양극화의 성장에서 모두를 위한 번영의 길로 인도할 수 있다. 올바른 제도만이 선진나라를 만든다. 제도와 문화 그리고 정치적 행동도 변화해야 한다. 그러나 이런 변화를 위해서는 시간이 필요하다.

한국은 교육과 설득을 통해서 그 같은 변화가 가능하다는 것을 보여주었다. 한국인들은 경제적 과실의 공유와 통합의 가치를 존중하기 때문에 개혁과 변화를 이룩할 수 있었다.[114)]

114) 곽승영, 이영선, 한국경제의 이행과정과 선진국이 되기 위한 변화, 한국제도 경제학회, 2010

한국 경제의 성장 잠재력은 떨어지고 있으며, 과거 유효했던 요소 투입형 성장이 더 이상은 유효하지 않고 있으며, 따라서 총수요 생산성 성장으로 향후 한국 경제의 성장 잠재력을 높여야 한다는 것입니다. 성장 잠재력을 높이기 위해서 필요한 것은 첫째, 기술혁신, 둘째, 시장개혁, 셋째, 각 부문의 개방을 통한 Global Standards의 수용을 이야기하고 있다.

이러한 목표를 위해 공정위가 추구하는 정책적으로는 경쟁 촉진과 대규모기업집단 정책 그리고 대·중소업체간 하도급거래의 정상화, 소비자 권익 보호 강화, 경쟁 정책의 국제 협조 등 이라는 내용이 될 것이다. 경기회복도 중요하나 성장잠재력의 확충이 중요하다.

물가상승은 정부의 잘못이라기보다는 국제경제위기와 국제유가폭 등 홍수로 인한 국내 농산물가격폭등의 외부적 요인이 복합적으로 보아야 한다.

종부세란 집 가격 9억원부터 추징되는 세금이다. 압구정동에 20년 넘은 화장실 1개 딸린 32평 복도식 아파트의 가격이 9억원이 넘는다. 일평생을 벌어서 이 아파트 하나 장만한 사람은 월급으로 살아가고 있다. 이들이 부자일까요? 이들은 중산층이라고 봐야 한다. 이런 사람들이 세금이 무서워서 집을 사지 않고 전세로만 떠돈다. 이런 사람들을 전세족이라 한다. 전

세족의 증가로 전세/월세 값이 폭등 것이다. 중산층을 죽이는 정책으로 중산층이 붕괴되어 서민이 되고 서민도 중산층이 되질 못하는 현실이다.

대한민국 인구 중 약 1,621만 명, 한국 경제인구 중 약 40퍼센트를 차지하는 월급생활자는 정부의 착한 납세자이자 기업의 중요한 인적자원이며 소비의 주역이자 금융기관의 가장 든든한 고객이다.

세율을 조금만 올려도 거둬들이는 액수가 어마어마해진다. 게다가 월급생활자들은 자영업자보다 수입이 안정적이며 예측 가능하다. 그리고 조세저항이 적기 때문에 세금을 거둬들이기에 가장 매력적인 계층이기도 하다. 큰소리치는 재벌이나 기업에게 세금을 올려 받기란 쉽지 않기 때문이다. 인플레이션으로 인해 가장 큰 타격을 받는 사람은 바로 월급쟁이들이다. 부자들은 자산을 여러 형태로 보유할 수 있다. 때문에 물가가 상승하는 시기에는 실물자산을 보유한다. 주식이나 부동산, 금과 같은 실물자산을 많이 보유한 부자는 인플레이션으로 인해 피해를 보기는커녕 오히려 부를 불리는 효과를 본다.

하지만 월급생활자는 인플레이션으로 인해 소비를 줄여야 하는 고통을 맛본다. 작년 소비량에서 올해 소비량을 차감한 만큼 세금을 부담하게 되는 것이다. 작년에 만원으로 장을 봤는데 올해는 15,000원을 주고 장을 봐야 했다면 5,000원이 일종의 세금인 셈이다. 화폐가치의 감소로 인한 증발 효과를 월급생활자가 고스란히 떠안게 되는 것이다.

면세점에서 적용되는 환율에도 꼼수가 엿보인다. 무심코 지나치기 쉽지만 화장품이나 가방에 붙어 있는 금액은 원화가 아닌 달러다. 왜 그럴까? 해외여행에 한껏 취해 기분을 낼 때는 화장품 가격표가 달러인지 원화인지 별로 중요하지 않다. 면세점 화장품은 가격이 시중보다 싼데다 복잡한 계산은 직원이 알아서 해주니까 말이다. 그렇지만 면세점 입장에서는 상품에 적용되는 환율도 중요한 수익 포인트다.[115)]

115) 김영수, 명문가의 자식교육, 아이필드, 2005

1) 복지정책의 중요성

우리나라에서는 근로소득자의 39%, 자영업자의 41%가 세금을 한 푼도 안 냅니다. 근로소득자 중 상위 6%가 전체 근로소득세의 68%를 냅니다. 상위 12%가 85%를 낸다. 자영업자도 상위 7%가 전체 종합소득세의 85%를 감당합니다. 소수의 고소득자가 대부분의 세금을 부담하고 있으며, 선진국에선 최소한 80%의 국민이 세금을 낸다. 작년 2011년 10대기업의 기부총액이 8000억을 넘는다고 하며 이는 그 어떤 선진국과 비교해도 뒤쳐지지 않는다.

사회주의국가들처럼 포퓰리즘에 빠져 무분별한 복지정책으로 국가와 국민 모두가 빈곤해질 수 있다.

국가에 내는 세금이 늘어나고, 이는 투자를 통해 일자리를 창출하게 됩니다. 아울러 회사차원의 사원복지도 행해지고 사회차원의 기부도 행해집니다. 사실 대한민국의 노동법상 해고를 시킬 수 없기 때문에 일자리의 수는 정해졌고 매년 쏟아져 나오는 젊은이들에게 일자리를 모두 주기는 매우 힘들다.

인구도 많지 않고 내수시장이 적기 때문에 수출에 의존할 수밖에 없고 대부분의 수출을 미국에 의존하기 때문에 한. 미 FTA가 필요하다.

서민을 위한 복지도 돈이 필요합니다. 그럼 그 돈은 어디서 생깁니까? 그리스나 이탈리아처럼 다른 국가에 빚을 내서 할까요? 대한민국도 포퓰리즘에 의한 무분별한 복지로 많은 사회주의 국가들처럼 경제위기에 봉착할 수도 있다. 복지도 돈을 벌어서 건전하게 추진해야 한다. 그러기 위해선 대한민국의 기업이 국제 글로벌 경쟁에서 이겨야하는 것이다. 만약 대한민국의 기업이 해외기업과의 경쟁에서 도태되어 수출 길이 막히고 대한민국은 빈곤 국가로 전락하게 된다.

현재의 복지정책은 수립과정과 실행내용으로 볼 때 사회보장의 대상이 되는 취약계층이 발생하게 되는 근본적인 문제의 해결 또는 최소화를 위한 대책마련보다는 단순히 취약계층의 지원만을 위한 일시적인 대책마련에 치중한 것으로 보인다.

IMF 경제위기로 대량의 실업자 발생등 사회적 문제로 인하여 일시적인 실업대책 및 최빈곤층의 절대적 빈곤 해소를 위한 국민기초생활보장법 제정 시행 등이 있었으나, 그 사이 빈부격차는 더욱 확대되고, 이에 따라 중소기업의 근로복지는 다소 소외되고 상대적 빈곤은 더욱 심화되고 있다.

특히 최근의 사회보험 적용대상 확충은 대부분의 근로자를 제도권 안으로 흡수한다는 긍정적인 결론에도 불구하고 여전히 상대적으로 열악한 환경의 중소기업근로자의 경제사회적 복지격차의 축소에 성공적이라고는 보기 어려우며, 적용확대의 대상이 되는 소규모 사업장의 근로자 및 사업주가 기대한 만큼 호응을 보내고 있지는 않은 것이 현실이다.

사회복지를 은혜적인 것으로 인식하는 경향이 정책결정자는 물론 집행자와 대상자까지도 광범위하게 자리 잡고 있어 실질적으로 최근 정부주도로 추진되는 생산적 복지 또한 구체적인 정책에서 근본문제 해결 없이는 현실성 없는 정책이 될 수밖에 없을 것이라는 우려가 생기기도 한다.

한편 중소기업의 경우 경제 호황기에는 근로조건이 좋은 기업으로 이직하는 근로자로 인한 인력난으로 운영이 곤란하고, 불황기에는 우선적으로 심각한 경제적 운영난을 겪을 수밖에 없어, 이에 따라 중소기업에서 종사하는 근로자는 불안한 신분과 열악한 근로조건이 반복될 수밖에 없으며, 현재와 같이 근로자들에 대한 복지제도가 공공복지 위주가 아닌 기업복지에 의존할 경우 대기업 근로자와 중소기업근로자의 복지격차는 더욱 벌어지게 되어 상대적 빈곤이 심화될 것이다.

복지국가 논의는 성장과 일자리 창출, 공정한 배분의 문제 등과 긴밀하게 연관돼 있기 때문에, 이를 유기적으로 연계하는 메커니즘에 대한 정확한 이해가 필수적이다. 그러나 우리 사회의 복지국가 논의는 이런 입체적인 고려 없이 단편적으로 이뤄지는 것 같아 아쉬움이 있다. 경제 성장과 배분적 정의, 조세정책과 복지정책, 선거정치와 복지국가, 유권자의 정책 선호와 복지정책의 문제 등 현실적으로 많은 경우가 있어 상반관계(trade-off)에 있거나 역설(paradox)적을 보이는 현안에 대한 치밀한 분석과 연구가 요구된다.[116)]

2) 분배와 사회문제

2012년 대선에서 폭발한 재벌개혁의 목소리와 복지문제에 분배의 법칙을 바꿔달라는 것이었다.

한국경제는 이제 결단이 순간을 맞이하고 있다. 65년간 성공적으로 지켜온 '성장의 법칙'과 '분배의 공식'을 변형시켜야 한다.

국가적인 경제위기를 97년 금융위기를 정점으로 표현되는 'IMF 외환위기'라고 부른다. 이런 작명은 국가 위기를 IMF가 조장했다는 해석을 내포하고 있다. 한국 경제 내부에서 발생한 것이 아니라 외부에서 비롯된 것이라는 뜻이다. 그 위기는 우리들 잘못이 아니라, 나라 밖에서 닥쳐온 경제위기 파도를 막지 못해 당했다는 의식이 강하다. 우리들은 외부의 충격에 당했다고 생각했기 때문에 자기반성과, 자기개혁에 준비를 소홀했다. 외부 충격을 막을 방안을 궁리하는데 골몰하면서 자기를 바꿔보려고 하지 않았다. 그것이 1998년 이후 2012년까지 15년의 한국 경제의 문제점을 드러냈다. 비정규직 문제, 재벌개혁, 빈곤층 확대, 청년백수, 노령화 확대, 출산율 저하 등 수많은 사회문제를 야기하고 있다.[117)]

경제민주화가 포괄하는 내용은 광범위하고 저마다 경제민주화의 개념을 다르게 사용하기도 한다. 하지만 경제민주화 논의의 중심은 분배 정의를 세우자는 것이 핵심적인 내용이다. 국민들은 신자유주의 정부의 성장일변도 정책에 회의를 느끼고 분배 정의의 필요성을 강하게 느끼고 있다.

116) 한국복지 연구회, 한국복지국가의 정치경제, 아연, 2012 (중소기업 근로복지의 한계와 과제)
117) 송희영, 절벽에 선 한국경제, 21세기 북스, 2013

눈에 보이는 재벌의 횡포와 더불어 악화하는 소득불평 등 문제가 경제민주화라는 말이 시대적 화두가 된 배경이다.

그런데 경제민주화를 추진하고 분배 정의를 추구하면 과연 경제의 성장은 문제가 없을까 하는 의구심도 사회 일각에 존재한다. 경제민주화를 반대하는 세력은 이러한 의구심을 증폭시킴으로써 경제민주화 노력을 좌초시키고자 한다. 분배의 중요성과 보편적 복지의 중요성을 인정하는 것이 곧 성장을 반대하거나 경시한다는 것은 아니다. 단지 성장을 위해 분배를 희생해야 한다는 주장을 폐기한 것일 따름이라는 것이다. 분배에 바탕을 둔 성장, 성장은 하면서 분배가 잘되게 하는 것은 구체적인 정책 설계를 통해서 달성할 수 있는 과제이다.

분배 친화적인 성장이 되도록 하려면 어떤 정책들이 필요한가? 또 분배를 개선하기 위해 어떤 정책과 어떤 방법을 사용하는 것이 성장 친화적일까? 성장을 추구하되 그것이 경제민주화 담론이 보다 큰 설득력을 지니고 있는 현실에서 뿌리내리기 위해서는 이러한 구체적인 정책들에 관한 정교한 논의가 매우 필요하다.[118)]

경제민주화의 근본적인 개념부터 경제민주화를 둘러싼 현실 상황까지 포괄적으로 아우르고, 시장과 인간이 진실로 자유로우려면 경제적 강자는 통제하고 약자는 보호해야 한다고 강조한다. 더불어 경제민주화를 위한 구체적인 조건으로, 공정경쟁, 분배정의, 참여경제 세 가지를 제시하고, 여러 경제 주체들의 합의를 원활하게 이끌어낼 수 있는 지도자, 소통과 토론에 능숙한 지도자가 경제민주화 과제의 첫 단추를 성공적으로 끼울 수 있다.[119)]

20년 후로 다가온 2033년의 미래를, 지구와 인류가 직면하고 있는 현 상황을 객관적으로 살펴봄으로써 인구, 이주, 도시화, 식량과 농업, 물, 에너지, 고갈의 위험에 처한 한정된 자원, 그리고 기후변화에 관한 현재의 중

118) 유종일, 경제민주화 분배 친화적 성장은 가능한가, 모티브북, 2012
119) 손석춘, 유종일, 경제민주화가 희망이다, 알마, 2012

요한 변화에 주목하고 정확하게 진단하고 있다.

아직 지구의 미래는 정해지지 않았다. 그러나 지금 세계는 위기의 순간을 맞이하고 있다. 에너지, 광물자원, 해양자원, 산림자원, 물자원 등이 점차 고갈되어감으로써 환경오염과 생물다양성 훼손과 같은 재앙이 인류의 삶을 옥죄고 있다. 이에 많은 사람이 그 원인으로 '과잉인구'를 지목한다.[120)]

식량은 산술급수적으로 늘어나지만, 인구는 기하급수적으로 늘어난다는 주장을 통해 생산능력보다 자녀를 많이 낳는 빈곤층을 주목하고 있다.

촛불을 들고 거리에 나설 때 그 분노는 무엇의 결핍 때문에 생기는지, 용산참사와 쌍용차 해고자의 죽음 앞에서 눈물 흘릴 때 그 슬픔의 끝은 어디일지 우리는 알고 싶다. 그저 가슴에서 치밀어 오르는 분노와 억울함과 슬픔에만 기대지 않고, 우리가 만들어야 할 세상이 어떤 모습일지도 알며 싸우고 싶다.

한국 진보 정치의 밑바닥에 흐르고 있는 마르크스주의적 세계관과 방법론은 사회주의 붕괴 이후 20년이 지난 지금가지도 온전하게 극복되지 못하고 있다. 노동자계급 중심주의나 보수-자유-진보 3정립 정치구도와 같이 과거에 형성된 서구 중심주의적 사고습관에서 자유롭지도 않다.

이는 사회적 약자의 편에 서서 원대한 휴머니즘 이상을 세웠던 마르크스에게 압도되어 그 방법론을 부분적으로는 수정할지언정 진정으로 극복해낼 철학적 지반이 없었기 때문이다.

가난이 심각한 문제이기는 하지만, 가난 그 자체보다는 가난이 사람들이 사회적 관계 속에서 마땅히 누려야 할 인간적 삶을 제대로 누리지 못하도록 하는 것이 문제다. 가난 때문에 자기만의 삶을 탐색하고 실험할 수 있는 가능성에 제약을 받아서 또는 사랑이나 의미 있는 인간관계를 맺을 수 있는 기회가 위협당해서 문제다.

120) 비르지니 레송, 권지현, 남윤지 역, 2033 미래 세계사, 휴머니스트, 2013

돈이 없어 하고 싶은 공부를 못 하는 것이 문제고 남들 앞에 당당하고 위엄 있게 서기 힘든 게 문제다. 먹고 살아야 한다는 이유로 남들 앞에서 비굴해야 하고 다른 사람의 자의적 횡포를 그저 견디며 살아야 한다. 그저 생존하는 데 목을 매느라 세상에 나아가고 참여할 공간이 막혀 버리는 것이 문제다. 우리는 문제의 이와 같은 참된 차원을 놓쳐서는 안 된다.[121)]

월 소득 350만 원인 샐러리맨이 내는 소득세는 소득의 2.7%에 불과하다. 우리나라 조세의 특징으로 흔히 월급쟁이와 자영업자 간의 소득세 부담이 불공평하다고 말한다. 월급쟁이들은 유리 지갑이라 한 푼도 빠짐없이 소득세를 내는 데 비해 자영업자들은 이러저러한 방법으로 절세를 하기 때문에 소득세를 얼마 내지 않는다는 것이다. 하지만 한 푼도 빼놓지 않고 투명하게 세금을 낸다는 월급쟁이들의 소득세 규모도 결코 크지 않다. 월 소득 350만원 샐러리맨만 그런 것이 아니다. 연봉이 웬만큼 높지 않으면 다 마찬가지다. 소득세액이 소득의 10%를 넘으려면 대략 연봉이 1억 원 이상은 되어야 한다.

정부가 민간투자 사업을 고집하는 이유는 사실 효율성 향상을 위해서가 아니다. 단지 재원 조달이 쉽기 때문이다. 정부가 직접 사업을 수행하려면 많은 재정이 필요하다. 하지만 한정된 국가 예산 안에서 사업비를 따내는 것이 그리 만만치 않다. 경제학적으로만 따지자면 민자 사업으로 짓든 정부가 빚을 내 직접 짓든 별반 차이가 없다. 수익형의 경우는 나중에 이용료 수입으로 빚을 갚으면 된다. 임대형의 경우는 임대료 지불할 돈으로 빚을 갚으면 된다.[122)]

최근 우리 사회는 부자와 가난한 자, 도시와 농촌, 대기업과 중소기업, 산업간 양극화 등 사회 각 부문에서 중간층이 사라지고 극단적으로 양분화 되는 현상이 빠른 속도로 진행되고 있다. 특히 빈부격차가 과거 어느 때보다도 더 급속히 확대되어 사회의 불안요소가 되고 있다.

121) 장은주, 정치의 이동, 상상너머, 2012
122) 김태일, 국가는 내 돈을 어떻게 쓰는가(1년에 340조원), 웅진지식하우스, 2013

경제위기를 겪으면서 우리 사회는 중산층의 몰락이라는 사회현상을 경험하고 있다. '사오정'이니, 38선'이니, 심지어 '이태백 세대'라는 신조어는 얼마나 우리 사회의 경제적 안정성이 약해지고 있는가를 한마디로 대변하는 말이라고 할 수 있다.

줄어드는 중산층은 대부분 서민층으로 전락하여 빈부격차가 극단적으로 나타나는 양극화 구조가 된다. 소수의 부자와 대다수의 가난한 사람들로 사회가 양극화되어 가는 현상을 흔히 20대80의 사회'라고 한다. 이는 부자 20%와 빈자 80%를 의미하는 말로, 중산층이 무너지고 대다수가 서민층 내지 빈곤층으로 전락하게 된다는 것을 표현한 말이다.

이처럼 부익부 빈익빈이 심화되는 가운데 가난을 개인의 무능과 게으름 탓으로 돌리는 분위기가 사회 전반에 소리 없이 퍼져가고 있는 것은 큰 문제점으로 지적되고 있다. 이런 흐름이 계속된다면 오직 강한 자만이 살아남는 약육강식의 세계가 펼쳐지지 않는다는 보장도 없다. 경쟁에서 이긴 사람이 그 과실을 다 가져가는 분배구조는 자본주의의 가장 큰 장점이기도 하지만, 최대의 단점이기도 하다. 번영의 빛도 가장 찬란하지만, 뒤안길의 그늘 역시 가장 어두운 사회가 바로 자본주의이다.

현재 우리 사회는 늘어나는 실업자와 저임금의 비정규직 근로자, 벌어지는 대기업과 중소기업의 격차, 도시와 농. 산. 어촌간 그리고 중간층이 사라지고 소수의 부유층과 다수의 빈곤층으로 고착되는 사회구조 등으로 자본주의의 단점이 적나라하게 드러나기 시작하고 있다.

경제위기 상황에서 공평보다는 효율성이 중시되는 것은 세계 어디서나 공통적인 현상이다. 왜냐하면 파이를 우선 키워놓고 나누는 일은 그 다음이라는 생각에서다.

빈부의 격차가 확대되며 나타나는 부작용은 심각하다. 사회를 불안하게 만드는 '묻지마 형 범죄'가 급증하고 있다는 것이 그 단적인 예이다. 이유 없이 가진 자들이 미워서 그들을 상대로 증오심을 드러내고, 주차해놓은 고급차에 방화한다던지, 지나가는 행인에게 폭행이나 끔직한 살인을 저지르기도 한다.

이들이 사회적 불만 세력으로 집단화되면 사회는 극도로 불안해질 수밖에 없다. 사회적 안전망이 확보되지 못하면 치열한 국제경쟁 속에서 지금까지 이룩한 경제발전이나 번영은 순식간에 물거품이 될 수 있다. 21세기를 선진국에 진입하는 번영의 시기로 여기고 있는 한국사회가 반드시 극복해야 할 과제임에 틀림없다.[123)]

3) 신흥국가의 부활

유동성이 넘쳐나고 고도성장을 구가하던 시대가 막을 내렸다. 매년 기록을 갈아치우던 중국의 성장세도 한풀 꺾이며 긴축 기조로 돌아섰고, 유로존에서 불어닥친 재정위기 또한 세계경제를 초긴장 상태로 몰아넣고 있다. 이에 따른 여파로 이른바 브릭스(BRICs ; BRAZIL, RUSSIA, INDIA, CHINA)로 상징되어 왔던 신흥국들의 거침없는 경제발전 속도에도 브레이크가 걸리면서 전 세계 성장엔진이 이대로 멈추는 것은 아닌지 우려의 목소리가 그 어느 때보다 높다.

이 같은 가혹한 현실을 마주한 세계경제는 점점 더 깊은 침체에 빠질 것인가? 아니면 다시 한 번 재도약의 발판을 마련할 수 있을 것인가? 세계경제의 새로운 흐름을 주도해나갈 차세대 스타 국가 20여 개국을 발굴해 내는 데 성공했다. 그리고 그는 이들 국가를 위기에서 가장 빠르게 탈출한다는 뜻에서 '브레이크아웃 네이션(Breakout Nations)'이라고 정의했다. 나아가 그는 국가가 어떻게 세계경제 부활의 신호탄을 쏘아 올릴 것인지에 대한 흥미진진한 통찰과 분석을 제시한다.

'포스트 브릭스 시대'를 이끌어갈 브레이크아웃 네이션들 중에서도 단연 한국을 선두주자로 지목했다. 과연 한국은 끝을 모르는 세계경제 위기

123) 이우승, 빈부소통, 미래를 소유한 사람들, 2011

에서 가장 빠르게 탈출할 '브레이크아웃 네이션'이 될 수 있을까? 경제 올림픽이 있다면 한국은 유일무이한 금메달 후보로서 현재 비슷한 평가를 받고 있는 타이완을 가뿐하게 제칠 것이라고 확신한다. 공식적으로 경제 자료가 집계된 이후 50년 연속으로 5% 이상의 경제성장률을 달성한 나라로 한국은 1인당 국민소득 2만 달러를 넘어서 성숙한 나라이다.[124)]

남부 유럽과 아시아, 라틴 아메리카의 나라들은 1960년대 이후 산업제조능력이 발전되었는데, 이 나라들을 신흥공업국가라고 한다. 이 나라들은 유럽의 스페인, 포르투갈, 그리스, 아시아의 홍콩, 싱가포르, 대만, 한국, 그리고 라틴 아메리카의 아르헨티나, 브라질, 멕시코 등이다. 그러나 이들 나라 각각은 공통된 경험을 가지고 있지 않다. 아시아 국가들은 토착기업과 높은 수준의 상품수출로 이끈 강력한 국가의 지원이라는 특징을 가진 가장 독자적인 산업화를 경험하였다.[125)]

1980년대부터 2007년까지 부동산은 재테크 트렌드를 이끌어온 가장 좋은 자산 증식의 도구였다. 하지만 2008년 주택가격 하락을 필두로 부동산 시장에 많은 변화가 일어나고 있다. 그러다보니 많은 이들이 부동산가격, 특히 주택가격이 다시 상승할 거라고 생각하고 있지만 이러한 추세는 곧 진정되어 주택가격은 2010년까지 안정세를 유지되었다.

미국의 경제침체에 이어 세계경제에 가장 큰 부담으로 다가오고 있는 것이 바로 인플레이션이다. 블룸버그에 따르면 2008년 9월 현재 인플레이션 압력이 가장 큰 곳은 베트남으로, 2008년 8월에는 물가상승률이 17년 만의 최고 수준인 28.3%까지 치솟았다고 한다. 브릭스 성장국가로 주목 받던 베트남에 닥친 이러한 현상은 다른 나라에도 얼마든지 일어날 수 있다. 성장을 유도하기 위해 자금을 풀면 유동성이 증가해 물가가 오르게 된다.[126)]

124) 루이치 샤르마, 서정아 역, 브레이크아웃 네이션(2022 세계경제의 운명을 바꿀 국가들), 토네이도
125) 고영복, 사회학사전, 사회문화연구소, 2000
126) 백영, 직장인을 위한 생존재테크, 원앤원 북스, 2008

그런데 치솟는 물가를 잡으려면 금리인상 등으로 성장을 억제해야 하는 위상과 중국경제 위축에 대한 우려를 보여주는 일이라 할 수 있다. 특히 전체 수출량의 4분의 1이 중국을 대상으로 하는 한국으로서는 중국에 대한 과다의존의 심각성을 느끼지 않을 수 없다. 새로운 신흥시장 개척과 한발 앞선 창의적 전략이 필요한 시점이다. 2008년 글로벌 금융위기 이후 세계시장의 중심이 선진국에서 신흥국으로 이동하기 시작했고 2000년대 초반부터 신흥국 시장을 꾸준히 공략한 한국 기업은 그 효과를 톡톡히 누렸다. 글로벌 금융위기와 재정위기를 겪으며 상대적으로 선전한 것이다. 그러나 이제 신흥시장에 공을 들이는 것은 한국만이 아니다. 그간 신흥시장을 외면한 탓에 어려움을 겪은 일본도 적극적 대응을 선언하는 등 글로벌 기업의 신흥시장 쟁탈전이 심화되고 있다. 앞으로 중국에서도 시장점유율을 유지·확대 해야겠지만 중국 다음을 준비하고 선점하는 신흥시장 전략이 필요하다.[127)]

4) 최근 우리 경제

최근 우리 경제는 내수와 수출 모두 부진하면서 개선 추세가 다소 약화되고 있고 전산업생산은 광공업생산 및 서비스업생산이 감소로 전환되면서다소 부진하고 내수는 민간소비가 감소하고, 투자 관련 지표는 설비투자를 중심으로 감소세가 지속되고 있다.

그 이유는 민간소비가 비교적 큰 폭으로 감소하였으나, 소비자심리는 대체로 안정적인 모습이고 설비투자의 감소폭이 확대되었으나, 건설투자는 부진이 다소 완화되고 수출과 수입 모두 큰 폭으로 감소한 가운데 무역수지의 흑자폭은 확대 되고 수출 및 수입의 감소는 조업일수의 영향 등에 주로 기인된다. 노동시장은 취업자 증가세가 확대되고 계절조정 고용

127) 삼성경제연구소 신흥신장연구팀, 네스트차이나, 삼성경제연구소, 2012

률이 소폭 상승하는 등 대체로 양호한 모습이며 상용근로자를 중심으로 임금근로자의 증가세가 확대된 반면, 자영업자는 18개월 만에 감소로 전환 소비자물가는 1.4%의 상승률을 기록하며 낮은 상승세를 지속되고 있다. 국내 금융시장은 주식과 채권 가격이 상승하고 원화가치의 상승세는 완만해지는 모습이며 세계경제는 미국과 중국을 중심으로 완만한 경기 회복세가 유지되고 있으나, 유로존과 일본의 경기침체는 당분간 지속되는 경향이 있다.[128)129)]

다음은 우리나라의 최근 경제지표를 그림으로 나타낸 것이다.

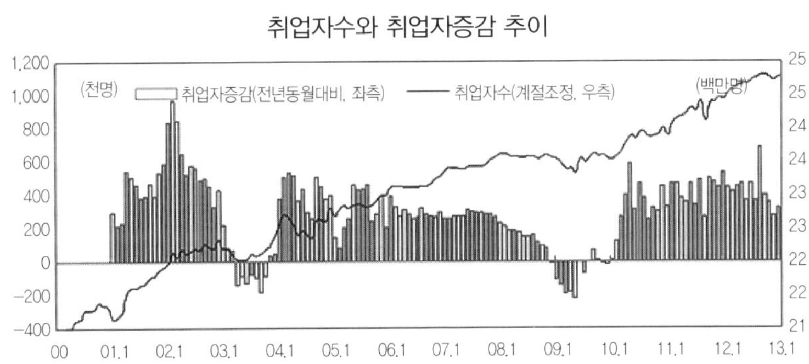

* 자료: 통계청(고용동향)

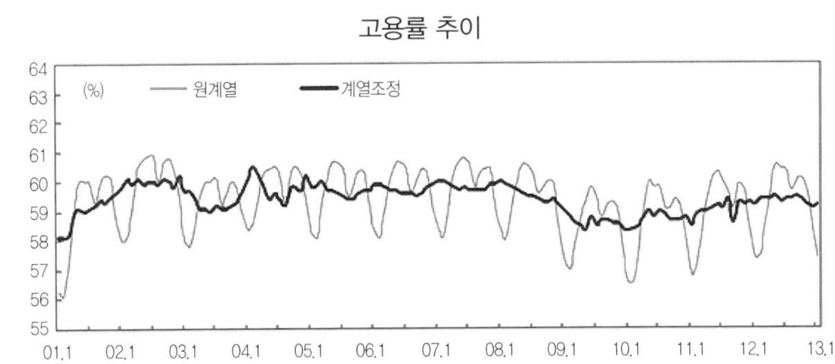

* 자료: 통계청(고용동향)

128) http://m.kdi.re.kr/front/econo_trend.jsp?pub_no=12966, KDI 경제동향 2013. 3
129) http://www.mosf.go.kr/lib/lib01c.jsp, 기획재정부

실업률 추이

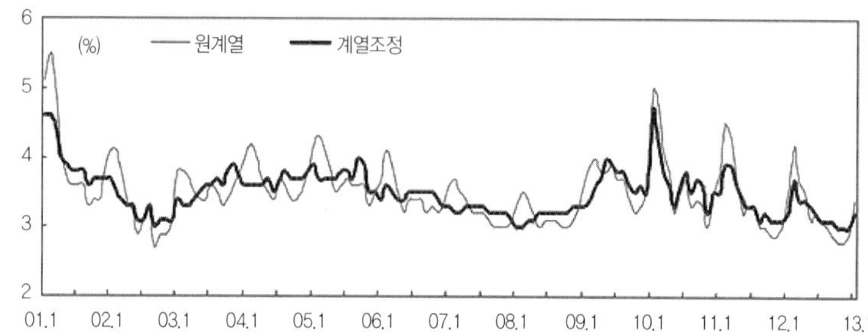

* 자료: 통계청(고용동향)

물가 추이

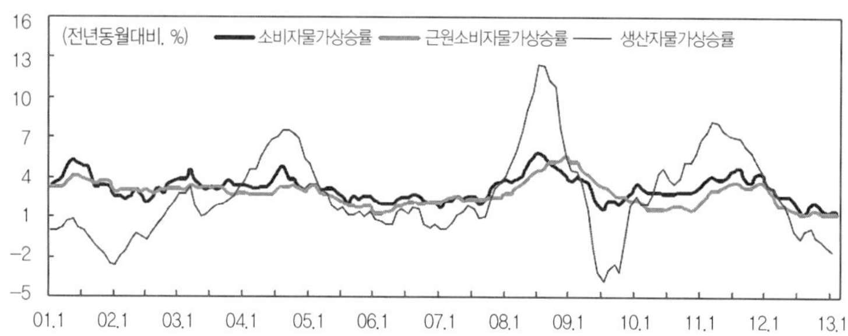

* 자료: 통계청(소비자물가동향), 한국은행(생산자물가)

소비자물가 추이

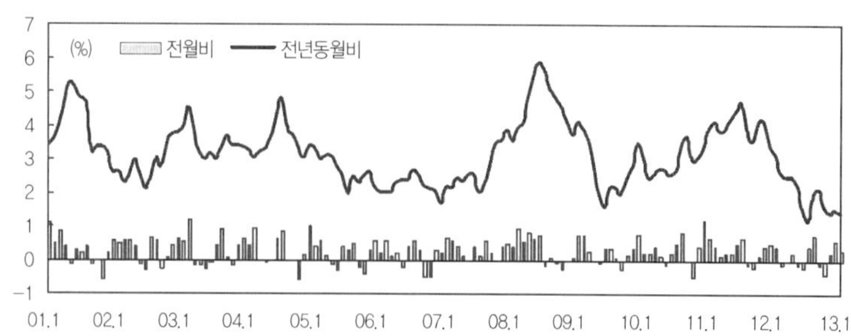

* 자료: 통계청(소비자물가동향)

국제유가 추이

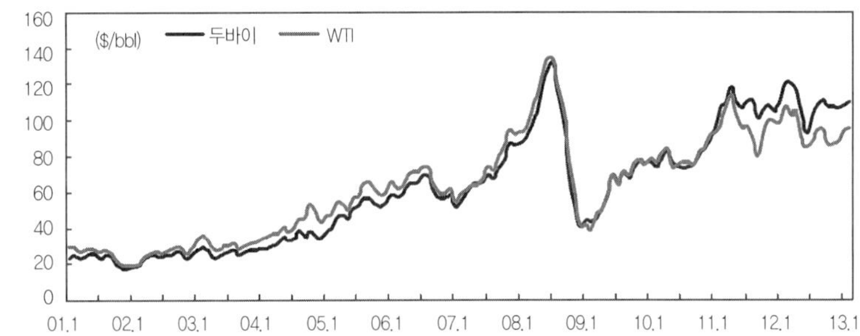

* 자료: 한국석유공사

소비자 심리지수

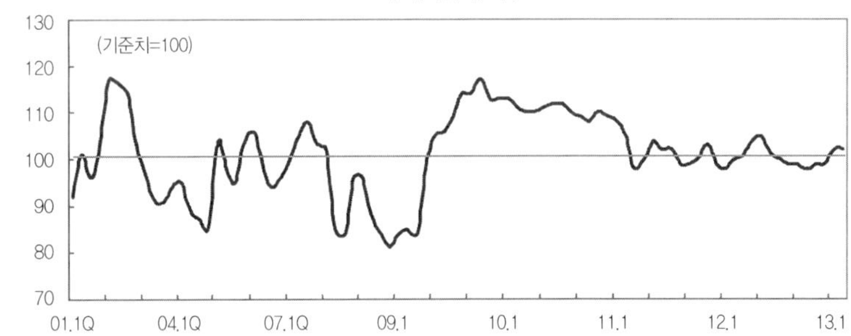

* 자료: 한국은행(소비자동향조사)

연구문제

1. 물가상승 요인에 대하여 약술하시오.

2. 복지문제와 분배법칙의 관계를 설명하시오.

3. 다음 용어를 설명하시오.

   ① 포퓰리즘

   ② 이태백 세대

   ③ 브릭스(BRICs)

   ④ 브레이크아웃 네이션(Breakout Nations)

4. 경제민주화에 대하여 약술하시오.

5. 신흥공업국가의 특징에 대하여 약술하시오.

참고문헌

[1] 송병락, 한국경제의 길, 박영사, 2010

[2] 곽승영, 이영선, 한국경제의 이행과정과 선진국이 되기 위한 변화, 한국제도 경제학회, 2010

[3] 원재훈, 월급전쟁, 리더스북, 2012

[4] 한국복지 연구회, 한국복지국가의 정치경제, 아연, 2012, 중소기업 근로복지의 한계와 과제

[5] 송희영, 절벽에 선 한국경제, 21세기 북스, 2013

[6] 유종일, 경제민주화 분배 친화적 성장은 가능한가, 모티브북, 2012

[7] 비르지니 레송, 권지현, 남윤지 역, 2033 미래 세계사, 휴머니스트, 2013

[8] 장은주, 정치의 이동, 상상너머, 2012

[9] 김태일, 국가는 내 돈을 어떻게 쓰는가(1년에 340조원), 웅진지식하우스, 2013

[10] 이우승, 빈부소통, 미래를 소유한 사람들, 2011

[11] 루이치 샤르마, 서정아 역, 브레이크아웃 네이션(2022 세계경제의 운명을 바꿀 국가들), 토네이도

[12] 고영복, 사회학사전, 사회문화연구소, 2000

[13] 백영, 직장인을 위한 생존재테크, 원앤원 북스, 2008

[14] 삼성경제연구소 신흥신장연구팀, 네스트차이나, 삼성경제연구소, 2012

MEMO

Chapter 7
기업의 성공과 실패

제7장에서는 기업의 성공과 실패에 관하여 살펴본다.

보통 사람들이 모르는 행복의 비밀 중의 하나는, 내일의 행복은 우리가 내일 이루는 성공 여부에 달려 있는 것이 아니라 오늘 얼마나 행복한가에 달려 있다는 사실이다.
많은 사람들은 오늘의 행복이 미래 행복의 씨앗이 된다는 사실을 모른 채, 씨를 뿌리지도 않고 행복이라는 열매를 얻기 위해 바쁘게 살아가고 있다.
하지만 분명한 것은 지금 이 순간 행복하지 않다면 내일도 절대 행복할 수 없다는 사실이다. 행복의 최고 기술은 바로 현재를 붙잡는 기술이다.

7. 기업의 성공과 실패

똑같은 자금과 인적 물적 자원을 갖고도 전혀 다른 결과가 나오는 이유는 여러 사람이 함께 일하는 기업이기 때문이다. 기업(企業)의 '기(企)'는 '사람 인(人)'으로 시작한다. 기업의 성공과 실패의 제1덕목이 사람이라는 것이다. 그리고 그 밑에 '멈출 지(止)'가 있다. 결국, 기업(企業)은 사람들이 함께 멈춰서 일하는 곳이다.

영리한 머리에 열정과 성실함으로 일에 몰두하는 직원만 있다면 회사는 절대적으로 발전할 수밖에 없다는 사실을 기업이라는 단어만 찬찬히 뜯어봐도 알 수 있다.

사람들은 아무나 그 자리에 있으면 할 수 있다고 생각한다. 아주 심한 착각이다. 그래서 안목을 지닌 사람을 심는 일이 중요하다. 그리고 그 사람이 유감없이 창의력을 발휘하도록 만들어 주어야 한다.

어떤 사람 눈에는 보이고, 어떤 사람 눈에는 안 보인다. 직원 수도 같고, 여건도 같고, 직원들이 받는 혜택도 똑같은데 어떤 기업은 승승장구하고 어떤 기업은 부진에서 헤어나지 못한다. 도대체 어디서 차이가 날까? 속을 들여다보면 거기에 사람의 품질이 있었다.

똑같은 물자, 똑같은 브랜드, 이렇게 조건은 모두 똑같은데 어떤 사람 눈에는 보이고 어떤 사람 눈에는 안보였던 것이다. 그래서 비즈니스의 성공과 실패는 철저하게 사람에게 달렸다.

머리 좋은 사람이 열심히 하는 사람 못 따라가고, 열심히 하는 사람이 즐기는 사람 못 따라간다고 하는데, 마찬가지로 책임감도 즐기면 최고의 효과가 나다. 내 가족이 나로 인해서 행복해지는 것을 즐기는 것이다.

즉, 내 책임을 다 하는 것이 소중한 사람을 기쁘게 하는 일이다. 항상 소중한 사람을 기쁘게 만들어야지 우울하게 해서는 안된다. 그런데 사실 그러지 못하는 사람들이 훨씬 더 많다. 그러지 못하는 이유 중 가장 큰 것은 능력이 없어서가 아니라 마음자세 때문이 아닌가 싶다. 부정적인 마음을 갖지 않은것, 긍정적이면서도 적극적인 마음자세를 갖는 것이 중요하다. 실제로 능력차이는 별거 아니다.

성공원리는 고전이 되어 오늘날 더욱 많은 사람들에게 주목을 받고 있다.

사람은 육체와 마음으로 되어있다. 그리고 마음은 눈에 보이지 않는 두 가지 잠재력으로 구성되어있다.

의식과 무의식이 그것인데 이 두 가지를 올바로 사용하면 엄청난 힘을 발휘할 수 있다. 의식에서 만들어져 무의식을 지배하는 힘은 거의 무한한 능력을 갖고 있다.

"아는 것이 힘이다."란 말이 있다.

이 말은 일부만 진실일 뿐 단지 잠재력일 뿐이다. 마치 자동차에 주입된 휘발유가 시동을 켜서 사용하기 전까지는 단지 잠재적 에너지에 불과한 것과 같다.

이처럼 아는 것, 즉 지식은 사용되어야만 비로소 힘이 되는 것이다.

그러므로 의식과 무의식이 조화롭게 작용할 때, 그것은 우리가 알고 있는 힘과 알지 못하는 힘을 함께 활용하고, 조정하고, 조화시키며, 영향을 끼칠 수 있는 것이다.

이 두 힘을 활용하면 당신의 능력은 엄청난 힘을 발휘할 수 있는 것이다.

당신도 이제 이런 습관을 길들여야 한다. 자신의 능력을 극대화 시키는 것은 당신의 삶에서 무엇보다 가장 중요한 일이기 때문이다.

내가 얻고 싶은 것과 그 얻고 싶은 것을 위해 무엇을 해야 할 것인가를 결정했으면, 그 다음에는 나는 그것을 반드시 이루고야 말 것이라는 믿음을 가져라.

그들은 실패로 가려고 하는 본능을 이겨내고, 보다 높은 목표를 위해 자신의 동기를 끌어낸 사람들이다.[130)]

130) 나폴레온 힐, 한상천 역, 나폴레온 힐의 성공원리, 현대미디어, 2013

1) 웅진그룹

1971년 브리태니커 한국지사에 입사해 세일즈맨으로 백과사전을 세계에서 가장 많이 판매하여, 미국 본사에서 54개국 세일즈맨 중 최고 실적을 올린 이에게 주는 '벤튼상'을 수상하기도 했다. 세일즈를 하면서 얻은 긍정적인 사고와 적극적인 태도는 이후 기업을 경영하고 인생을 꾸려가는 데 있어 그를 지탱하는 큰 힘이 된다. 자수성가한 2세대 '창업 CEO의 선두주자'로 손꼽힌다. 1980년 직원 7명으로 출판사업(웅진씽크빅)을 시작해 14개 계열사를 거느린 현재의 웅진그룹이 있기까지 그 바탕에는 윤석금이란 한 개인의 퍼스널리티가 큰 영향을 미쳤다. 이를 증명하듯 윤석금 회장은 2008년 매경이코노미가 선정한 '한국의 경영대가'에서 기업가 중 1위를 차지했고, 최근 영국 선데이타임스에서 발표한 친환경인사 69위에 이름을 올렸다. 사랑, 긍정, 꿈, 열정, 적극성의 대명사인 윤석금 회장의 경영 인생 30년은 열정을 불태우며 성장을 거듭해온 한 개인의 역사인 동시에 웅진이라는 기업의 역사이기도 하다.

경쟁력이란 도전 정신을 갖고 끊임없이 혁신할 때 얻어지는 것이다. 나는 늘 웅진 임직원들에게 "차갑지도, 뜨겁지도 않은 따뜻한 상태에 놓여 있는 것을 경계하라."고 강조한다. 따뜻하다는 것은 편안하다는 뜻이고, 편안하다는 것은 현실에 안주하고 있음을 의미한다. 이가 시릴 정도로 차가운 물을 마시면 누구나 서둘러 더운 물을 섞어야겠다고 생각한다. 어떻게든 자극을 받아야 변화가 시작되는 것이다. 따뜻한 상태에서는 아무런 자극도 일어나지 않으므로 발전과 변화도 꾀할 수 없다.

1980년대 초만 해도 국내 어린이 책은 외국 도서의 모방물이거나 번역본이 대부분이었다. 그래서 '웅진'이라는 이름으로 책을 내기에 앞서 직원들과 함께 기존에 나와 있던 다른 회사의 책들부터 찬찬히 연구해보았다. 그런데 그 결과는 놀랍고도 안타까웠다. 대부분 우리의 현실과 동떨어진 내용이었을 뿐 아니라, 삽화나 사진 역시 서양식 건축물과 푸른 눈,

노랑머리를 한 서양 아이들로 가득했다. 동물이나 자연 풍경도 언젠가 외국 도서에서 본 듯한 사진과 그림이 대부분이었다.

출판사는 문화적 창조로 사회에 기여해야 한다는 신념을 갖고 서양색이 짙은 어린이 책들을 보며 웅진에서 만들어낼 책은 외국 도서의 모방물이어서는 안 된다는 확신을 갖게 됐다. IMF로 온 국민이 어려움에 처했을 때 소비 시장은 급속도로 얼어붙었다. 정수기 같은 고가의 상품은 매출이 뚝 떨어졌다. 판매를 위해 궁여지책으로 무이자 할부 행사를 진행해보기도 했지만 그것도 갚지 못해 연체하는 소비자가 늘어갔다. 어느 순간 정수기 매출이 절반으로 줄어들었다. 사장이 회사를 그만두었고, 할 수 없이 내가 웅진코웨이 사장으로 취임했다.

'어떻게 해야 회사를 다시 살려낼 수 있을까.'

회사를 일으킬 묘안을 찾기 위해 밤낮으로 고민하고 또 고민했다. 시장은 침체기였지만 건강에 대한 소비자의 관심은 높았으므로 분명 방법이 있을 것이라고 생각했다.

비싸니까 팔지 말고 빌려주는 것이다.

생활 가전제품 중에서 냉장고나 세탁기 같은 경우는 불량이 아닌 이상 그 수명을 다할 때까지 소비자의 특별한 관리가 필요 없는 제품이지만 공기 청정기라든지 정수기는 달랐다. 정기적인 필터 교환과 관리가 없으면 아무리 잘 만든 최첨단 제품이라도 오히려 건강에 나쁜 제품이 되고 말기 때문이다. 만약 정수기를 빌려주고 관리까지 기업이 책임진다면 소비자 입장에서는 부담 없는 비용으로 편리하게 제품을 사용하게 되는 것이 아닌가. 게다가 팔지 않고 빌려주니 제품의 소유주는 여전히 기업이고, 그런 만큼 기업은 누가 시키지 않아도 제품에 대한 관리를 꾸준히 할 수밖에 없다. 그러니 이러한 사실을 소비자들에게 인식시키기만 하면 제품에 대한 성의 있는 관리와 그 지속성을 신뢰할 것이 분명했다. 세상에 많은 것을 다 내주면서 결국은 웅진이라는 기업을 그리고 그 이름과 명성을 키워온 것이다. 밀림의 법칙이 작동되는 살벌한 시장에서 그는 늘 웃고 있다. 그 여유는 결국 작은 것을 탐하지 않고 크게 생각하는 큰 바위 얼굴과 같은 경영 방식에 기인한다고 본다(박원순 변호사, 희망제작소상임이사).

그의 사업에 대한 열정, 참신한 아이디어와 상상력 그리고 시장 읽기의 뛰어난 직관력은 단순히 책에서 얻은 지식이나 물질에 대한 욕망의 산물이 아니다. 윤회장은 온몸으로 자신이 일으킨 사업의 한복판으로 뛰어든다. 마치 수영선수가 물속에서 헤엄치듯이 사업의 현장에서 모든 문제들을 헤쳐 갔다. 거기에서 윤석금 신화가 생겨난다. 지력(知力)이 아니라 창조력을 자본으로 한 창조자의 캐릭터가 윤석금 경영학을 만들어낸 것이라고 할 수 있다(이어령(前문화부장관)).

아이들 교육 관련 책 발간, 정수기, 음료, 비데 사업 등이 다 가정의 필수품들이다. 그런데 이제 그는 그 울타리를 막 뛰어넘었다. 태양광 사업 진출, 극동건설 인수로 2차 씽크빅(think big)을 추구하고 있다(장대환 매일경제신문 · TV회장).

전쟁을 경험한 우리 세대들이 보기에 지금은 가진 것이 너무나 많다. 좋은 교육을 선택해 받을 수 있고, 사회적 지원도 얻을 수 있다. 그 안에서 희망을 만들고 발전의 동력을 높여야 할 것은 바로 자신이다. 대학생이나 20~30대의 젊은이들이 읽으면 자신의 능력을 확신하고 자신감을 얻는 계기가 될 것이다. 하고 싶은 일을 찾아 열정을 불태웠던 윤석금 회장의 지난 30년은 그 자체로 젊은이들에게 큰 가르침이다(오명 전부총리겸 과학기술부장관).[131]

131) 윤석금, 긍정이 걸작을 만든다, 리더스북, 2009

2) 동기부여의 힘

3세대 이동통신 시장에 우뚝 선 KTF 쇼(Show) 마케팅 등 그는 오랫동안 수많은 브랜드를 성공시키면서 자신이 겪은 인생과 마케팅 스토리를 정리해 담았다. 고객 감동이라는 마케팅의 활동들이 일상생활이나 일에도 고스란히 적용된다고 말한다. 아내의 마음을 감동시키고, 상사의 마음을 감동시키고, 부하직원의 마음을 감동시키고, 소비자의 마음을 감동시키면, 관계 맺기도 즐겁고 일에서의 성취도 역시 높아진다는 것이다. 그래서 누구라도 성공하고 싶다면 보석 같은 사람들을 내 편으로 만들 수 있어야 한다고 강조한다.

이를 위해 섬세하게 타인의 마음을 다독일 줄 아는 '지혜로운 자'들이 성공의 전면에 서게 될 것이라고 단언한다. 그들은 모두 동기를 부여해 사람들을 성공의 문 앞으로 함께 데리고 가는 탁월한 모티베이터(motivator)라는 공통점이 있다. 국내 최고의 마케터가 말하는 일과 인생과 마케팅 이야기는 마케팅 업무에 종사하는 사람들에게, 리더십을 발휘해야 하는 중간관리자들에게, 무한경쟁시대에 자신을 차별화할 강한 필요를 느끼는 비즈니스맨들에게 많은 도움이 될 것이다.

애경그룹 영국 유니레버 마케팅 전략 팀장, 미국 다이알사 마케팅 이사, 스위스 로슈사 마케팅 이사를 거쳐, 다시 애경산업으로 돌아가 마케팅 상무를 역임했다. 이후 KTF 마케팅 전략 실장으로 자리를 옮겨 상무, 수도권 마케팅 본부장, 전무를 거쳐 KTF 부사장을 역임했다. KTF가 KT로 합병된 뒤 8년 동안 다니던 KT 그룹을 나와 2010년 초 세라젬그룹의 CEO로 취임했다. 그는 취임과 동시에 화장품 회사 세라젬 헬스앤뷰티를 창업했으며, 2개월 만에 국내에서 필란(FEELLAN) 화장품 브랜드를 인수했고, 중국으로 건너가 중국의 화장품 유통사를 인수하는 등 저돌적인 글로벌 마케팅에 대한 자신감을 만천하에 보여주었다. 마케팅 활동을 주로 하면서 하나로 샴푸 등 수많은 히트 브랜드를 탄생시켰고, 쇼와 같은 브랜드의 현장 마케팅의 달인으로 알려져 있다. 그가 25년 동안 마케팅을 하면서 수많은 히트 브랜드를 만들 수 있었던 비밀은 바로, 움직이지 않던 소비자의 마음을 끊임없이 두드려 불을 지핀 결과이다. 그에게 마케터란 마음을 움직이는 사람, 즉 모티베이터(motivator)이다. 고객의 마음을 움직여 시장을 리드함으로써 결국 세상을 움직이는 사람이 바로 마케터다.

이러한 마케팅 활동들은 우리의 일이나 삶에도 그대로 적용된다. 아내, 남편, 친구, 가족, 상사, 동료의 마음을 감동시키면 인간관계나 일에서 놀라운 성과를 거둘 수 있다. 그래서 시스템이나 기술, 돈보다도 더 중요한 것이 바로 사람이라는 것이 확고한 신념이다. 열정적인 사람들이 모여 있고 그들을 이끌어갈 강력한 리더십을 갖춘 회사라면 그 어떤 악조건과 난제도 돌파할 수 있다고 그는 강조한다.

오른손이 없다는 장애에도 불구하고 그 누구보다 열정적이고 긍정적인 마인드로 역경을 이겨내고 눈부신 성과를 이뤄낸 점은 오늘날의 젊은이들에게 시사하는 바가 크다. 또한 현실적인 장애로 고민하는 사람들과 마케팅에 입문하는 사람들에게 강력한 동기부여와 공감을 불러일으킬 것이다.

그가 25년 동안 마케팅을 하면서 수많은 히트 브랜드를 만들 수 있었던 비밀은 바로, 움직이지 않던 소비자의 마음을 끊임없이 두드려 불을 지핀 결과이다. 그에게 마케터란 마음을 움직이는 사람, 즉 모티베이터 motivator다. 고객의 마음을 움직여 시장을 리드함으로써 결국 세상을 움직이는 사람이 바로 마케터다.

그래서 시스템이나 기술, 돈보다도 더 중요한 것이 바로 사람이라는 것이 확고한 신념이다. 열정적인 사람들이 모여 있고 그들을 이끌어갈 강력한 리더십을 갖춘 회사라면 그 어떤 악조건과 난제도 돌파할 수 있다고 그는 강조한다.

오랫동안 현장에서 사업을 하면서 성공하고 싶은 사람, 또 성공이 귀한 줄 아는 사람이 결국 성공한다는 굳은 믿음을 갖게 됐다. 역경을 견뎌내며 성공의 소중함을 이미 깨달은 사람이다. 그의 인생은 고난과의 정면돌파 연속이었다. 나는 그를 오랫동안 지켜보며 그의 생명력과 열정에 감동받았다. 그래서 오래 청한 끝에 마침내 함께 일을 하게 됐다. 그는 어떠한 새로운 환경에서라도 반드시 큰 성공을 거두어낼 거라는 것을 나는 믿는다.

누군가를 두고 상상력이 풍부하다거나 창의적이라고 말한다면 그는 틀림없이 핵심을 잘 간파하고 미래를 바라보는 혜안을 가졌다는 말일 것이다. 그런 의미에서 내 친구 조서환은 상상력과 창의력이 누구보다 풍부한 사람이다. 어언 30여 년간 우정을 나누면서 나는 그가 남들보다 항상 몇 걸음 앞서 생각하고, 언제나 미래를 내다보는 의사결정을 하는 모습을 수없이 봐왔다. 조서환 박사가 어떻게 창의적인 생각을 하는지 그 비결이 쓰여 있다. 갖고 싶다면 이 책에서 그 해답을 구하기 바란다(이장우, 이장우 브랜드마케팅그룹 회장).[132)]

132) 조서환, 모티베이터, 위즈덤하우스, 2011

3) 삼성 이건희 회장

한국사회에서 가장 권력이 막강하다는 대통령들도 5년짜리 계약직 고용사장에 불과하다. 대한민국은 민주공화국이지만 민주공화국의 원리가 삼성 앞에는 무용지물이라고 할 정도다. 삼성의 불법이 드러나도 수사기관은 수사를 제대로 못하고, 공소기관은 공소를 주저한다고 한다. 빵 하나 훔쳐도 감옥에 보낸다는 법원은 그보다 몇백 배 더한 불법에도 그저 솜방망이 처벌을 할 뿐이라고 한다.

삼성은 언제부터 공공의 적이 되었을까? 수많은 기업들 사이에서 유독 삼성을 향한 시선이 곱지 않은 건 무슨 이유일까? 그렇다면 삼성이 해체되거나 경영진이 바뀌면 모두가 원하는 세상이 오는 것일까?.

항간에 떠도는 소문이나 근거 없는 가설에 연연하지 않고, 오직 객관화된 자료와 통계를 바탕으로 삼성을 재조명했다. 삼성은 불과 25년 만에 수두룩하게 무너진 경쟁 기업들 사이에서 무려 300배(시가총액 기준)의 성장을 일궈내며 독보적인 위치에 올랐다. 25년이란 시간은 이건희가 삼성을 경영한 햇수와 일치한다. 전 세계에서 주목하는 그의 놀라운 경영

전략과 비법은 '은둔의 제왕'이라는 별명처럼 제대로 공개되지 않고, 연구되지 않았다.

모든 비즈니스맨이 잭 웰치를 따라하고, 피터 드러커에게서 배우며, 스티브 잡스를 선망의 눈길로 바라볼 때, 가장 가까운 데서 가장 혁신적인 성장을 일궈낸 '이건희'를 파헤치고자 했다.

우리는 조직뿐만 아니라 개인, 더 나아가 경영자와 리더가 아닌 일반 직장인에게도 그대로 적용되어 성공을 이끌 수 있는 이 결정적 비결을 '이건희 27 법칙'이라 부르고자 한다.

리더라면 자신이 스스로 만든 사고의 틀을 통해 자신만의 세계를 확장시켜 나가야 한다. 스스로 상상을 못하는 사람들은 남의 눈을 빌려서야 세계를 보게 되고, 남의 세계에 갇혀 살아야만 한다. 그런 점에서 창의력이 없는 사람은 다른 사람의 세계에 갇혀 사는 노예가 되고 마는 것이다.

결국 남의 눈을 빌려 실제를 보게 되는 사람은 타인의 시야와 폭을 넘어설 수 없게 된다. 남들이 보지 못하는 것을 볼 수 있어야 훌륭한 리더가 될 수 있다. 세상을 이끌고 더 넓고 높게 확장시키는 리더는 남과 다른 것을 생각하고 창조할 수 있어야 한다. 생각 없이 화면만 바라보면 영화도 움직이는 그림에 불과하듯, 우리의 삶도 생각 없이 살아가게 되면 단순한 시간의 흐름과 일상의 반복에 지나지 않는다. 그러한 삶 속에서 백 년이 지나고 천 년이 지나도 발전과 성장이 없다. 창조성이 결여되어 있기 때문이다. 창조를 통해 성장과 발전을 할 수 있는 자는 입체적 사고를 바탕으로 새로운 차원에 눈을 뜰 줄 아는 자들이다.

이처럼 다각적이고 입체적인 사고를 갖게 되면 이전에 생각하지도 못했던 더 많은 것을 얻게 된다. 하나를 투자해 둘을 얻는 것이 기존에 직원들이 가진 사고였다면, 이건희가 말한 방식대로 했을 때는 하나를 투자해 다섯을 얻게 된다. 즉 일석오조의 경영 방법인 것이다. 변화와 혁신에 있어서도, 다른 기업보다 더 깊게, 더 넓게, 더 많이 하고자 했던 것이 이건희의 목표였다. 5% 성장은 불가능해도 30% 성장은 가능하다. 5% 성장을 목표로 움직일 때는 과거의 방식에서 크게 벗어나지 않고 거기에서 조금만 더 열심히 하게 된다. 결국 3% 성장도 달성하기 힘들게 되는 것이다. 하지만 30% 성장을 목표로 하게 되면, 기존에 열심히 하던 것하고 차원을 달리하여 전혀 새로운 방법이 필요하다. 이렇게 혁신적으로 바꾸고 확장시켜서 도약을 하기 때문에 오히려 30% 성장은 현실로 다가오는 것이다.

높고 명확한 목표를 잡아라. 그리고 끊임없이 갈망하라. 마지막으로 동일한 상황도 여러 각도에서 살펴보는 입체적 사고를 하라. 이전과 같은 공간, 같은 시간 속에서 엄청난 차이의 성과를 목격할 것이다. 오늘날 리더에게는 하나를 투자하여 둘을 얻는 일석이조의 낡은 사고가 아니라 일석오조의 혁신적인 경영이 필요하다.

이런 점에서 이건희는 자신이 생각하는 21세기형 리더의 모습은 혁신을 통해 항상 새로운 것에 도전하는 변화 추구형이고, 미래를 선점하는 전략을 창조할 수 있는 모습이어야 한다는 점을 강조했다. 미래 변화에 대한 통찰력과 직관으로 기회를 선점하는 전략을 창조할 수 있어야 한다. 경영자 스스로가 고부가가치 정보의 수신자, 발신자 역할을 할 수 있어야 한다. 물론 국제적 감각은 필수요건이지요. 경영은 하나의 종합예술입니다. 사장이 무능하면 그 기업은 망한다 해도 틀림이 없을 정도로 경영자의 역할은 막중하다. 그러나 의욕과 권한만 가지고는 안된다. 종합예술가에 비유될 정도의 자질과 능력을 갖춰야 한다.

취임 후 이건희 회장이 경영진에게 항상 강조하던 것이 '업의 개념'이다. 지금 하는 일을 정확히 정의해야 사업을 효과적으로 확장할 수 있기 때문이다. 업의 개념을 파악하지 못하면 항상 치열한 경쟁에서 피를 흘리며 싸워야 한다. 승패가 보장되지도 않는다. 하지만 지금의 상황과 사업을 달리 보면 결과도 달라진다. 자기의 사업을 다르게 정의하여 업의 개념을 제대로 정의하면, 기존의 비슷한 기업들과 싸울 필요 없이 새로운 시장이 열리는 것이다.

코카콜라의 경우를 보면 조금 더 쉽게 이해가 될 것이다. 코카콜라를 혁신적으로 변화시킨 전 회장 로베르토 고이쥬에타는 업의 개념을 잘 이해하고 새로 정의한 경영자였다. 그는 이미 포화된 탄산음료 시장에서 우위를 지키는 것에 머물지 않았다.

이건희가 T자형 인재를 선호하며 그러한 인재를 찾고 확보하는 데 열을 올리는 이유가 무엇이었을까?.

일류 리더일수록 자신의 능력과 지혜를 업무에 사용하기보다, 수많은 인재의 지혜와 능력을 널리 활용하는 데 투여한다. 유능한 리더일수록 자신이 바쁘면 안 된다. 부하들의 일에 꼬치꼬치 간섭해서도 안 된다. 직원들의 지혜와 능력을 제대로 사용할 줄 아는 리더는 믿고 맡기면서도 적재적소에 배치해 낼 줄 알아야 한다. 마치 자신은 스스로 아무것도 하지 않는 것처럼 보인다. 이것이 바로 장자의 가르침과 같은 무위의 리더십이고, 군주의 경영 방식인 것이다.

한때 삼성은 일본의 소니, 도시바, 히타치 같은 전자기업과는 경쟁 상대에 들지도 못했다. 글로벌 기업인 인텔이나 휴렛팩커드와는 비교 자체가 되지 않았다. 그렇지만 지금은 일본을 대표하는 소니는 삼성을 비롯한 글로벌 기업에 밀려 사상 최악의 적자와 감원 사태에 이르렀다. 수십 년 동안 아성을 지켜오던 인텔과 휴렛팩커드는 이제 삼성보다 낮은 대우를 받는다. 이 모든 일이 최근 10년 사이에 벌어진 일이다. 이건희 스스로 끊임없는 자기계발을 통해 자신과 삼성의 역량을 끌어올린 것이다. 세상에는 이미 많은 지식과 정보가 널려 있다. 가장 창조적인 리더로 손꼽히는 스티브 잡스도 이미 나와 있는 기술과 정보로 창조경영을 해왔다. 결국 기존의 것을 경영에 얼마나 잘 활용하느냐가 이 시대 최고의 관건이다. 그리고 독서는 이러한 혁신을 가능케 하는 가장 확실한 방법이다.[133)]

133) 김병완, 이건희 27법칙, 미다스북스, 2012

4) 기아자동차

1997년 IMF를 지나 1998년 현대자동차에 인수되면서, 세계 3대 디자인

상을 4년 연속 수상하는 쾌거를 이루며 당당히 2012년 세계 100대 브랜드에 진입한 기아자동차였으나, 그동안 삼성, 현대 등 국내 내로라하는 기업들을 분석하는 책은 많았다. 그러나 때마다 위기를 극복하며 그들만의 독특한 아이덴티티를 만들어내고 있는 기아자동차에 대한 분석이나 발자취에 대한 책은 전무했다.

1990년대 초반만 해도 기아자동차의 성장은 끝을 모를 정도로 눈부시게 이어졌다. 이러한 성장세에 힘을 입은 기아자동차의 경영진들은 자동차에만 집중하는 것으로 성이 차지 않았다. 기아자동차는 자동차를 넘어 건설, 특수강, 금융, 통신 등 비전문 분야까지 문어발식으로 계열사를 확장했다. 차면 넘친다고 했던가. 과잉 투자를 하던 기아자동차는 서서히 위기에 봉착하게 되었다. 특히 비관련 기업을 인수 합병했고, 건설회사 기산의 적자까지 떠안게 되면서 기아자동차의 부실은 심각한 수준으로 확대되기 시작했다.

위기의식을 함께 공유하는 것보다 결속을 강화시킬 수 있는 것은 없다. 기아자동차의 모든 임직원이 회사가 다른 회사에 인수되고 다른 그룹의 계열사가 되는 과정을 지켜보면서 중요한 의식 변화가 일어났음은 아무도 부인할 수 없을 것이다.

위기의식은 사람들을 결속시키고 새로운 활력을 불러일으킨다. 변화를 위한 노력이 대체로 많은 경우에 성공보다 실패가 더 잦은 것은 실패의 핵심을 리더에게 묻지 않고 무능한 직원들에게 그 책임을 전가하기 때문이다. 또한, 조직 구성원들의 신념과 행동이 변화하지 않는 이상 절대로 조직 자체가 변화하지 않는다.

실패하는 기업에도 성공하는 기업과 마찬가지로 멋진 전략과 치밀한 계획, 눈부신 비전이 있다. 그럼 실패하는 기업에 없고 성공하는 기업에만 있는 것이 무엇일까? 바로 실행과 도전이다. 기아자동차에게도 이 행동력이 있었다. 그것은 디자인 경영을 선언한 후 전 사원의 업무환경은 물론 기업문화, 심지어는 분위기까지 디자인 경영을 위한 토대로 바꿀 정도로 강한 실천력을 보여주었기 때문이다.

2005년 11월 기아자동차는 로체를 야심차게 출시했다. 쏘나타와 같은 엔진을 쓰고 있었지만 가격 경쟁력이 있었고, 신차라는 기대효과가 있었다. 하지만 소비자들의 반응은 차가웠다. 당시 국내 경기 상황이 나쁘지 않았음에도 기아자동차가 내놓은 야심 찬 신차 로체는 판매 부진에 시달려야 했다. 이러한 실패 경험은 기아자동차가 다시 한 번 심기일전하는 기회가 되었다. 이후 기아자동차는 최고디자인책임자(Chief Design Officer), CDO체제를 만들고 세계적인 자동차 디자이너를 영입하기에 이르렀다. 보이지 않는 자산이란 그 기업에 축적된 기술과 디자인에 대한 역량뿐만 아니라 경영 이념까지 포함된다. 기아자동차는 눈에 보이지 않는 자산인 이념에 집중하기 시작했다.

기아자동차는 2012년 글로벌 브랜드 컨설팅 그룹인 인터브랜드가 선정한 '2012년 세계 100대 브랜드'에 당당히 이름을 올렸다. 삼성전자, 현대자동차에 이어 세계100대 브랜드에 진입한 기아자동차는 이제 한국을 대표하는 기업 중에 하나가 되었고, 우리 국민이 격려와 사랑과 관심을 가져야 할 회사가 되었다.[134)]

5) 행동하는 자의 행복과 성공

보통 사람들이 모르는 행복의 비밀 중의 하나는, 내일의 행복은 우리가 내일 이루는 성공 여부에 달려 있는 것이 아니라 오늘 얼마나 행복한가에 달려 있다는 사실이다.

많은 사람들은 오늘의 행복이 미래 행복의 씨앗이 된다는 사실을 모른 채, 씨를 뿌리지도 않고 행복이라는 열매를 얻기 위해 바쁘게 살아가고 있다.

하지만 분명한 것은 지금 이 순간 행복하지 않다면 내일도 절대 행복할 수 없다는 사실이다. 행복의 최고 기술은 바로 현재를 붙잡는 기술이다.

수많은 사람들이 행복하지 못한 것은 과거를 후회하고 미래를 걱정하기 때문이다. 그래서 현재의 행복을 누리지 못하는 것이다. 행복은 온전히 현재에 있기 때문에 지금 이 순간을 붙잡아서 누려야 한다. 성공해야 행복할 수 있는 것이 아니라, 행복해야 성공할 수 있다. 행복은 성공의 목적이거나 삶의 목적이 아니라, 성공적인 삶을 살아가기 위해 가장 필요한 수단이며 도구다. 오늘 행복해라. 그러면 내일 성공할 것이다. 성공은 오늘 행복할 수 있는 자의 것이다.

행복과 동행하면서 가는 목적지는 성공이다. 새로운 시대를 살아가야 할 우리에게는 과거 사람들이 살아온 방법이 아닌 새로운 방법과 전략이 필요하며, 그러한 새로운 전략과 방법은 '행복 성공학'이다.

성공하고 싶다면 어떻게 열심히 일하며 살까를 고민하지 말고, 어떻게 지금 이 순간 행복하게 살까를 고민해야 한다. 과거에는 열심히 노력하고 일하는 사람이 성공했지만 이제는 그런 사람보다 행복한 사람이 더 성공하는 시대로 접어들었기 때문이다.

스타벅스가 단기간에 성공한 것은 맛있는 커피를 팔았기 때문이 아니라, 커피를 마시며 감성과 영혼이 쉴 수 있는 제3의 장소를 팔았기 때문이다. 여기서 좀 더 파고 들어가 보면 바로 행복을 팔았다고 할 수 있다.

행복한 사람이 결국에는 성공을 이루게 된다는 사실을 발견할 것이다. 그러나 그러한 사실을 아는 데 그쳐서는 안 된다. 사람은 재능이 없어서 실패하는 것이 아니라, 목표가 없어서 실패한다. 목표 없이 일하면 일자체가 재미없다. 그런데 하겠다고 마음먹고 자기 자신을 시험하면 얼마나 쾌감을 느끼는지 모른다.

평등은 곧 불평등이다. 일을 하건 안하건 똑같은 월급 받는 것이 불평등이라는 말이다. 그래서 자본주의 사회에서는 반드시 인센티브 제도가 필요하고, 모티베이션이 필요하고, 경쟁이 필요하다. 그러니까 그런 것도 한번 실행해보는 거다.[135)]

135) 김병완, 성공이 목표일지라도 행복이 우선이다, 북허브, 2013

가슴을 설레게 하고 영혼에 감동과 전율을 심어주는 삶을 살아야 한다.

그렇게 하려면 세상이 정해놓은 틀에 박힌 목표나 세상에 찌든 목표에서 벗어나야 한다. 그리고 돈을 벌어 부자가 되겠다든가, 직장에서 성공해 임원이 되고 사장이 되겠다든가, 연예인이 되어 돈과 인기를 모두 얻겠다든가 하는 일반적인 목표가 아닌 자신만의 목표를 찾아야 한다.

자신이 가장 잘할 수 있는 일, 하면 할수록 가슴 설레고 즐거운 일, 자연스럽게 세상에 영향을 줄 수 있는 일을 찾아야 한다. 그러기 위해서는 먼저 자신의 강점을 찾아야 한다. 자신의 강점을 찾아 강화해나가는 것이 행복하게 목표에 도달할 수 있는 길이며 큰 꿈을 이루는 길이다.

내 허락 없이는 아무도 나를 실패자나 성공자로 만들 수 없다. 그런 점에서 당신이 평범한 존재가 된 것은 무언중에 스스로 선택하고 생각하고 행동한 결과이며 마찬가지로 비범하고 유일무이한 존재가 된 것 또한 스스로 생각하고 선택하고 행동한 결과다. 내 능력을 사용할 수 있는 유일한 존재는 바로 나 자신이며, 능력을 사장시켜 폐기해버릴 수 있는 유일한 존재도 역시 나 자신이다.

자기 삶의 혁명가가 되도록 해주는 유일한 존재는 자기 자신이다. 내 적도 역시 나 자신이다. 따라서 자신의 강점을 찾아 끊임없이 발전시키고 결국은 자기 자신을 뛰어넘어야 한다. 인생은 짧고 지식은 미천하고 경험은 얄팍하고 기회는 순식간에 지나간다. 결국 필요한 것은 자신에게만 주어진 독특한 강점을 경영하는 것이다. 그것이 바로 남과 다른 존재가 되는 길이다.

남과 같은 것을 해서는 큰돈을 벌 수 없을 뿐만 아니라 세상을 놀라게 할 수도 없다. 그리고 무엇보다 자신의 피를 끓게 할 수 없다. 자신이 하고 싶은 일, 잘할 수 있는 일을 찾으면 열정이 생기고 피가 끓고 가슴이 뛴다. 그러면 에너지가 폭발하게 되고 그것이 바로 큰일을 해낼 수 있는 또 다른 원동력이 된다. 그래서 뜨거운 열정이 없는 사람은 세상을 놀라게 할 위대한 일을 해내지 못한다.

세상이 놀랄 만한 일을 하려면 먼저 자신이 열광해야 한다. 무엇인가에 미쳐야만 그것을 이룰 수 있고 그것에 도달할 수 있다. 그러려면 자신이 가장 잘할 수 있는 일을 해야 한다.

독서는 삶의 기쁨이며 특권이다. 그러한 기쁨을 누린 사람만이 그 가치를 알고, 그 결과 더욱더 그것에 빠져들게 된다. 독서를 통해 몸과 마음은 새로운 힘을 얻는다. 일상에 지쳐 쓰러져가는 몸과 마음도 독서를 통해 새로운 힘과 정신을 얻고 회복된다. 아무리 세상일이 억장이 무너질 만큼 답답하고 억울하고 서글퍼도 한두 시간 독서하면 그러한 것들을 모두 사라지게 할 수 있고, 새로운 삶의 동기와 활력을 얻을 수 있다. 그런 점에서 독서는 삶의 비타민이다. 독서는 사람만이 누릴 수 있는 권리다.

당신이 실존하는 유일한 시간은 바로 지금 이 순간이다. 모든 힘과 에너지를 쏟아 부을 수 있는 시간도 바로 지금이다. 그렇기 때문에 강점에 집중할 수 있는 최고 시간은 바로 지금 이 순간이다. 그런 점에서 강점에 집중하는 최고 방법은 지금 이 순간을 붙잡는 것이다. 시간은 한정되어 있고 한정된 자원을 극대화하는 것이 인생에서 행복하고 성공적인 삶을 살아가는 방법이며 동시에 강점을 강화하는 최고 방법이다. '지금 이 순간을 붙잡아라.' '지금 이 순간에 집중하라.' 그리고 자신의 강점에 모든 에너지를 쏟아 부어라. 그것이 자신의 강점에 집중하는 것이다. 지금 이 순간에 충만하고 강렬하게 집중할 때 가장 자기다워지고 자기 자신이 될 수 있다.

그런 점에서 지금 이 순간의 삶에서 자신의 강점에 더욱더 집중해야 한다.[136)]

136) 김병완, 가슴 뛰는 성공 너만의 강점으로 승부하라, 멘토르, 2013

세상을 움직이려면 먼저 나 자신을 움직여야 한다."(소크라테스)

우리는 모두 꿈을 간직하고 산다. 하지만 누구는 그 꿈을 현실로 이루고 누구는 만날 망상에 그치고 만다. 그 차이는 무엇일까? 꿈과 망상의 차이는 구체적인 행동이 뒤따르느냐 마느냐의 차이이다. 우리가 무엇인가를 이루기 위해서 가장 필요한 것은 'Just do it!', 바로 '행동력'이고 '실행력'이고, '실천'이고 '나아감'이다.

우리를 진정 잘 살게 해주는 것은 무엇일까? 지식이나 학식이나 재능일까? 아니다! 이 세상은 똑똑하고 능력 있는 사람들이 아니라 자신을 뛰어넘은 사람들의 것이다. 당신이 당신 자신을 뛰어넘지 못한다면 누군가가 당신을 뛰어넘을 것이다.

당신 자신을 뛰어넘는 법을 제시해줌으로써 여러분 삶의 큰 기폭제가 되어 줄 것이다.

세상의 수많은 창업 전문가들은 하나같이 철저한 사전 준비를 하고, 완벽한 창업계획서를 만들어야 낭패를 보지 않는다고 한다. 하지만 이분들을 보자.

국내 최고의 기업을 일군 이병철 회장과 정주영 회장, 일본 최고의 기업을 일군 손정의와 마쓰시타 고노스케, 그리고 세계 최고의 기업을 일군 빌 게이츠와 스티브 잡스, 그리고 한국 사회에 신드롬을 일으키고 있는 안철수와 15세기 인쇄술 발명 이후 최대의 문화 혁명으로 평가받고 있는 페이스북을 창업한 마크 주커버그, 이들의 공통점은 무엇일까?

놀랍게도 이들 모두 20대를 전후한 시기에 창업을 시작하여 사업가의 길로 일찍 들어섰다는 점이다. 그들은 다른 사람들이 완벽한 때를 기다리며 우물쭈물하고, 더 많은 준비를 하고, 더 좋은 때를 기다리고 있을 때, 과감하게 도전했다. 이들은 모두 완벽한 준비와 완벽한 사업계획서가 아니라 완벽하게 준비가 안 된 상황에서 창업을 했다. 이들은 놀랍게도 일단 시작했다. 그리고 그 결과 세계적인 기업을 일궈냈던 것이다.

우리가 이들에게 배워야 할 교훈 중에 하나는, 완벽함을 추구하기보다는 빠른 도전을 하여, 도전하고 실패하고 또 도전하는 것이 성공할 확률이 높다.[137)]

137) 김병완, 세상은 행동하는 자의 것이다, 마인드 북스, 2013

연구문제

1. 동기부여의 힘의 결과에 대하여 약술하시오.

2. 행동하는 자의 행복과 성공 관계를 설명하시오.

3. 다음 용어를 설명하시오.

   ① 업의 개념

   ② 스타벅스의 성공요인

   ③ 'Just do it!'

   ④ KTF 쇼(Show) 마케팅

4. 기아 자동차의 경영 전략에 대하여 약술하시오.

5. 장자의 가르침과 같은 리더십과 군주의 경영 방식은 무엇인가?

참고문헌

[1] 나폴레온 힐, 한상천 역, 나폴레온 힐의 성공원리, 현대미디어, 2013

[2] 윤금석, 긍정이 걸작을 만든다, 리더스북. 2009

[3] 조서환, 모티베이터, 위즈덤하우스, 2011

[4] 김병완, 이건희 27법칙, 미다스 북스, 2012

[5] 김병완, 기아는 어떻게 위기를 극복했는가, 참돌출판, 2013

[6] 김병완, 성공이 목표일지라도 행복이 우선이다, 북허브, 2013

[7] 김병완, 가슴 뛰는 성공 너만의 강점으로 승부하라, 멘토르, 2013

[8] 김병완, 세상은 행동하는 자의 것이다, 마인드 북스, 2013

Chapter 8

농업의 경영위기

제8장에서는 농업의 경영위기 관하여 살펴본다.

기후변화가 예상보다 빠르게 나타나고 폭염, 호우 등에 따른 기상재해가 빈번히 발생함에 따라, 농림수산식품분야에 대한 기후변화의 영향이 크게 증가하고 있어 이에 대한 대비를 위해 지난해 기상청이 기후변화 新시나리오를 발표하는 등 기후변화 전망 및 영향 분석이 계속 발전됨에 따라, 온난화와 기상재해의 발생빈도 증가는 기후변화에 민감한 농림수산식품 분야에 많은 영향을 미칠 것으로 예상됨에 따라 농림수산식품부, 농촌진흥청, 산림청은 농림수산식품 분야에서 기후변화 적응 대책을 수립하는 한편, 탄소배출 감축 정책도 추진하고 기후변화가 이미 진행 중인 상황에서 농림수산식품산업의 안정적, 지속적 성장을 위해 기후변화 적응 대책이 추진되고 있다. 농림수산식품 분야에서도 기후변화 완화를 위해 온실가스 감축 대책 추진하고 있다.

8. 농업의 경영위기

우루과이 라운드 협상에 의해 2014년을 끝으로 쌀시장이 개방되고, 높은 관세가 적용되었던 수입쌀은 싸게 들어온다. 농가에 대한 소득보전금을 당장의 경제적인 논리로 줄인다면, 미래에 더 큰 경제적 비용을 지불해야 할 것이다.

2011년 기준으로 현재 우리나라 쌀 생산량은 420만 톤이고 수입이 57만 톤인데, 쌀시장 개방을 앞두고 중국과 미국 순으로 수입량이 많아진다. 최후의 보루인 쌀까지 내준다면 식량 자급률이 낮은 우리나라는 식량지배에 묶인 식민지가 될지도 모르겠다.

한국은 밀의 주요곡물로 많이 먹는데, 자급률이 1%도 되지 않는다. 밀 생산량은 4만톤이고 수입이 무려 467만 톤이다. 밀값이 오르면 라면, 과자, 빵집, 짜장면 등 밀가루 음식에 관련된 모든 물가가 오르게 된다. 옥수수의 자급률이 1%도 되지 않는다. 옥수수가 중요한 이유는 옥수수가 대부분 사료로 사용되기 때문인데, 옥수수의 값이 오르면 고기값도 오른다. 옥수수 기름도 많이 사용되고 있는데, 식용 기름 값도 오르게 된다. 국내 옥수수 생산량은 7만톤이고 수입이 775만 톤이다. 이중 600만톤을 미국에서 수입하고 있다.

콩은 된장과 간장을 만드는 데에 필요한 재료로 단백질 섭취를 돕고 기름을 만드는 데에 쓰는 콩의 자급률은 대략 10%이고 국내 콩 생산량은 12만톤이고 수입은 114만 톤이다. 미국에서 55만톤, 브라질이 38만톤, 중국에서 10만톤 정도 수입하고 있다. 모든 음식에 빠지지 않는 설탕은 수입량이 254만 톤을 전량 수입이다. 주로 호주, 태국에서 수입하고 있다. 소금의 자급률은 10% 정도로 생산량은 2010년 기준 47만톤 정도이고 2011년엔 348만톤을 수입했다(호주: 176만, 중국: 69만, 멕시코: 67만).

우유는 원유기준으로 188만톤을 생산하고 171톤을 수입되고, 자급률이 52%이다.

소고기는 21만톤을 생산하고 28만톤을 수입되고 자급률은 42%이다.

돼지고기는 57만톤을 생산하고 37만톤을 수입되고 자급률이 60% 정도이다.

닭고기는 45만톤을 생산하고 13만톤을 수입해 77%의 자급률을 갖는다.

자급률이 높은 것도 있다. 감자, 고구마, 반찬거리인 배추와 무, 조미료 재료인 고추, 마늘, 양파, 파, 생강 등은 자급률이 90% 이상이다.

우리는 식량의 많은 부분을 수입에 의존하고 있다. 가장 우려스러운 것은 기후변화로 인한 곡물가격 상승이다. 국제곡물의 생산량이 떨어지고 국제곡물가격이 상승하면 전반적인 물가상승이 예상된다. 2012년 미국은 최악의 가뭄으로 옥수수와 콩 등의 가격이 상승하였다.[138)]

기후변화가 예상보다 빠르게 나타나고 폭염, 호우 등에 따른 기상재해가 빈번히 발생함에 따라, 농림수산식품분야에 대한 기후변화의 영향이 크게 증가하고 있어 이에 대한 대비를 위해 지난해 기상청이 기후변화 新시나리오를 발표하는 등 기후변화 전망 및 영향 분석이 계속 발전됨에 따라, 온난화와 기상재해의 발생빈도 증가는 기후변화에 민감한 농림수산식품 분야에 많은 영향을 미칠 것으로 예상됨에 따라 농림수산식품부, 농촌진흥청, 산림청은 농림수산식품 분야에서 기후변화 적응 대책을 수립하는 한편, 탄소배출 감축 정책도 추진하고 기후변화가 이미 진행 중인 상황에서 농림수산식품산업의 안정적, 지속적 성장을 위해 기후변화 적응 대책이 추진되고 있다. 농림수산식품 분야에서도 기후변화 완화를 위해 온실가스 감축 대책 추진하고 있다.[139)]

산업화, 도시화, 고도성장 시대를 지나며 경제적 효율성에서 다른 산업에 밀린 농업은 어느덧 사양산업으로 인식되고 있다. 자원 순환적이고 환경 친화적인 농업이야말로 현재 우리가 겪고 있는 환경위기와 자원위기에 대응하여 나라와 생명을 살릴 미래 산업이라고 주장한다. 우리 경제가 당면한 불확실성의 터널을 벗어나기 위해 우리에게 왜 농업의 르네상스가 필요한지, 농업을 신성장동력으로 삼아 위기를 극복해야 한다.

138) 농림수산식품부, 2011년 농림수산식품 수입현황, 2011
139) 농림수산식품부, 농림수산식품 분야 기후변화 영향 및 대응계획, 2012

지금 우리는 역사상 그 어느 때보다도 경제발전의 성과를 누리고 있다. 하지만 동시에 불확실한 글로벌 경제의 파동 속에서 전에 없는 위기 상황에 놓여 있기도 하다. 가장 큰 문제는 꾸준히 증가한 가계와 나라의 빚과 세계경기 침체로 수출시장의 전망이 밝지 않다는 점이다.

2008년 이후 떠오른 유로존 국가들의 부도 위험은 결코 남의 나라 일이 아니며, 일본이 겪은 잃어버린 10년 또한 언제라도 우리를 덮쳐올 위험이다. 더욱이 극심한 사회적 분열과 갈등으로 인한 사회적 자본의 취약성과 준비되지 않은 남북한의 통일 문제는 우리 경제의 숨통을 언제든 조여 올 위험 요소다.

게다가 눈앞에 닥친 위험은 전 지구적으로 닥쳐오는 식량위기, 자원위기에는 속수무책이다. 전 세계가 자원전쟁, 식량전쟁 속에서 자국 보호주의 정책을 펴는 가운데, 경제적 효율성을 앞세워 모든 산업의 근간이 될 수 있는 농업에 대한 인식이 무지에 가까운 것이 우리의 현실이다.[140)]

140) 이태호, 윤병삼, 성진근, 김병률, 농업이 미래다, 삼성경제연구소, 2011

우리나라 농촌지역은 1960년대 이후 도시화, 공업화로 인하여 노동력의 유출과 노령화를 경험하였으며 1990년대 들어와 농산물의 가격 불안정 농수산물 시장의 국제 개방 등으로 많은 어려움을 겪고 있다. 그러나 오늘날에 와서 산업화 시대에 외면 받았던 농촌은 여가시대를 맞아 새롭게 그 가치를 인정받고 있다. 또한 환경, 생명 다양성을 중시하는 사회적 가치변화로 농업 농촌에 대한 사회적 요구도 크게 변하고 있다. 이 가운데 농촌 지역의 아름다운 경관, 문화자원을 활용한 관광 사업은 새로운 가능성을 제시한다. 최근 들어 농촌의 문화, 자연경관, 환경, 조용함과 따뜻함을 상품화한 새로운 농촌체험관광에 대한 관심이 높아지고 있다.

농촌관광의 전망으로 전체적인 관광패턴이 유흥 및 오락 위주에서 체험관광위주로 증가하는 것이 세계적인 추세이며 최근 체험을 중심으로 한 독특한 경험과 가치를 얻고자하는 관광 욕구가 증가하고 있다.

또한 전원 휴식공간으로서 농촌지역에 대한 국민의 인식 변화와 주 5일제 근무 확산 등에 따라 계속 증가하고 있는 국내 관광수요에 따른 농촌관광의 수요증가로 농촌 활성화에 대한 가능성이 제시되고 있다.

농촌관광에서 체험 프로그램은 단순히 체험 그 자체에 머무는 것이 아니라 민박, 농산물 판매, 식음, 체험, 휴양 등과 연계하여 효과를 높여야 한다. 민박도 단순한 민박이 아니라 체험프로그램이 덧붙여질 때 가치를 발휘하며, 지역특성에 맞는 독특한 체험프로그램은 이용객들에게 잊혀지지 않는 추억을 만들어 재방문을 유도하는 효과가 있다. 따라서 농촌관광 수용에 대한 체험프로그램의 역할은 매우 크며, 이의 성공여부가 도농교류의 성패를 좌우하게 된다.

한국의 식품산업은 2011년 기준 GDP의 3.26%, 제조업 GDP의 11.61%를 점유하고 있으며, 관련 생산 업체수는 약 2만 5,000여개, 종업원 수도 약 28만여명에 달하는 전통적인 기반산업이다. 특히 전통식품에 신기술이 융합된 고부가가치식품은 최근의 안전 및 웰빙 등 식품 소비 트렌드와 부합하여 신성장동력 분야로 주목받고 있다. 이에 따라 세계 각국도 식품클러스터 조성 등을 통한 글로벌 경쟁력 강화에 주력하고 있으며, 기업들도 R&D 투자를 통해 시장 선점에 나서고 있다.

한국의 식품산업 생산액은 2008년 36조 6,496억원에서 연평균 3.23% 성장률을 보이며 2011년 40조 3,182억원을 기록하였으며, 매출액도 2008년 39조 2,988억원에서 2011년 44조 4,483억원으로 연평균 4.19% 증가하였다.

매출액 중 출하액은 2008년 이후 연평균 3.62% 증가하며 2011년 40조 8,772억원을 기록하였으며, 특히 수출액은 연평균 11.58% 급증하며 2011년 32억 2,266만달러(3조 5,711억원)를 나타냈다. 수입액은 2008년 98억 6,094만달러에서 2011년 131억 9,508만달러로 연평균 10.20% 증가했다.[141)]

141) 2011년 식품수출 32억 2,266만 달러, 수입 131억 9,508만 달러

향후 식품산업의 생산액과 출하액은 각각 연평균 11.71%와 12.64% 증가하며 2015년 62조 7,943억원과 65조 704억원으로 확대될 것으로 전망되며, 수출액도 연평균 15.01% 성장률을 보이며 55억 8,578만달러를 기록할

것으로 예상된다. 특히 빵 또는 떡류, 용기. 포장, 규격 외 일반가공식품, 조미식품 분야의 시장 확대 규모가 크게 나타날 것으로 전망된다. 또한 농림수산물. 미생물 소재 건강기능식품과 특수용도 및 맞춤형 식품, 기능성식품, 전통발효식품 등이 고부가가치 식품으로 주목받을 것으로 예상된다.[142)]

벌꿀은 식물의 생리작용을 돕고, 인간에게 유익한 꿀을 제공한다.

미생물(균)은 무한한 잠재력을 인간에게 제공(된장, 버섯 등)한다.

원숭이는 열매를 먹고 씨를 뿌리고(10-20km), 아마존의 밀림을 지킨다.

프랑크톤은 빛의 광합성에 의한 바다의 먹이 사슬로 자연의 흐름을 완성하고 있다.

식물세포는 50배, 곰팡이는 100배, 세균은 1,000배 바이러스는 5만배로 확대해야 볼 수 있다(제주도, 농업기술원, 홍순영).

옥토는 흙 1g에 유용 미생물 1억마리가 있어야 된다(EM 센터, 이영민).

다산 정약용 선생을 생각한다(김성훈, 농어민 신문, 2011, 10, 3). 정약용은 500권이 책을 저술하면서 인간이 재발견과 백성을 사랑하는 애민정신을 객관적으로 증거를 중시하는 합리적이고 과학적인 학문자세와 실용주의 노선을 추구했다.

전체 농민의 70%가 쌀농사를 하고 있으며, 농산물 생산량이 50%를 차지하고 있다. 식량자급률 22%로 WTO 개방후 쌀이 완전 개방되면 4% 식량 자급률로 쌀 농민은 사라질지 모른다. 1989년 소련의 붕괴는 미국이 곡물전쟁에 의한 자연스런 붕괴다.

쿠바는 30농가 단위로 2년 동안 연구하고 성과에 따라 농학박사 학위를 수여하는 현장 농업정책으로 미국에 굴복하지 않는 근간을 이루었다.

142) 한국산업마케팅연구소, 식품산업 분야별 시장동향과 유망식품 기술개발현황, 2013

1) 농업정책의 중요성

국가가 정책적으로 농업 보조비율은 유럽이 77%, 미국이 51%, 스위스는 농업자원을 125% 관광 자원화하고 있으며, 한국 5%인 120조원 가량을 투입하고 매출은 40조원이라는 딜레마 속에 농업정책을 고민하고 있다.

농업환경이 급격한 변화는 2002년 정부가 2003년 産 추곡수매가를 사상 처음으로 2% 내리기로 결정하는 등 현행 쌀 정책의 전환을 모색하는 전환기였다. 2002년 한 · 중 마늘 세이프가드 파동에 이어 농업계가 반대해 온 한 · 칠레 FTA도 타결되면서 농업인들의 반발이 일어났다. 한편 해마다 반복되고 있는 질병 · 재해와의 전쟁은 2002년에도 계속되었고, 수입농산물 증가로 수급 불안정이 심화되면서 농업부문의 성장위축은 가속화되었다.

선진국 세수와 관련한 예산은 중앙/ 지방 20% ; 80%데 반하여, 한국은 광역시를 뺏고 재정자립도가 30%미만으로 124개 지자체는 공무원 급여도 모자란 상태, 전라남도가2004년도에 재정자립도가 20%였는데 8년후 유기농 인증 농산물을 전국의 61%를 생산하면서 1억이상 농가소득을 올리는 농가를 500명 이상 배출한 것은 철저한 단체장이 리더십이었다.

선진국일수록 농업을 중시한다. 왜냐면 식량대란을 겪었기 때문이다. 농사꾼은 300만원 이상 수입 보장이 안 되면 농사를 포기해야 한다.

농업이란, 하늘과 땅, 사람이 어울려 행하는 생명(생태)산업이다. 농업이 없이는 뭇사람들이 생명과 나라의 고른 발전과 공동체 문화가 생기지 못한다.

농업 없는 국가, 농촌 없는 도시, 농민 없는 민족, 이는 국민의 식량주권을 사수하기 위해 선진국 일수록 농업정책을 강화하고 있다.[143)]

350만 농민 중 여성이 53.3%이고, 100년 동안 세계 평균온도 0.7도 상승, 한국은 1.5도 상승으로 150고지로 농산물 작황 이동하였고, 80㎞ 이상

143) 김성훈 2012. 3. 15. 한. 미 FTA 발효 관련 칼럼, 농어민 신문, 2012. 3. 5.

북쪽으로 생산지가 이동하였다. 이에 따른 병충해 발생 심화로 아열대 농작물 재배를 적극 검토하고 있다.

세계인구 20%가 세계자원 80%를 소비한다. 매일 5천명이 오염식수로 죽는다. 10억에 가까운 인구가 기아에 허덕이고 있다. 수자원은 40년보다 40%가 고갈 되었다. 매년 1,300만 헥타르 숲이 사라지고 있다.

최근 기후변화로 인한 도시에서의 피해가 증가하고, 내수침수, 산사태, 하천범람 등 복합적인 피해유형이 나타나면서 기후변화 및 이로 인한 극한강우, 국지성 집중호우 등에 대한 관심이 커지고 있다. 한정된 공간과 한정된 자원에서는 이러한 기후변화에 따른 수재해의 적정 대응방안을 선택적으로 가져야할 필요가 있다. 이러한 의사결정을 위해서는 기후변화에 의한 극한강우에 따른 재해영향성을 평가해야 한다. 한반도의 시공간 분포를 비교 분석하여 미래의 기후변화 시 극한강우의 발생이 한반도의 재해위험에 미치는 영향을 평가하였다. 극한변동지수는 경상도와 전라도 지역이 크게 나타났고, 인간위험지수는 7대 광역도시 및 수도권에서 크게 나타났으며, 재해영향지수는 서해안 일대, 경상도와 전라도 경계에 위치한 지역 등이 크게 나타나, 향후 기후변화에 의한 수재해 영향이 증가 될 것으로 분석 되었다.[144)]

144) 장대원, 김병식, 김주환, 기후변화로 인한 극한강우가 재해에 미치는 영향, 한국방재학회, 2012

인류는 불의 사용과 가축 사육, 농업활동 등을 통하여 지속적으로 자연을 변화시켰고, 산업화 이후 빠른 속도로 광대한 지역의 삼림이 파괴되고 있다. 삼림의 파괴는 지표면의 반사되어 영향을 미칠 뿐만 아니라 이산화탄소의 흡수원을 제거하는 것으로 기후변화의 요인이 된다. 또한 산업혁명 이후 급증하기 시작한 이산화탄소(CO_2), 메탄(CH_4), 아산화질소(N_2O), 프레온가스 등은 온실효과를 일으켜 기온을 상승시키고 있다.

2012년 만료되는 교토의정서를 2020년까지 연장하고, 선진국과 개도국이 모두 참여하는 새로운 감축안을 2015년까지 만들기 위한 기반을 조성했다. 또한 기후변화로 인한 손실과 피해에 대한 지원을 공식화 했다는 의의가 있다. 각국의 주요 인사들은 선진국과 개도국간 대립의 한계를 지적하고 기후변화 대응의 진전이 더디다며 대체적으로 부정적인 평가를 한 것으로 조사되었다.

실질적인 감축을 위해 필요한 의무 감축국 목표설정, 감축기간 및 방법, 녹색기후기금 분담률 및 지원방안 등의 사항들과 구체적인 이행방안에 대한 합의는 지지부진한 상황이 지속됨을 우려하는 양상을 보였다. 또한 주요 외신들은 새로운 국제협약과 기후기금 마련에 노력하겠다는 성과를 낳았지만, 서약에 불과하고 불확실하므로 현실적인 진전이 필요하다고 평가하였다. 자국의 경제적 이익을 최우선 하는 기조가 정착되면서, 연장된 교토의정서에 의거 2차 공약기간에 미국, 러시아, 일본, 캐나다 등 전세계 배출량의 58.4%를 차지하는 주요 국가들이 불참함으로서 사실상 온실가스 감축효과를 기대하기 어렵게 되었으며, 2015년까지 협상을 통해 만들어질 새로운 기후변화체제도 실질적인 감축체제를 구축하긴 어려울 것으로 보인다.

도하 총회 결과에 따라 2020년까지 우리나라는 개도국 지위를 유지함으로써 기후변화협약에 따른 강제 부담은 없으나, 우리 기업들은 당장 배출권거래제 등 국내법으로 시행되고 있는 각종 규제에 대한 대비가 필요하다. 주요 경쟁업체가 중국, 대만, 일본, 인도 등 감축 의무를 지지 않는 국가에 속해 있는 업체일 경우 국내법에 의한 규제가 수출경쟁력에 영향을 줄 수 있기 때문에 규제대응을 위한 철저한 대비책을 마련해야 한다.

또한 녹색기후기금 운영 방식 및 사업 참여방안을 숙지하고 이를 적극 활용하는 전략을 모색해야 한다. 이는 녹색산업 해외 진출에 있어서 필수요소인 이전사업실적을 확보하는 계기로 작용할 수 있다. 장기적으로 우리 기업은 2020년 이후의 신기후체제에 대한 정보와 이것이 국내 기후변화정책에 미치는 파급효과를 예의 주시하며, 선진국과 개도국간 차별성 유무와 양자오프셋과 같은 새로운 시장메커니즘이 미치는 영향 등에 대한 점검이 요구된다.

2) 농업의 엔트로피법칙

제러미 리프킨이 엔트로피법칙은 모든 물질과 에너지는 사용 가능한 것에서 사용 불가능한 것으로, 질서에서 무질서로 변한다.

새로운 이론으로 기존의 가치관을 강하게 부정하며 새로운 가치 질서를 창조하고자 할 경우에 새로운 가치는 사람들에게 충격을 주기 마련이다. 시간이 지나며 그 새로운 가치에 사람들이 동의하면 그 가치는 새로운 세계관으로 그 시대 사람들이 공유하게 된다.

사실 제레미 리프킨이 '엔트로피'란 말을 처음 사용한 것은 아니다. 이 법칙을 처음 발견한 사람은 프랑스의 사디 카르노였고, 이 말을 처음 만든 사람은 독일의 루돌프 클라우시우스였다. 그런데 우리는 '엔트로피' 하면 리프킨을 생각하게 되었다.

먼저 엔트로피란 말의 개념은 다른 말로 열역학 제2법칙이라고 한다. 그렇다면 열역학 제1법칙을 먼저 알아 봐야 할 것이다. 열역학 제1법칙은 "우주 안의 모든 물질과 에너지는 불변하며 따라서 창조될 수도 파괴될 수도 없다. 단지 그 형태만 바뀐다."는 것이다. 에너지의 총량은 변하지 않는 다는 에너지 보존의 법칙이다.

열역학 제2법칙은 "우주 안의 물질과 에너지는 한 방향으로만 변할 수 있다. 즉 유용한 상태에서 무용한 상태로, 획득 가능한 상태에서 획득 불가능한 상태로, 질서 있는 상태에서 무질서한 상태로만 변한다는 것이다. 이 시점에서 '역사는 진보의 과정이며, 과학과 기술이 질서 있는 세계를 창조할 것'이라는 기존의 기계론적 세계관을 리프킨이 파괴하고 있다

엔트로피 증가로 인한 가장 커다란 위협은 가용 자원이 없어지는 것과 비례해서 환경오염과 파괴가 뒤따른다는 것이다. 리프킨은 이 상황을 이렇게 표현하고 있다. "호모 사피엔스는 고도로 산업화된 석유 화학적 환경에 적합하도록 만들어지지 않았다. 인간의 신체 구조는 수백만 년 전 인류가 처음 출현한 이래 달라진 것이 없다. 인류는 수렵 채취에 적합하

도록 설계되어 있는 것이다." 따라서 리프킨은 재생 가능한 에너지에 기반을 둔 저에너지 소비사회로 회귀하자고 외치고 있다. 새로운 시대에는 건강하고 존엄한 삶을 누리기 위해 생산과 소비를 적게 하며 스스로의 억제에 의해 인구가 줄어들 것이라고 보았다.

현재 우리가 누리고 있는 산업 사회의 풍요로움을 완전히 버리고 개별 자급자족 농업으로 돌아가야 한다는 말에는 완전히 동의할 수 없었다. 아마도 우리 후손의 시대가 되어야 그것을 확인할 수 있을 것이다.

미국은 세계 1/20의 인구로 세계에너지의 1/3 가량을 소비한다. 이는 석유, 석탄 등 광물뿐만 아니라 기타 광석 등의 소비 또한 같다. 1,2차 석유 파동시 가장 큰 파격을 받은 나라 또한 미국이다. 미국이 중동에서 탐욕스러운 전쟁을 일으키는 이유 또한 여기에 있다. 그리고 최근 중국이 희귀광물을 이용해 일본을 압박한 것 또한 OPEC이 카르텔을 통해 가격을 담합하듯 에너지 및 광물은 권력화 수단이 되어버렸다. 하지만 더 우려스러운 것은 중동 등 지하자원을 통해 부를 쌓은 나라들이 미국과 같은 산업화에 열을 올리고 있다는 것이다.

제레미 리프킨은 그에 대한 대안으로 떠오르는 합성연료, 핵융합, 핵분열, 기타 에너지원들이 현재 우리의 문제를 해결 할 수 없다는 것이다. 엔트로피 법칙에 의해 고도화된 에너지원은 기존에 비해 더 많은 에너지를 소비하는 것으로 극대점을 향하는 시간을 앞당길 뿐이다. 그렇다면 대체에너지는 어떠한가? 풍력, 태양광, 열에너지 등 또한 기존 에너지에 기생해서 이루어 질 뿐이다. 하지만 그 극대점을 향하는 시간을 늦을 수 있는 길임을 분명하다.

그가 이야기하는 방법은 과거로의 회귀에 가깝다. 화학비료와 농약으로 대변되는 미국식 대단위 기업 농업에서 노동집약적인 유기농 농업으로 우리 서울과 같은 메트로 시티에서 5~6만 단위의 소규모 도시로 돌아가기를 기원하고 있다.

폭발적인 인구증가로 식량이 부족하고, 환경오염으로 생태계가 파괴되고 자원이 고갈은 전쟁과 재앙을 불러 올 수 있다.

엔트로피 법칙을 이해하며 우리를 자유롭게 해줄 수 있는 진리로 받아들인다면 새 시대의 선구자가 될 수 있는 길이 열릴지도 모르겠다.

도시민들의 삶 속에 농촌이 있다는 건 누구나 안다. 도시민들이 빠른 속도로 삶의 무게 중심을 잡아가는 동안에도 도심 외곽에서는 우리들의 먹을거리가 재배된다. 외곽에서 재배된 농산물들은 도로를 따라 도시로 유입되고, 불지불식간에 우리는 그 먹을거리로 생명을 잇는다. 이러한 도시와 농촌 간의 보이지 않는 연대가 분명히 존재하지만 도시와는 달리 우리의 농촌은 피폐화되어 가고 있다.

농촌은 도시보다 빠른 고령화를 보여주고 있다. 전체 농가인구에서 65세 이상의 고령농가가 차지하는 비율은 1970년 4.9%에서 2010년 31.8%로 증가하여 전체인구에 비해서 농가에서 고령인구의 비율이 높았다. 농가인구의 고령화는 농가의 양극화 심화, 농업발전 저해 및 복지 수요 증대 등 광범위한 영향을 미치게 된다.

조선조 후기 실학자로, 목민심서, 흠흠신서 등 500여권을 저술하여 실학을 집대성한 다산(茶山) 정약용(丁若鏞)의 농업관을 살펴보며 온고지신으로 삼고자 한다.

"원래 농업이란 하늘과 땅과 사람이라는 삼재가 어울려 상생과 화합의 길을 일궈감에 있어, 세가지 불리점을 극복하기 위하여는 이른바 3농(三農)정책을 펼쳐야 한다.

첫째, 후농(厚農)주의다. 대저 농사란 장사보다 이익이 적으니 정부가 각종 정책을 통하여 수지맞는 농사가 되도록 해 주어야 한다.

둘째, 편농(便農)주의다. 원래 공업에 비하여 농사짓기가 불편하고 고통스러우니 정부는 경지정리, 관개수리, 기계화를 통하여 농사를 편히 지을 수 있도록 하여야 한다.

셋째, 상농(上農)주의다. 일반적으로 농민의 지위가 선비보다 낮고 사회적으로 대접을 제대로 받지 못함에 비추어 농민의 사회적 위상을 높이는 정책을 펼쳐야 한다.

앞서 언급한 농업 고령화를 정약용의 삼농주의를 바탕으로 극복하여 농민의 실익을 증진할 필요가 있다.

네덜란드 농업이 총 부가가치의 12%, 총 고용의 10%를 차지한다. 네덜란드 농업의 성공 요인은 먼저 무역 활성화다. 네덜란드는 무역이 국가경제에서 많은 비중을 차지하고 있으며, 또 네덜란드는 농업을 지속 가능하고 경쟁력을 가진 산업이 되게 하기 위해 부단히 노력하고 있다.

공공-민간의 파트너십이 잘 구축돼 있는 것도 네덜란드 농업의 강점이다. 대표적인 것이 '푸드밸리(Food Valley)'로, 지역네트워크 개념이다.

미국은 민간의 농업연구 활동이 가장 왕성한 나라임에도 불구하고 주요 농업기술의 연구개발(R&D)은 연방정부가 담당하고 있다. 8,200여명의 정규직 공무원, 미국 전역에 산재된 100개소 이상의 연구기관이 소속돼 있는 미국 농업연구청은 한국으로 말하면 농촌진흥청과 같은 조직이다. 민간연구기관의 활동이 활발한 미국에서 왜 대규모 정부조직이 농업 R&D를 담당하고 있는지 깊이 생각해 볼 필요가 있다.

농업 R&D는 기업과 민간의 산업개발 기반기술제공의 기능도 담당한다. 캘리포니아의 오렌지 산업이 세계적인 명성을 얻기까지는 수십년에 걸친 국가의 투자와 ARS 연구진의 노력이 있었기에 가능했고, 워싱턴주의 사과와 체리, 조지아주의 땅콩 산업 역시 예외가 아니다. 농산업에 대한 국가의 역할이 잘 드러난 성과이다.

우리 농업 · 농촌은 한 · EU FTA에 이어 한 · 미 FTA가 발효되었고, 한 · 중 FTA협상도 본격화 되어 올 해도 개방화가 계속되어 힘들고 어려움이 예상된다.

하지만 농심(農心)으로 하나 되어 정부 · 기업 · 연구기관으로 이어지는 협력체계를 구축을 통해 농업부문을 발전시킨 네덜란드의 경험을 타산지석으로 삼을 필요가 있겠다.[145)]

145) 민연태, 한국농업의 성공 길 지식과 혁신, 녹색시민, 2009

3) 한국농업의 희망

녹색성장을 추구하는 정부는 세계가 주시하고 있다. 이에 따라 녹색성장에 큰 역할을 할 것으로 보이는 농업 · 농촌에 대한 관심이 높아지고 있다.

식량위기가 대두될 미래에는 식량 확보가 바로 국가의 경쟁력이 된다. 이에 대한 대비책으로 이제부터라도 첨단 농업발전을 위해 온 힘을 기울여야 한다. 이런 세계적 흐름에 걸맞게 정부도 미래지향적인 농업 · 농촌 정책을 시행하고 있다.

세계화, 지식정보화, 고령화 등을 특징으로 하는 21세기 변화의 시대를 맞이하여, 우리 농업이 지향해야 할 비전과 발전 목표의 관점에서 농정의 흐름을 서술하였다. 초고령화되고 있는 농촌의 모습, 그동안 진행되어 왔던 농업 · 농촌정책과 대내외 농정여건 등을 살펴보는 것을 시작으로, 식량정책, 명품 농산물, 농업 R&D, 농촌 공간, 산림경영과 농림예산 등 농정 전반에 이르는 정책을 점검해보고 방향을 제시했다.

미래사회에서 농업은 생명 · 환경산업으로 발전하여 자연환경 보전, 전통문화와 지역공동체 유지와 같은 다양한 기능을 수행하게 될 것으로 예상하고 있다. 정부 또한 이와 같은 농업 · 농촌의 중요한 역할을 인식하고 이를 확대 · 발전시키기 위해 노력해 왔다.

농촌 공간 활성화하기 위해서는 전원마을 조성과 고가(古家)의 관광자원화, 농촌폐교 활용, 신활력사업에 대한 지원을 아끼지 않아야 한다고 주장한다. 농림 R&D 부분에 대해서는 소형화한 삽살개, 건강기능성 거대 배아미, 무균토끼 등에 대한 성공사례를 제시하면서 앞으로 이들 연구에 대한 지원이 미래 농업에 지대한 영향을 끼치게 될 것임을 주장하고 있다.[146)]

농산물의 경쟁력은 소매시장의 매대 위에서 소비자의 선택으로 결정된다.

146) 임상규, 녹색희망 농업의 미래, 매일경제신문사, 2009

글로벌 경쟁시대를 살아남기 위해서는 농업계 전체가 하나로 협력하는 시스템을 구축해야 한다. 지금은 국가 간 농업시스템 경쟁시대이다. 중앙정부, 지방정부, 연구기관, 농협, 공사, 농민이 따로 놀아서는 안된다. 잘 나가는 농민만 잘 나가게 해서는 안 된다. 잘 나가는 시스템을 만들어 보통농민도 거기에 편승하도록 해야 한다.

대응시스템 내에서 농업문제의 당사자인 농민들의 권한과 책임이 커져야 한다.

농업의 농정문제는 결국 현장이 제대로 굴러가야 한다. 몇 사람 공무원들이 획일적인 규정으로 그 많은 일을 할 수 없다.

현장의 일은 너무나 다양하고 일상적이다. 현장에 있는 농민들이 권한과 책임을 가지고 이 일을 해내야 한다.

농민들의 자조. 자립. 자율정신이 드높아져야 한다. 이를 실현하기 위해 자발적이면서도 강력한 농민교육이 이루어져야 한다.

농업에 그렇게 많은 정부 예산을 '쏟아 붓는다'는데, 왜 농민들은 항상 어렵다고 아우성일까?

소비자들은 해마다 농산물 값이 올라 걱정이고, 농민들은 제값을 못 받아 걱정인데, 농산물 유통구조는 왜 고칠 수 없는 걸까?

농협은 해마다 수조원에 이르는 신용사업 수익으로 '돈 잔치'를 벌이는데, 왜 정작 주인인 농민들은 가난에서 벗어나지 못하는 걸까 예산의 수립과 집행체제가 달라져야 하고, 농업관련 기관과 단체의 지배체제가 달라져야 한다.

농민들은 품목별로 하나로 협동하는 체제를 확립해야 합니다. 기술센터는 품목별로 전문화되고, 품목과 운명을 같이하는 체제가 되어야 한다.

농협은 돈 버는 금융회사와 품목별 유통회사로 재편되어야 합니다. 중앙회와 조합의 신용사업을 통합하고 지분을 농민에 배분하여 농협에 대한 농민지배체제를 확립하고, '목돈'을 배당 받게 해야 한다.

농업정책의 수립과 집행을 행정과 대등한 위치에서 협의할 수 있는 '농민대의기구'가 만들어지게 해야 한다.

그는 세계에서 가장 똑똑하고 부지런한 농민과 수많은 지원인력과 충분한 자금을 갖고도 농업계가 어려운 이유는 영농기술과 R&D, 유통, 마케팅을 이어주는 '효율적인' 농업시스템이 부재하기 때문이라고 주장한다. '제스프리'(뉴질랜드 유통협동조합)에 버금가는 세계 최고의 품목별 유통회사와 네덜란드보다 더 효율적인 농업 R&D체계, 프랑스 농업회의소보다 더 강한 농민대의기구가 필요한 이유다.

농업 문제의 진정한 당사자인 농민들이 권한과 책임을 갖고 직접 나서야 한다는 게 지론이다. 뿔뿔이 흩어져 있는 농민들을 하나로 모아 대표성 · 전문성 · 책임성을 갖춘 조직을 만들고, 이 조직이 정책당국은 물론 국회의원, 농업관련 기관 · 단체, 대형유통업체 등과 대등하게 맞설 수 있어야 한다.[147)]

147) 이헌목, 한국농업 희망 솔루션, 한국농어민신문

농업 자체 내에서의 증산 및 소득증대와 국제경쟁력의 강화를 위해 농업기술의 혁신적 개발 향상이 이루어져야 할 것이다. 이를 위한 주요 과제로는, 농지의 개발 및 기반정비, 합리적 이용 등 국토의 효율적 이용, 내재해성 향상에 의한 농업생산성의 향상 및 안정성의 제고, 적지적작(適地適作)을 통한 각 작목의 단지화 · 규모화 등 농업구조개선과 작물재배 및 가축사육을 위한 시설화 및 기계화에 의한 토지 및 노동생산성 제고, 농산물의 유통, 가공 및 가공기술 등의 개선, 경제수종(經濟樹種)의 개발 및 갱신조림, 건전농산물의 생산을 위한 농업 생산 환경의 정화 및 조성, 농산물 적정가격의 유지보상 및 재해보상제도의 개선 강화, 농촌복지 및 문화시설의 양적 · 질적인 확대개선 등을 들 수 있다.

농업이 위기라는 사실은 누구나 다 알고 있었지만, 최근 한미 FTA를 둘러싼 농민들의 시위에 대해 일부에서는 너무 과한 것이 아닌가란 목소리가 있었다. 식량지급률 25% 밖에 안 되는 나라에서 남의 나라에 먹을거리를 의존한다면 앞으로 어떻게 될지 생각해 보았다.

21세기 산업 전반에 걸친 사회변화와 강대국 사이에 낀 우리나라의

내 · 외부적 상황을 종합하여 우리 농업의 올바른 대안을 이야기한다. '국민 모두가 당사자가 되는 국민농업', '신자유주의를 넘어서는 지속 가능한 국민농업' 이렇게 2가지를 제창하며, 구체적으로 이를 어떻게 실현시킬 수 있는지 알려준다.

도시농업에서 나오는 먹을거리가 얼마나 가치 있는지를 소개하며 도시에서도 농사를 지어야 한다는 주장을 하고 있다.

무조건 농업에 관심을 가지고 발전시켜야 한다고 주장하지 않는다. 우리나라를 둘러싼 각종 주변 환경, 내부적인 문제들을 고려하여 모두가 잘 살 수 있는 효과적인 대안들을 제시해야 한다. 농업이 계속되어야 하는 이유와 방법을 설득력 있게 제시하며 국민들이 농업의 가치를 재인식하고 농업 속에서 새로운 사회의 씨앗을 발견할 수 있다.[148)]

148) 박세길, 우리농업 희망의 대안, 시대의창, 2007

농민들은 산업화 시대의 그늘에서 묵묵히 땅을 일구고 자식들을 교육시켰다. 오늘날 대한민국을 만든 토양이 농촌에 있음을 부인하는 사람은 많지 않을 것이다. 그러나 한국 농업은 스스로 부를 창출하는, 지속가능한 시스템을 만드는 데는 실패했다.

이대로 가면 한국 농업은 수십 년 내에 지속가능성을 완전히 상실할 것이란 경고가 예사롭게 들리지 않는다.

이제 세계 최대 산업은 IT나 자동차가 아니다. 6조 달러에 육박하는 글로벌 농, 식품 시장은 IT와 자동차를 합한 것보다 크다. 다른 어떤 첨단산업 못지않게 빠르게 성장하는 시장이다. 선진국과 거대 자본들이 앞 다퉈 농업에 뛰어드는 이유다.

이처럼 막대한 부를 눈앞에 두고도 한국 농업은 패배주의에 함몰돼 글로벌시장을 외면해 왔다. 그 결과 65세 이상 고령 농민이 100만 명이고, 농업 무역적자는 연간 200억 달러에 달하는 처지로 전락했다. 지금 당장 미래 첨단농업으로 방향을 틀지 않으면 한국 농업은 희망이 없다. 우리에겐 자본과 기술이 있다. 배후시장 입지는 농업강국 네덜란드보다 뛰어나다. 한국이 조선, 반도체, TV, 휴대폰에서 세계 최고가 될 줄 누가 알았나.

뛰어난 수출 노하우와 압축 성장의 경험도 갖고 있다.

더욱이 농 · 식품 산업은 경기 사이클 영향이 작고 향후 인구증가, 소득증대 등으로 시장규모 역시 지속적으로 확대될 전망이다. 한국 농업은 위기인 동시에 엄청난 기회에 직면하고 있다는 얘기다. 여기서 이대로 주저앉는다면 새로운 국부 창출의 기회를 고스란히 날리는 우를 범하게 된다.

과감한 발상의 전환이 절실하다. 이를 통해 100년 후 후손을 위해 지속가능한 농업의 토대를 만들어줘야 한다.

모든 제조업 분야가 그랬듯이 농업 역시 수출에 승부를 걸어야 한다. 농업은 분명 대한민국의 미래를 여는 또 하나의 열쇠다. 2500년 전 그리스 아그리젠토가 농업으로 번영을 일궜듯이 한국도 아시아의 농업 중심국이 될 수 있다.[149)]

149) 매일경제 아그리젠토 코리아, 첨단농업 부국의 길, 매경, 2010

연구문제

1. 농촌관광의 전망에 대하여 약술하시오.

2. 미래의 한국 농업의 희망에 대하여 설명하시오.

3. 다음 용어를 설명하시오.

   ① 푸드밸리(Food Valley)

   ② 제스프리(뉴질랜드 유통협동조합)

   ③ 정약용의 3농(三農)정책

   ④ 적지적작(適地適作)

4. 농산물 유통구조에 대하여 약술하시오.

5. 한국도 아시아의 농업 중심국이 되는 요소를 설명하시오.

참 고 문 헌

[1] 농림수산식품부, 2011년 농림수산식품 수입현황, 2011

[2] 농림수산식품부, 농림수산식품 분야 기후변화 영향 및 대응계획, 2012

[3] 이태호, 윤병삼, 성진근, 김병률, 농업이 미래다, 삼성경제연구소, 2011

[4] 한국산업마케팅연구소, 식품산업 분야별 시장도향과 유망식품 기술개발현황, 2013

[5] 김성훈 2012, 3, 15, 한. 미 FTA 발효 관련 칼럼, 농어민 신문, 2012, 3, 5

[5] 장대원, 김병식, 김주환, 기후변화로 인한 극한 강우가 재해에 미치는 영향, 한국방재학회, 2012

[6] 민연태, 한국농업의 성공 길 지식과 혁신, 녹색시민, 2009

[7] 임상규, 녹색희망 농업의 미래. 매일경제신문사, 2009

[8] 이헌목, 한국농업희망 솔루션, 한국농어민신문

[9] 박세길, 우리농업 희망의 대안, 시대의창, 2007

[10] 매일경제 아그리젠토 코리아, 첨단농업 부국의 길, 매경, 2010

Chapter 9

관련 논문 결과

제9장에서는 관련 연구논문 결과에 관하여 살펴본다.

9. 관련 논문 결과

1) 주택담보 가계 대출[150)]

배 경

지난 2010년 10월 주택담보대출이 크게 늘어나면서 잔액이 350조원을 돌파했다. 16일 한국은행이 발표한 '10월 중 예금취급기관 가계대출' 자료에 따르면 일반 예금은행과 상호저축은행, 신용협동조합 등 예금취급기관의 주택담보대출은 10월 한 달 동안 3조 261억 원이나 증가했다. 올해 들어 가장 큰 증가 폭이다. 이에 따라 주택담보대출 잔액은 350조 495억 원으로 사상 처음으로 350조원을 넘어섰다. 예금은행의 주택담보대출은 2조 1987억 원 늘어난 279조 65억 원,비 은행 예금취급기관의 주택담보대출은 8274억 원 늘어난 71조 430억 원을 각각 기록했다. 주택담보대출을 포함한 전체 가계대출 잔액은 5조 2967억 원 증가한 583조 6275억 원으로 집계됐다. 예금은행이 2조 6570억 원 늘어난 425조 2915억 원, 비 은행 예금취급기관이 2조 6397억 원 늘어난 158조 3360억 원이었다. 비 은행 예금취급기관 가운데 특히 새마을금고가 신용대출을 중심으로 영업을 확대하면서 가계대출을 증가시켰다고 보도하고 있다.

150) 김희철, 신현철, " 주택 담보 가계 대출액 결정요인 추정에 관한 패널 데이터 모형 연구" 韓國컴퓨터情報學會論文誌, 第16卷第7號, 2011. 7.

결 과

주택담보대출 가계 대출은 복잡하고 그룹(항목)별, 시간별로 다양한 원인에 의해서 대출 결정이 이루어 질 수 있다. 본 연구는 주택담보대출 가계 대출액을 결정 할 수 있는 모형을 설정하고 패널 데이터 모형의 추정을 통해 주택담보대출 가계대출 결정요인을 파악하는데 연구의 목적을 두었다.

본 연구에서는 패널자료모형을 적용한 7 항목그룹(6개 광역시, 서울)을 대상으로 분석기간은 2007년 1월부터 2010년 9월까지의 45시점 동안의 월별자료 및 분기별 자료를 이용하였다. 주택담보대출 가계 대출액 결정요인을 추정하는데 있어서 6개의 독립변수 중에서 소비자물가지수와 실업률은 유의수준 1%에서 유의적인 정(+)의 영향을 미치는 것으로 나타나고 있다. 이 결과는 사회변수인 소비자물가지수와 실업률이 증가하면 그 결과는 주택담보 가계대출액을 증가시키는 역할을 한다고 할 수 있으며 보건의료비 지출률은 5% 유의수준에서 유의적인 음(-)의 영향을 미치는 것으로 나타나고 있다. 이 결과는 소득이 올라가면 보건의료비 지출은 감소되고 소득이 떨어지면 보건의료비 지출은 의도적으로 감소시켜 가계 대출액 증가를 막아주는 역할을 한다고 판단된다. 그리고 가구당 월평균 가계소득과 종합주가가 증가하면 가계수입이 증가하여 그 만큼 주택담보가계대출을 감소시키는 역할을 하지만 비유의적인 인자로 나타나고 있으며 일반은행가계대출 연체율이 증가하면 이에 따라 가계 담보 대출을 증가시키나 이것도 비유의적인 인자로 판명 되었어 큰 영향을주지는 않은 것으로 나타났다. 그리고 그룹(지역)특성 효과는 거의 존재하지 않는다고 결론을 내려도 무방하다.

■ 표 9-1 일반은행 주택 담보 가계대출액

통계표	일반은행의 가계대출(주택) 지역별(월별)(단위:십억원)						
지역	서울	부산	대구	인천	광주	대전	울산
2007/01	100,552.3	14,460.8	9,101.4	14,244.7	3,371.2	5,339.2	3,339.3
2007/02	100,855.7	14,294.5	9,163.5	14,527.8	3,401.0	5,292.8	3,406.2
2007/03	100,845.4	14,373.3	9,172.7	14,520.9	3,438.3	5,298.2	3,541.6
2007/04	100,608.4	14,160.3	9,176.2	14,536.1	3,534.4	5,250.8	3,618.1
2007/05	99,516.3	14,190.0	9,193.8	14,500.0	3,571.8	5,210.9	3,594.8
2007/06	99,351.6	14,191.3	9,236.6	14,637.9	3,598.8	5,178.3	3,600.2
2007/07	99,003.5	14,336.5	9,268.8	14,728.0	3,627.9	5,142.1	3,643.7
2007/08	98,846.1	14,303.4	9,302.0	14,746.2	3,650.2	5,152.2	3,672.8
2007/09	98,683.7	14,272.1	9,290.4	14,900.8	3,596.9	5,120.6	3,731.7
2007/10	98,712.3	14,346.2	9,337.1	14,910.5	3,682.2	5,115.7	3,673.5
2007/11	98,990.5	14,494.3	9,349.8	14,969.8	3,663.4	5,109.6	3,658.9
2007/12	98,375.1	14,467.5	9,349.3	15,121.5	3,693.0	5,047.9	3,660.1
2008/01	98,248.6	14,446.6	9,285.1	15,226.2	3,759.6	4,979.9	3,618.0
2008/02	97,093.1	14,247.1	9,227.0	15,247.7	3,806.2	4,973.3	3,645.3
2008/03	97,170.5	14,292.2	9,167.2	15,246.1	3,859.1	4,953.2	3,619.8
2008/04	97,992.5	14,420.3	9,201.0	15,275.8	3,902.2	4,959.6	3,658.7
2008/05	98,450.7	14,353.9	9,136.2	15,409.7	3,924.6	4,935.1	3,766.3
2008/06	98,569.3	14,363.8	9,190.4	15,499.2	3,941.4	4,951.2	3,784.0
2008/07	99,316.9	14,373.8	9,136.7	15,563.7	4,001.1	4,932.2	3,839.6
2008/08	99,405.5	14,442.4	9,094.5	15,604.8	4,006.0	4,939.1	3,821.0
2008/09	99,560.3	14,439.4	9,065.7	15,701.6	4,017.1	4,914.1	3,816.3
2008/10	99,493.3	14,417.5	8,940.6	15,776.6	4,009.2	4,910.1	3,915.5
2008/11	99,825.6	14,538.0	8,841.3	15,823.3	4,020.1	4,883.8	3,918.3
2008/12	100,188.8	14,525.9	8,847.3	16,134.6	3,997.8	4,930.0	3,942.1

통계표	일반은행의 가계대출(주택) 지역별(월별)(단위:십억원)						
지역	서울	부산	대구	인천	광주	대전	울산
2009/01	101,080.8	14,527.2	8,785.7	16,278.2	3,955.8	4,918.2	3,880.9
2009/02	101,387.2	14,684.4	8,735.6	16,738.0	3,851.5	4,976.2	3,910.2
2009/03	101,945.1	14,762.9	8,690.5	17,009.4	3,847.7	4,994.4	3,945.3
2009/04	102,043.7	14,755.4	8,638.8	17,111.1	3,873.9	5,030.8	3,969.1
2009/05	102,798.2	14,768.4	8,718.0	17,293.6	3,878.7	5,072.3	4,008.7
2009/06	103,796.6	14,792.1	8,733.6	17,782.4	3,871.4	5,126.2	4,111.2
2009/07	104,939.9	14,971.9	8,662.4	18,090.5	3,890.7	5,146.8	4,104.7
2009/08	105,451.0	14,992.5	8,669.3	18,515.1	3,874.3	5,225.1	4,161.3
2009/09	104,466.8	14,807.3	8,642.1	18,493.1	3,911.4	5,201.0	4,106.9
2009/10	104,677.8	15,056.2	8,648.9	18,783.9	3,811.7	5,227.7	3,916.9
2009/11	104,934.1	15,040.2	8,646.7	18,997.2	3,827.2	5,277.6	3,974.8
2009/12	104,954.8	15,000.1	8,705.6	19,243.9	3,846.2	5,301.1	3,960.9
2010/01	105,038.1	14,926.5	8,626.9	19,267.8	3,811.8	5,294.4	3,983.0
2010/02	105,176.7	15,009.7	8,586.3	19,510.9	3,761.4	5,345.6	3,955.0
2010/03	105,835.4	15,076.3	8,557.8	19,832.4	3,685.6	5,369.2	3,932.6
2010/04	106,304.1	15,172.6	8,520.0	20,086.9	3,674.0	5,441.4	3,927.5
2010/05	106,695.0	15,283.4	8,508.2	20,323.2	3,720.5	5,491.4	3,941.9
2010/06	107,409.5	15,477.4	8,496.7	20,710.3	3,742.5	5,543.4	3,925.4
2010/07	108,233.7	15,760.9	8,540.1	20,995.0	3,797.5	5,627.7	3,866.7
2010/08	107,744.0	15,770.5	8,459.5	21,148.9	3,834.7	5,601.1	3,857.0
2010/09	108,041.2	15,928.7	8,469.5	21,489.9	3,846.4	5,594.9	3,829.6
2010/10	108,553.2	15,963.0	8,485.7	21,877.7	3,896.0	5,654.9	3,835.7

연구문제

1. 일반은행의 가계대출(주택) 지역별 태턴에 대하여 약술하시오.

2. 주택담보대출 가계대출 결정요인이 무엇인지를 설명하시오.

3. 다음 용어를 설명하시오.

   ① 소비자물가지수

   ② 실업률

   ③ 보건의료비 지출률

   ④ 월평균 가계소득

4. 평균 가계소득과 가계수입의 관계를 약술하시오.

5. 종합주가지수와 가계수입의 관계를 약술하시오.

6. 사회 환경요인과 주택 담보 가계대출의 관계를 약술하시오.

2) 기업간전자상거래 거래액[151)]

배 경

경제위기 여파로 전자상거래 규모가 통계작성 8년 만에 처음으로 한 자리 수 증가율에 머물렀다. 통계청이 25일 발표한 "2009년 연간 전자상거래 및 사이버 쇼핑 동향"에 따르면 지난해 전자상거래 총 거래액은 670조 8860억 원으로 전년(630억 원)보다 6.5% 증가했다고 하였다. 이는 통계작성이 시작된 2001년 이후 가장 낮은 증가율이고 전자상거래 규모는 2004년 33.6%, 2006년 15.4%, 2008년 22.0% 등 매년 두 자릿수 성장률을 기록했으나, 지난해 들어 처음으로 한 자릿수로 떨어졌다. 부문별로는 기업 간 거래(B2B)가 591조 3750억 원으로 전년보다 5.6%, 기업 · 소비자 간 거래(B2C)가 12조 430억 원으로 6.0% 각각 늘었지만, 연평균 증가율에는 못 미쳤다. 반면 기업 · 정부 간 거래(B2G)는 59조 4560억 원으로 13.8% 늘었으며, 소비자 간 거래(C2C)는 8조 120억 원으로 29.1%나 증가했다. 사이버쇼핑 거래액은 20조 6410억 원으로 2001년 통계 작성 이래 처음으로 20조원을 돌파했다. 전년보다 13.7% 증가했다. 주요 상품 군 별 거래액은 의류 · 패션 및 관련 상품 3조 5240억 원, 가전 · 전자 · 통신기기 2683억 원, 여행 및 예상서비스 2조 6680억 원, 컴퓨터 및 주변기기 2조 350억 원 순으로 많았다[152)]고 보도하였다.

최근에 전자상거래(EC), 사이버 증권, 사이버 뱅킹, 인터넷 보험, 사이버 교육, 포털 서비스 등 다양한 유형의 e-business가 전통적 오프라인 비즈니스를 보완하거나 또는 대체하고 있다. 이러한 동향은 인 다양한 기업간 사이버전자상거래 거래액에 대한 모형 평가의 문제도 제기 할 수 있으리라 판단된다.

151) 김희철, 신현대, " 패널 데이터모형을 이용한 기업간전자상거래 거래액 결정요인 추정에 관한 연구" 韓國컴퓨터 情報學會論文誌, 第15卷第11號, 2010. 11.

152) http://www.etnews.co.kr/news(2010.02.25)

결 과

기업간전자상거래 거래액은 복잡하고 그룹(항목)별, 시간별로 다양한 원인에 의해서 투자 결정이 이루어 질수 있다. 본 연구는 기업간전자상거래 거래액을 결정 할 수 있는 모형을 설정하고 패널 데이터 모형의 추정을 통해 기업간전자상거래 거래액 결정요인을 파악하는데 연구의 목적을 두었다.

본 연구에서는 패널자료모형을 적용하여 7 그룹(제조업, 전기 · 가스 · 수도업, 건설업, 도소매업, 운수업, 출판, 영상, 방송통신 및 정보서비스업, 기타)을 대상으로 하였고 분석기간은 2005년 1월부터 2009년12 월까지의 60시점 동안의 월별자료 및 분기별 자료를 이용하였다.

기업간전자상거래 거래액 패턴을 결정하는데 있어서 6개의 독립변수 중에서 사이버 쇼핑몰 거래액(유의수준 0.01), 종합주가지수(유의수준 0.05), 그리고 예금은행 대출 금리(유의수준 0.10)와 환율(유의수준 0.01)은 각각 유의적인 정(+)의 영향을 미치는 것으로 나타나고 즉, 사이버 쇼핑몰 거래액이 많아지면 기업간전자상거래도 많아지고 종합주가지수가 증가하면 역시 기업간전자상거래 활동이 왕성해진다고 볼 수 있으며 중소기업대출이 급증하면서 CD와 은행채 발행도 증가하여 대출금리 상승의 결과를 가져왔다고 평가 할 수 있다.

회사채는 음(-)의 영향을 나타내는 비유의적인 변수 즉, 회사채를 발행하는 경우가 많을수록 기업전자상거래 활동은 악영향을 미치지만 심각한 수준은 아니고 신용카드거래액도 (+)의 영향을 미치지만 기업 간 전자상거래 거래액에 큰 영향으로 주지는 않은 것으로 나타났다. 그룹특성 효과측면에서는 그룹특성 효과는 거의 존재하지 않는다고 결론을 내려도 무방하다.

본 연구에서는 복잡하고 다양한 기업간전자상거래 거래액 결정요인에 대하여 관찰되지 않은 효과를 패널 데이터를 활용해 통제해줌으로서 누락변수에 따르는 통계적 위험을 일정부분 해소 할 수 있었고 복잡한 메카

■ 표 9-2 기업 간 전자상거래 거래액(단위: 10억 원)

분기	합계 (B2B)	제조업	전기/가스 수도업	건설업	도소매업	운수업	출판/영상/방송통신 및 정보서비스업	기타
2005 1/4	73,604	50,771	1,007	4,284	14,389	615	1,664	875
2005 2/4	79,136	52,831	1,058	5,412	15,847	526	1,498	1,964
2005 3/4	76,753	50,573	1,234	5,925	15,471	701	1,873	977
2005 4/4	89,708	57,910	1,887	8,426	16,707	1,038	2,294	1,447
2006 1/4	80,703	54,325	1,586	4,738	15,755	701	2,248	1,350
2006 2/4	83,345	54,478	1,128	7,117	16,263	539	2,633	1,187
2006 3/4	92,733	61,072	2,631	7,330	16,839	936	2,274	1,650
2006 4/4	109,410	69,447	3,207	10,150	19,178	2,491	2,982	1,956
2007 1/4	105,700	70,046	2,056	8,204	20,020	1,393	2,642	1,339
2007 2/4	113,012	72,937	2,654	10,740	19,688	1,512	2,781	2,700
2007 3/4	113,518	73,209	2,116	11,502	20,568	1,881	2,219	2,024
2007 4/4	132,226	82,207	2,692	15,714	22,202	3,064	3,387	2,959
2008 1/4	128,051	85,038	1,638	10,669	23,145	1,830	2,993	2,737
2008 2/4	141,775	93,032	2,069	15,601	23,348	1,831	2,985	2,910
2008 3/4	150,946	98,752	2,544	17,757	25,168	1,969	2,744	2,012
2008 4/4	139,482	82,909	4,555	19,261	24,524	2,827	2,792	2,614
2009 4/4	128,686	79,530	2,588	11,398	26,309	3,621	2,902	2,337
2009 2/4	146,708	89,840	4,913	14,931	24,478	7,012	3,592	1,942
2009 3/4	147,387	94,952	3,390	14,314	26,032	3,652	3,372	1,675
2009 4/4	168,594	111,559	4,094	14,999	27,779	4,675	3,847	1,642

자료 : http://www.kosis.co.kr(통계청, 국가통계포털 사이트)

니즘을 가지고 있는 기업간전자상거래 거래액 결정요인에 있어서 패널 데이터 분석이 얼마나 효율적인지를 그룹특성 분석과 모형별 우수성 평가를 통하여 단적으로 확인 할 수 있었다.

본 연구는 실증연구의 진행과정에서 다음의 한계성을 지니고 있다. 첫째, 사회 환경요인(예를 들면 은행 부패지수 등)도 기업간전자상거래 거래액 결정요인에 직간접으로 영향을 줄 수 있기 때문에 이러한 사회 현상의 문제도 중요한 요소로 투입되어야 한다.

둘째, 모형 측면에서 고정효과모형과 임의효과모형 중 적합한 모형을 채택하기 위한 Hausman검정을 통해 판단해야 되는데 데이터의 특수성(예를 들면 분석기간 동안 각 그룹에 같은 종합주가지수를 반영) 때문에 OWECR모형 중에서 임의효과모형과 고정효과모형 중에서 적합한 모형 선택의 어려움을 해소하기는 무리가 따른다고 판단된다.

향후 관련연구의 방향은 위에서 기술한 한계들을 극복하면서 이루어질 필요가 있으며 정책적인 활용도를 높이기 위해서는 보다 많은 실증연구가 이루어져야 하겠다.

연 구 문 제

1. 기업간전자상거래 거래액 결정요인에 대하여 약술하시오.

2. e-business의 전통적 오프라인 비즈니스에 대하여 설명하시오.

3. 다음 용어를 설명하시오.

   ① B2C, B2G, C2C

   ② 예금은행 대출 금리

   ③ CD

   ④ 회사채 와 국채

4. 기업간전자상거래 거래액 패턴의 관계를 약술하시오.

5. 기업 간 사이버전자상거래 거래액에 대한 모형 평가의 문제를 약술하시오.

6. 사이버 쇼핑몰 거래액과 C2C의 관계를 약술하시오.

3) 월 평균 가계소득[153)]

배 경

지난해 경기침체는 저소득층에 가장 큰 타격을 주면서 우리 사회의 양극화를 심화시켰다. 상대빈곤율도 높아졌다. 실질가계소득은 줄었는데도 가계부채는 계속 증가해 "가계부채 폭탄"을 우려하는 목소리가 커지게 됐다. 경기침체에서 저소득층중 제일 큰 타격은 지난해 전 가구(2인 이상, 비농가)의 월평균소득(명목기준)을 5분위별로 보면 하위 20%인 1분위 가구만 유일하게 소득이 감소(-0.9%)했다. 처분가능소득에서 소비지출을 뺀 소득(가계수지)도 유일하게 적자를 기록했다. 적자액은 40만 8000원으로 전년보다 10.6%나 늘었다. 이는 지난해 경기침체로 임시 · 일용직과 영세자영업자들의 일자리가 대폭 줄어든 탓으로 분석된다. 또한 4분기에 가계부채 증가세가 빨라져 지난해 가계신용 증가액 45조 4000억 원 중 20조 9000억 원이 4분기에 집중됐다. 1분기에는 금융위기의 여파로 가계신용이 전 분기 대비 4조 6000억 원 줄었다가 2분기(14조 1000억 원)부터 증가세로 돌아섰고 3분기(15조원), 4분기로 갈수록 증가 폭이 확대됐다. 소득보다 부채의 증가 속도가 빨라 가계의 부채상환능력에 대한 걱정을 키우고 있다. 지난해 4분기 가계신용 증가는 비 은행 예금 취급기관(저축은행 · 신협 · 새마을금고 · 보험 등)쪽의 가계대출이 크게 늘어난데 따른 것이다. 2금융권의 4분기 가계대출 은 전분기보다 7조 6000억원 늘어나 분기 기준으로 사상최대를 기록했다. 특히 은행에 대한 대출 규제 강화로 2금융권의 주택담보대출이 4분기에 3조 7000억 원이나 증가했다. 신용카드 등으로 물품을 구매한 뒤 발생한 판매신용도 지난해 4분기에 무려 4조 5000억 원이나 증가했다. 이는 2001년 4분기(5조원) 이후 8년 만

153) 이현주, 김희철, "패널 데이터모형을 적용한 가구당 월평균 가계소득 결정요인 추정에 관한 연구" 한국산학기술학회논문지 Vol. 11, No. 6, pp. 2038-2045, 2010

에 최대 증가폭이다.

다양한 월 평균 가계소득 특성들에 대한 모형평가의 문제도 제기 할 수 있으리라 판단된다.

결 과

월평균 가계소득은 복잡하고 그룹(지역)별, 시간별로 다양한 원인에 의해서 투자 결정이 이루어질 수 있다. 본 연구는 월평균 가계소득을 결정할 수 있는 모형을 설정하고 패널 데이터 모형의 추정을 통해 월평균 가계소득 결정요인을 파악하는데 연구의 목적을 두었다.

본 연구는 3 그룹(전국, 6개 광역시(부산, 대구, 인천, 광주, 대전, 울산), 서울)을 분석대상으로 하였다. 분석기간은 2005년 1월부터 2009년 9월까지의 57시점 동안의 월별자료 및 분기별 자료를 이용하였다.

월평균 가계소득 패턴을 결정하는데 있어서 7개의 독립변수 중에서 선행(경기)종합지수와 주택담보 대출변수는 유의수준 1%에서 유의적인 정(+)의 영향을 미치는 것으로 나타나고 있고. 주택담보 대출 금리가 상승하면 이 금리에 대응하기 위한 소득 증가 유발효과가 나타나 주택담보 대출 금리가 1% 상승하는 상황이 되면 가계소득도 0.002% 상승 되는 패턴이 나타난다고 판단 할 수 있다. 음(-)의 영향을 주는 유의한 인자로서 고용률, 주택매매가격지수와 보건 의료비 지출율이 악영향으로 나타나고 있다. 고용률이 1% 상승하면 가계소득이 0.230% 감소하는 요인으로 볼 수 있다. 즉, 고용률은 증가 했지만 오히려 분석 기간 동안 근로소득의 감소와 임금 하락 등으로 인한 결과로 인하여 소득이 감소했다고 볼 수 있다. 주택매매가격이 상승하면 그 만큼 가계소득에 영향을 주고 보건의료 지출이 상승하면 가계소득도 마이너스 효과를 가져 올 수 있고 소비자물가지수와 종합주가지수도 악영향을 미치지만 비유의적인 인자로 나타나고 있다.

■ 표 9-3 가구당 월평균 가계 소득액 (2005.1/4-2009.3/4) (단위: 원)

년/ 분기	전국	6개 광역시	서울
2005 1/4	2,943,600	3,025,294	3,245,161
2005 2/4	2,854,808	2,921,217	3,099,671
2005 3/4	2,928,356	3,000,798	3,048,283
2005 4/4	2,936,549	3,013,226	3,056,771
2006 1/4	3,012,675	3,108,812	3,201,717
2006 2/4	2,929,070	2,995,776	3,092,429
2006 3/4	2,965,997	3,033,786	3,106,666
2006 4/4	3,096,402	3,180,658	3,168,497
2007 1/4	3,130,999	3,219,042	3,218,211
2007 2/4	2,956,376	3,027,566	3,141,898
2007 3/4	3,109,264	3,189,032	3,231,842
2007 4/4	3,094,722	3,182,080	3,331,834
2008 1/4	3,213,111	3,309,593	3,377,293
2008 2/4	3,011,288	3,114,073	3,230,359
2008 3/4	3,156,020	3,243,942	3,320,984
2008 4/4	3,072,597	3,158,543	3,245,626
2009 1/4	3,116,045	3,164,881	3,288,434
2009 2/4	2,928,029	2,955,453	2,975,708
2009 3/4	3,050,557	3,081,696	3,138,226

http://www.kosis.co.kr(통계청, 국가통계포털 사이트)

그룹특성 효과측면에서는 그룹 특성 효과는 거의 존재하지 않는다고 결론을 내려도 무방하다.

본 연구에서는 복잡하고 다양한 월평균 가계소득 결정요인에 대하여 관찰되지 않은 효과를 패널 데이터를 활용해 통제해줌으로서 누락변수에 따르는 통계적 위험을 일정부분 해소 할 수 있었고 복잡한 메카니즘을 가지고 있는 월평균 가계소득 결정요인에 있어서 패널 데이터 분석이 얼마나 효율적인지를 그룹특성 분석과 모형별 우수성 평가를 통하여 단적으로 확인 할 수 있었다.

본 연구는 실증연구의 진행과정에서 다음의 한계성을 지니고 있다. 첫째, 사회 환경요인(예를 들면 은행 부패지수 등)도 가계소득에 직간접으로 영향을 줄 수 있기 때문에 이러한 사회 현상의 문제도 중요한 요소로 투입되어야 한다.

둘째, 모형 측면에서 고정효과모형과 임의효과모형 중 적합한 모형을 채택하기 위한 Hausman검정을 통해 판단해야 되는데 데이터의 특수성(예를 들면 분석기간 동안 각 그룹에 같은 종합주가지수를 반영) 때문에 OWECR모형 중에서 임의효과모형과 고정효과모형 중에서 적합한 모형 선택의 어려움을 해소하기는 무리가 따른다고 판단된다.

셋째, 문화산업(예를 들면 엔터테인먼트 산업 과 인터넷 비즈니스 산업) 분야도 오래전부터 가계소득에 영향을 미치기 때문에 필수적인 변수로 추가 되어야 한다.

향후 관련연구의 방향은 위에서 기술한 한계들을 극복하면서 이루어질 필요가 있으며 정책적인 활용도를 높이기 위해서는 보다 많은 실증연구가 이루어져야 하겠다.

연구문제

1. 월평균 가계소득 패턴에 대하여 약술하시오.

2. 가계소득의 종류에 대하여 설명하시오.

3. 다음 용어를 설명하시오.

① 비 은행 예금 취급기관

② 주택매매가격지수

③ 사회 환경요인

④ 선행(경기)종합지수

4. 문화산업과 가계소득의 관계를 약술하시오.

5. 가계부채의 상승요인을 약술하시오.

6. 은행 부패지수는 무엇인지를 약술하시오.

4) 소매업 매출액[154)]

배 경

국내 소매시장은 최근 몇 년 동안 급격한 성장을했다. 여기에는 새로운 비즈니스 모델의 도입과 신업태의 등장을 통해 기존시장과 어우러진 신시장 확장의 영향이 매우 컸다고 볼 수 있다. 기존의 백화점 슈퍼마켓 일변도에서 1993년 할인점이 등장한지 10년 만에 소매업계의 리딩 업계로 자리 잡은 지 얼마 안 되는 시점인데 최근에는 TV홈 쇼핑 온라인 쇼핑몰 시장의성장력이 할인점보다 더 커지고 있다. 여기에 드럭스토어[155)](drug store)라든가 프리미엄 아웃렛 같은 신업태가 서서히 시장에 모습을 보이고 있어서 상대적으로 소비자들은 다양한 니즈에 따라 업태를 선택 할 수 있는 시대가 되었다. 국내소매시장이 이렇게 단 기간에 발전할 수 있었던 것은 구체적으로 1996년 다른 어떤 산업보다 먼저 유통시장이 개방됨으로써 10년 동안 국내소매업체들의 글로벌화가 진전되었고 IT 발전과 더불어유통 시스템이 같이 발전하여 노동집약적 산업에서 기술집약적 산업화한 점 그리고 방송과 통신이 융합되어 새로운 소매 비즈니스 모델이 폭발적으로 성장한 것을 들 수 있다. 드럭스토어는 슈퍼마켓의 비식품과 관련된 화장품 일용잡화 의약품을동시에 맞추어 목적고객을 확보하는 슈퍼마켓과 약국형 및 잡화점형이 혼합된 소매업태를 말한다. 약국을 찾는 소비자와 미용 · 웰빙을 추구하는 소비자가 대체로 일치해 드럭스토어의 시장성은 일찌감치 미국 일본 등에서 인정받아 왔고 한국에서도 급격히 성장하는 추세이다. 2005년에서 2007년 백화점 매출의 특징을 분석

154) 김희철, 신현철 "페널데이터모형을 적용한 소매업 매출액 결정요인 추정에 관한 연구" 정보 · 보안논문지, 제8권 제3호, 2008. 9.

155) 드럭스토어(drug store)는 슈퍼마켓의 비식품과 관련된 화장품 일용잡화 의약품을 동시에 맞추어 목적고객을 확보하는 슈퍼마켓과 약국형및 잡화점형이 혼합된 소매업태를 말한다. 약국을 찾는 소비자와 미용 · 웰빙을 추구하는 소비자가 대체로 일치해 드럭스토어의 시장성은 일찌감치 미국 일본 등에서 인정받아왔고 한국에서도 급격히 성장하는 추세이다.

해보면 구매 고객수가 감소하는 반면 구매단가는 증가하는 경향을 보인다. 이는 백화점 매출에 충성고객의 비율이 더욱 높아지고 있음을 의미한다. 따라서 충성고객을 위한 VIP룸의 제공 이라든가 발레파킹 Top Class 프로그램 등 충성고객의 기여도를 높이는 집객장치를 강화하는 마케팅이 다채롭게 진행되고 있는데 이는 상위 30%의 체계적 관리를 통해서 기존백화점이 가장취약하게 여겼던 경기 민감도를 줄이는 적극적인 전략이다. 따라서 백화점은 2008년 경기에 가장 민감하게 고려되는 물가상승의 압박에서 할인점이나 슈퍼마켓에 비해 좀 더 자유로울 것으로 보인다. 머천다이징 부문은 자주편집매장[156]의 확산이라는 측면에서 상품전체의 Trading Up을 통해 소비자가 가지고 있는 우월욕구와 자기실현욕구를 실현토록 배려하는 멀티숍의 설치가 차별화된 전략이라고 할 수 있다.[157] 할인점업계는 2005년 말부터 2007년에 이르는 기간 동안 경기침체와 소비심리 위축으로 소비자들의 저가지향강화 및 업계의 대량출점을 기반으로 고성장세를 지속했다. 2007년에도 대형마트 시장의 규모는 대형업체들의 35개 이상에 이르는 대량출점 공세에 힘입어 전년대비 9%가 성장한 26조 3,200억원을 기록하였다.[158] 그러나 이러한 장에도 불구하고 한편으로는 할인점이 업태 안정화시기에 돌입했다는 평가가 대세이다.

최근에 전자상거래(EC), 사이버증권 사이버뱅킹 인터넷보험 사이버교육 포털서비스 등 다양한 유형의 e-business가 전통적 오프라인 비즈니스를 보완하거나 또는 대체하고 있다. 이러한 동향은 인터넷이라는 새로운 상거래 매체가 쇼핑산업에서까지 기존 유통채널을 대신하게 되면서부터 시작되었다.

156) 백화점에서 임의로 상품을 선정해 전시하는 테마별 매장
157) 코리아애드타임즈, http://www.korea-adtimes.com, 2006년 3월
158) 매출액, 통계청, 경상금액 단위 : 백만원, 2006년12월 : 2,415,948/2007년 12월 : 2,632,312

결 과

소매업 매출액은 복잡하고 그룹(지역)별, 시간별로 다양한 원인에 의해서 투자 결정이 이루어질 수 있다. 본 연구는 소매업 매출액을 결정 할 수 있는 모형을 설정하고 패널 데이터 모형의 추정을 통해 소매업 매출액 결정요인을 파악하는데 연구의 목적을 두었다.

본 연구는 소매업태 별 판매액을 종속변수로 설정하고 패널자료모형을 적용하기 위하여 9그룹(백화점, 대형마트, 슈퍼마켓, 편의점, 기타종합소매점, 무판매점, 사이버쇼핑몰, 기타무판매점, 전문상품 소매점)을 대상으로 독립변수는 종합주가지수, 사이버쇼핑몰 사업체수(개), 동행(경기)종합지수, 아파트매매가격지수, 고용률, 평균가동률, 소비자물가지수 변수를 사용하였다. 이러한 결정요인을 추정하기 위하여 분석기간은 2005년 1월부터 2007년 12월(36시점, 월별)까지이다. 패널 데이터 모형을 적용하여 추정한 결과 LM 검정 통계량과 Housman 통계량을 근거로 본 연구에서는 TWECR 모형 중 고정효과모형이 최종적으로 가장 이상적인 모형으로 판단 되었다.

소매업 매출액 결정요인을 추정한 결과 경기동향의 결과인 동행 종합지수는 경기 상황을 나타내는 지표이기 때문에 경기가 좋을 때에는 그 만큼 매출액이 증가함을 의미하고 주택시장의 영향 즉, 아파트매매가격지수가 높을수록 매출액 증대에 기여하였고 사회현성의 하나인 경제활동인구 즉, 실업률도 증가하면 도매업 보다는 소매업 매출액에 영향을 주며 제조업 평균가동률은 기업환경을 의미하므로 기업환경이 좋아지면 그만큼 소매업 매출액 증가에 영향을 준다고 할 수 있다. 그러나 물가를 대표하는 소비자 물가지수는 높을수록 매출액 감소를 가져오는 부(-)의 영향을 미치는 것으로 나타났다. 종합지수와 사이버 쇼핑몰 사업체수는 비유의적인 변수로 나타났다.

종합주가지수가 올라가면 소매업의 투자보다는 증권방향으로 투자심리가 작용하여 매출액에 부정적인 영향을 주는 것으로 나타났고 사이버

쇼핑몰 사업체수는 쇼핑몰 하나의 소매형태에는 매출액을 증가시킬 수는 있지만 전체 소매업을 고려하면 매출액 감소를 가져오는 결과라고 판단 할 수 있다.

본 연구에서는 복잡하고 다양한 소매업 매출액 결정요인에 대하여 관찰되지 않은 효과를 패널 데이터를 활용해 통제해줌으로서 누락변수에 따르는 통계적 위험을 일정부분 해소 할 수 있었고 복잡한 메카니즘을 가지고 있는 소매업 매출액 결정요인에 있어서 패널 데이터 분석이 얼마나 효율적인 지를 지역 및 시간 특성 분석과 모형별 우수성 평가를 통하여 단적으로 확인 할 수 있었다.

본 연구는 실증연구의 진행과정에서 다음의 한계성을 지니고 있다. 소매업 매출액에 대한 품목별 혹은 종목별 매출액이 구분되지 않은 관계로 포함 시키지 못하였다. 각 품목별, 혹은 소매업별 품목을 고려한다면 보다 세밀하고 의미 있는 연구결과들을 도출할 수 있으리라 사료된다. 사회 환경요인(단체협상의 자유도, 소매업부패지수)도 매출액에 직간접으로 영향을 줄 수 있기 때문에 이러한 사회 현상의 문제도 중요한 요소로 투입되어 야 한다. 본 연구에서는 이러한 기업별 설명변수를 포함하지 못하였다. 따라서 보다 유용한 현실가능성 측면에서 향후 연구를 통해 보완이 요구된다. 향후 관련연구의 방향은 위에서 기술한 한계들을 극복하면서 이루어 질 필요가 있으며 정책적인 활용도를 높이기 위해서는 보다 많은 실증연구가 이루어져야 하겠다.

연구문제

1. 국내 소매시장 패턴에 대하여 약술하시오.

2. 소매업 매출액 결정요인에 대하여 설명하시오.

3. 다음 용어를 설명하시오.

   ① 드럭스토어(drug store)

   ② 아파트매매가격지수

   ③ 경제활동인구

   ④ 사이버쇼핑몰

4. 사이버쇼핑몰과 소매업 매출액의 관계를 약술하시오.

5. 종합지수와 사이버 쇼핑몰 사업체수의 관계를 약술하시오.

6. 평균가동률과 소매업 매출액의 관계를 약술하시오.

5) 은행 연체율[159)]

배 경

최근 경기 둔화가 가시화 되면서 국내은행 연체율이 2009년도 하반기 들어 다시 상승추세를 나타내고 있다.

금감원 관계자는 "매년 6월 반기 결산을 할 때 부실채권을 많이 정리하기 때문에 7월이 되면 연체율이 상승하는 경향이 있다"며 "상승폭은 예년과 비슷하다"고 설명했다.

2007년 7월에는 연체율이 0.15%p(포인트), 2008년 7월에는 0.17%p(포인트) 상승했고 부문별로 보면 7월 말 현재 기업대출 연체율은 1.88%p(포인트)로 전월 말에 견줘 0.19%p(포인트) 상승했다. 중소기업 연체율이 2.10%p(포인트)로 0.24%p(포인트) 상승했지만, 대기업 연체율은 0.80%p(포인트)로 0.02%p(포인트) 하락했다. 가계대출 연체율은 7월 말 0.63%p(포인트)로 전월 말보다 0.04%p(포인트) 상승 했다고 설명하고 있다.

향후 국내은행들은 중소기업의 신용위험이 큰 폭으로 상승할 것으로 전망하며 리스크 관리 등을 위하여 중소기업에 대해 신중한 대출태도를 지속할 것으로 예상되며 현 상황에서 중소기업대출에 대한 리스크 강화는 불가피하지만 은행들이 지나치게 보수적인 차원에서 중소기업대출을 위축시키면 자기실현적 대출시장 경색으로 인해 중소기업대출 부실이 확대될 가능성이 있으므로 유의할 필요가 있다고 하였다.

본 연구에서는 다양하고 높은 유용성을 가진 패널자료 모형을 적용하여 일반은행이 대출금 연체율 특성을 파악하기 위하여 3 그룹(기업대출, 가계대출, 신용카드대출)을 대상으로 소비자물가지수(단위 %), 종합주가지수(월 중 평균, 1980.01.04=100), 환율, 동행(경기)종합지수(2005=100),

159) 김희철, 박형근. "패널 데이터모형을 적용한 국내일반은행 연체율 결정요인 추정에 관한 연구" 한국산학기술학회 논문지, Vol. 11, No. 1, pp. 272-277, 2010

국민주택채권1종(5년, 시장금리, 연리 %), 고용률(%, 전국) 등과의 관계를 파악함으로써 대출금 연체율 특성에 대하여 유효하게 영향력을 행사하는 제 결정 요인에 대하여 조사, 분석하고자 한다. 이러한 접근은 국내 일반은행의 대출금 연체율 특성 패턴에 영향을 미치는 제 변인에 대한 이해를 증진시켜주는 계기를 마련해 줄 것이라 기대된다.

결 과

국내 일반은행 연체율은 복잡하고 그룹(대출형태)별로 다양한 원인에 의해서 연체 패턴 결정이 이루어 질 수 있다. 본 연구는 연체율을 결정 할 수 있는 모형을 설정하고 패널 데이터 모형의 추정을 통해 연체율 결정요인을 파악하는데 연구의 목적을 두었다. 본 연구는 국내 일반은행 연체율을 종속변수로 설정하고 패널자료모형을 적용하기 위하여 3 그룹(기업대출, 가계대출, 신용카드 대출)을 대상으로 독립변수는 소비자물가지수, 종합주가지수, 환율, 동행(경기)종합지수, 국민주택채권, 고용률 변수를 사용하였다. 이러한 결정요인을 추정하기 위하여 분석기간은 2005년 1월부터 2009년 6월(54시점, 월별)까지 조사되었고 패널 데이터 모형을 적용하여 OWECR 모형을 따르는 고정효과모형으로 연체율 결정요인을 추정하였다.

연체율 패턴을 결정하는데 있어서 6개의 독립변수 중에서 소비자물가지수는 계수값이 유의수준 5%에서 유의적인 정(+)의 영향을 미치는 것으로 나타나고 있다. 이 결과는 소비자 물가지수가 높으면 높을수록 그 만큼 연체율상승에 기여한다고 볼 수 있다. 유의적인 음(-)의 영향을 미치는 변수는 동행종합지수(유의수준 1%)와 종합주가지수(유의수준 5%)이다. 경기 동향의 결과인 동행 종합지수는 경기 상황을 나타내는 지표이기 때문에 경기가 좋을 때에는 그 만큼 연체율이 감소된다고 판단 할 수 있으며 주가지수도 상승하면 역시 연체율이 억제된다고 할 수 있다. 그러나 원화를 평가하는 환율과 금리로서의 국민주택채권, 경제활동 인구로서의 고용률은 연체율의 상승에 억제요인(음의 인자)로 나타나고 있으나 비유의적인 영향력 없는 요인으로 나타나고 있다. 그룹측면에서는 그룹 개별 특성 효과는 존재하는 상황이지만 카드대출연체와 가계대출 연체 그리고 기업대출 연체 순으로 개별 특성 효과가 존재한다고 할 수 있다.

본 연구에서는 복잡하고 다양한 국내은행 연체율 결정요인에 대하여 관찰되지 않은 효과를 패널 데이터를 활용해 통제해줌으로서 누락변수에 따르는 통계적 위험을 일정부분 해소 할 수 있었고 복잡한 메카니즘을 가지고 있는 국내 일반은행 연체율 결정요인에 있어서 패널 데이터 분석이 얼마나 효율적인지를 그룹특성 분석과 모형별 우수성 평가를 통하여 단적으로 확인 할 수 있었다.

본 연구는 실증연구의 진행과정에서 다음의 한계성을 지니고 있다. 첫째, 그룹 개별 특성 효과는 존재하는 상황이 되어 본 연구에서 적용된 설명변수로서 전체 연체 패턴을 설명하지 못하는 부분이 있기 때문에 차 후 그룹 개별특성 효과가 없는 독립변수의 선택이 이루어져야 한다.

둘째, 사회 환경요인(예를 들면 은행 부패지수 등)도 연체율에 직간접으로 영향을 줄 수 있기 때문에 이러한 사회 현상의 문제도 중요한 요소로 투입되어야 한다.

셋째 모형 측면에서 고정효과모형과 임의효과모형 중 적합한 모형을 채택하기 위한 Hausman검정을 통해 판단해야 되는데 데이터의 특수성(예를 들면 분석기간 동안 각 그룹에 같은 종합주가지수를 반영) 때문에 OWECR 모형중에서 임의효과모형과 고정효과 모형 중에서 적합 우수모형 선택의 어려움을 해소하기는 무리가 따른다.

향후 관련연구의 방향은 위에서 기술한 한계들을 극복하면서 이루어질 필요가 있으며 정책적인 활용도를 높이기 위해서는 보다 많은 실증연구가 이루어져야 하겠다.

연구문제

1. 국내 은행 연체율 상승 패턴에 대하여 약술하시오.

2. 국내은행 연체율 결정요인에 대하여 설명하시오.

3. 다음 용어를 설명하시오.

   ① 국민주택채권

   ② 동행종합지수

   ③ 가계대출

   ④ 패널자료

4. 환율과 금리의 관계를 약술하시오.

5. 동행 종합지수와 국내 은행 연체율의 관계를 약술하시오.

6. 고용률과 은행 연체율의 관계를 약술하시오.

6) 해외직접 투자[160)]

배 경

해외직접투자를 위한 국제적 자본이동은 자본생산성의 국제적 차이와 같은 장기적 요인에 의해 발생하기 때문에 단기이율의 국제적 차이에 따라 이동하는 단기적 자본이동과는 여러 면에서 다르다. 해외직접투자의 형태로 이루어지는 국제적 자본이동은 마치 한 국민경제 내에서 산업간 자본의 한계생산물(또는 투자의 한계효과)의 차이에 따라 자본이 재배분되는 것과 같은 원리로 이루어진다. 해외차관이나 해외간접투자의 형태로 이루어지는 자본이동과의 차이점은 자본 뿐만 아니라 생산 및 경영 기술의 국제적인 이동이 수반된다는 점이다. 이는 해외직접투자가 자본뿐만 아니라 기술의 국제적 기능을 지녔음을 의미한다. 따라서 직접투자는 해당 분야의 기술선진국으로부터 기술후진국으로 이동하는 형태로 나타난다. 직접투자가 이루어질 때 그것은 투자국 측과 도입국 측의 전략에 따라 단독투자일 수도 있고 현지인(또는 현지 기업)과의 합작투자일 수도 있다. 직접투자는 투자국과 도입국 간의 일종의 게임으로서, 참여 당사자들의 목적과 동기가 항상 일치하지는 않는다. 즉 투자가들로서는 새로운 시장의 개척, 현지의 각종 수입규제 극복, 원료공급원의 안정적 확보 등을 통해 본국에서의 투자보다 더 높은 투자수익을 얻는 것이 주요동기인 반면, 도입국 측에서는 선진기술 및 자본의 효율적 도입과 그에 따른 새로운 산업의 육성 및 생산과 고용의 창출에 근본적 목적을 두는 것으로 알려져 있다.

한국의 해외투자는 2002년부터 2007년 사이의 시점에서 살펴보면 아시아가 55%, 북미 19.4%, 유럽 15%, 중남미가 6.2%, 대양주가 2.1% 아프

160) 김희철, 신현대. "페널 데이터모형을 적용한 한국의 해외 직접투자 결정요인 추정에 관한 연구" 韓國컴퓨터情報學會論文誌, 第13卷第4號, 2008. 7.

리카 1.3%, 중동 0.8% 등으로 나타나고 있다. 주로 아시아와 북미, 유럽에 집중되어 있음을 알 수 있다. 이에 비해 기타 지역에 대한 투자비율은 6% 내외에 머물고 있는데, 이러한 지역별 분포는 한국경제의 대외관계가 주로 이들 지역과 관련해 이루어지고 있음을 반영하는 것으로, 아프리카 나 중동 지역에 대한 낮은 투자비율 등의 문제점을 나타내고 있다.

우리나라의 해외 직접투자가 지난해(2007년) 크게 불어나 처음으로 200억 달러를 넘어섰다. 기업경영 환경이 악화된 국내 투자에 등을 돌리고 해외에 투자하는 기업이 늘어난 탓이다. 재경부는 1997년 외환위기 이후 정체됐던 해외 직접투자가 규제 완화, 자원개발 확대에 힘입어 늘어나고 있다고 설명했다. 특히 지난해에도 제조업체의 해외 공장이전과 현지기업 인수합병(M&A)이 늘어나고 해외 부동산투자도 급증한 것으로 나타났다. 제조업 투자는 2006년 76억 9000만 달러에서 89억 6000만 달러로 증가했다. 전체 해외투자액에서 차지하는 비중은 32.4%에 달했다. 기업들이 해외 M&A를 위해 앞 다퉈 지주회사 설립에 나서면서 사회서비스업 분야의 투자는 35억 5000만 달러로 무려 384.5%나 늘어났다. 부동산업은 12억 7000만 달러에서 39억 6000만 달러로 3배 이상 증가했다. 국가별로는 대중국 투자가 64억 9000만 달러로 가장 많았다. 미국은 43억 5000만 달러, 베트남 25억 5000만 달러, 홍콩 15억 7000만 달러, 말레이시아 9억 달러, 아일랜드 8억 3000만 달러, 캄보디아 8억 1000만 달러, 노르웨이는 7억 9000만 달러였다. 한국의 국내총생산(GDP) 대비 해외 직접투자 비중은 2006년 기준 5.3%로 선진국 평균 30.7%와 세계 평균 26.1%에 비해 크게 밑돌고 있다.[161)]

이러한 다양한 해외 직접투자 특성들을 이용하여 직접투자 결정요인을 추정하는 연구는 일반적으로 등분산성, 독립성, 정규성 등의 가정과 다중공산성 등을 해소하려고 노력하는 회귀모형에 의존하게 된다. 이러한 회

161) 2008. 02. 14 (세계일보, www.segyetimes.co.kr)

귀문제에 대한 문제점을 해소하는 연구는 많이 이루어져 있지만 다양한 해외 직접투자 특성들에 대한 모형적 평가도 문제 제기 할 수 있으리라 판단된다.

본 연구에서는 해외직접투자 결정요인을 추정함에 있어서 패널 데이터 모형(Panel data model)을 적용하고자 한다. 이 모형은 시계열 자료와 횡단면 자료에 비해 패널 자료가 분석 결과 측면에서 다음과 같은 장점을 가지고 있다. 정보측면에서 시계열 측면과 횡단면 측면을 동시에 고려함으로서 시계열 측면이나 횡단면 측면만 분석하는 것보다 더 많은 유용한 정보를 제공할 수 있으며 분석과정에서 시차변수를 사용함으로서 시계열 자료가 흔히 발생하기 쉬운 다중 공선성을 횡단면 자료와 함께 고려함으로서 줄일 수 있으며 자유도를 증가시킴으로서 모수추정치의 효율성을 향상 시킬 수 있다(김태구 · 서용건, 2007).

본 연구의 목적은 다양한 유용성을 가진 패널자료모형을 적용하여 7 그룹(아시아, 북미, 유럽, 중남미, 대양주, 아프리카, 중동)을 대상으로 국내총생산(시장가격, 단위: 10억 원),경상수지(단위: 백 만 불), 종합주가지수(월 평균, 1980.01.04=100), 국고채(5년, 단위 : 연리%, 시장금리), 환율(단위: 원), 고용률(%, 전국), 평균가동률(%, 제조업), 소비자물가지수(단위: 2005=100), 수출액(단위: 백 만 불), 임금(사업 서비스업, 단위: 원)과의 관계를 파악함으로서 해외 직접투자 결정요인을 추정하는 것이다. 이런 추정을 통해 한국의 해외 직접투자에 영향을 미치는 해외 직접투자 특성, 사회 및 경제적 여건 및 특성 요인 등을 이해하는데 도움을 줄 수 있을 것으로 사료된다.

결 과

해외 직접투자는 복잡하고 그룹(지역)별, 시간별로 다양한 원인에 의해서 투자 결정이 이루어 질 수 있다. 본 연구는 해외 직접투자를 결정 할 수 있는 모형을 설정하고 패널 데이터 모형의 추정을 통해 해외 직접투자 결정요인을 파악하는데 연구의 목적을 두었다.

본 연구는 7 그룹(아시아, 북미, 유럽, 중남미, 대양주, 아프리카, 중동)을 분석대상으로 하였다. 분석기간은 2002년 6월부터 2007년 12월 까지의 5년 반 동안의 월별자료(국내총생산자료는 분기별 자료)를 이용하였다. 해외직접투자액을 종속변수로 설정하고 국내총생산, 경상수지, 환율, 고용률, 평균가동률(제조업), 소비자물가지수, 수출액, 임금(사업 서비스업)을 설명(독립)변수로 투입하였다. 패널 데이터 모형을 적용하여 추정한 결과 LM 검정 통계량과 Housman 통계량을 근거로 본 연구에서는 TWECR 모형 중 임의효과모형이 최종적으로 가장 이상적인 모형으로 판단 되었다.

한국의 해외 직접투자 결정요인을 추정한 결과 고용률과 임금(사업서비스업)의 계수값이 각각 0.00313921(유의수준 5%)와 0.140338(유의수준 1%)으로 유의적인 정(+)의 영향을 미치는 것으로 나타나고 환율 -0.00359108(유의수준 1%), 소비자물가지수 -0.00423804(유의수준 5%) 및 수출액 -0.00732262(유의수준 1%)은 부(-)의 영향을 미치는 것으로 나타났다. 비유의적인 변수이지만 제조업 평균 가동률(0.0020248)은 정(+), 국내총생산(-0.000135552) 및 경상수지(-0.000180419)는 부(-)의 영향을 미치지만 해외직접투자에 큰 영향을 주지는 않은 것으로 나타났다.

본 연구에서는 복잡하고 다양한 해외직접투자 결정요인에 대하여 관찰되지 않은 효과를 패널 데이터를 활용해 통제해줌으로서 누락변수에 따르는 통계적 위험을 일정부분 해소 할 수 있었고 복잡한 메카니즘을 가지고 있는 해외 직접투자 결정요인에 있어서 패널 데이터 분석이 얼마나 효율적인지를 지역 및 시간 특성 분석과 모형별 우수성 평가를 통하여 단적으로 확인 할 수 있었다.

본 연구는 실증연구의 진행과정에서 다음의 한계성을 지니고 있다. 한국해외 투자에 대한 품목별, 국가별이 구분되지 않은 관계로 포함 시키지 못하였다. 각 품목별, 국가별로 해외직접투자를 고려한다면 보다 세밀하고 의미 있는 연구 결과들을 도출할 수 있으리라 사료된다. 그리고 선행연구에 의하면 사회 환경요인(단체협상의 자유도, 부패지수)도 해외직접투자에 영향을 준다고 하였으나 본 연구에서는 포함시키지 못하였다. 현재의 해외투자는 이러한 사회 현상의 문제도 중요한 요소로 투입되어야 한다. 해외투자는 중소기업과 대기업에 관한 투자 내용이 다를 수 밖에 없다. 본 연구에서는 이러한 기업별 설명변수를 포함하지 못하였다. 따라서 보다 유용한 현실 가능성 측면에서 향후 연구를 통해 보완이 요구된다. 향후 관련연구의 방향은 위에서 기술한 한계들을 극복하면서 이루어질 필요가 있으며 정책적인 활용도를 높이기 위해서는 보다 많은 실증연구가 이루어져야 하겠다.

■ 표 9-6 해외직접투자(해외투자) (단위 : 천달러)

년	월	투자금액	아시아	북미	중남미	유럽	중동	아프리카	대양주
2002	06	279,386	112,910	19,402	13,026	131,252	990	840	966
	07	147,143	89,691	33,585	8,224	11,323	3,060	673	587
	08	210,492	111,807	36,777	16,983	33,247	8,171	1,213	2,296
	09	321,823	106,379	69,831	12,592	93,892	2,943	2,690	33,495
	10	690,166	247,565	31,751	99,537	302,047	5,062	1,909	2,294
	11	606,411	182,130	42,990	37,468	331,253	6,424	2,250	3,897
	12	542,145	329,209	120,776	29,222	40,218	6,331	2,346	14,043
2003	01	305,721	214,011	45,023	20,317	10,833	3,850	656	11,030
	02	347,205	124,862	158,517	18,811	37,212	3,944	2,974	886
	03	260,151	197,001	34,211	14,766	4,201	1,962	513	7,498
	04	253,767	166,735	59,422	7,049	11,273	5,156	2,688	1,443
	05	251,160	170,872	64,758	9,662	1,708	1,543	425	2,192
	06	268,341	127,847	95,415	13,905	18,197	2,044	1,942	8,991
	07	359,981	236,844	73,198	23,718	21,160	823	2,552	1,686
	08	317,710	180,056	76,948	41,917	10,276	1,294	2,877	4,341
	09	466,063	341,646	40,121	12,717	55,892	950	3,138	11,598
	10	511,016	194,785	273,501	16,487	16,190	1,990	3,877	4,186
	11	343,811	250,693	40,016	19,383	13,629	900	4,027	15,163
	12	476,519	299,234	113,688	14,820	21,441	1,800	2,611	22,924
2004	01	284,045	139,880	42,712	8,858	81,625	6,188	2,627	2,155
	02	415,376	303,283	55,661	27,963	15,300	5,621	4,317	3,231
	03	506,284	365,920	106,865	13,987	9,606	1,440	4,730	3,735
	04	400,205	261,052	76,368	8,987	46,154	1,458	3,698	2,489
	05	318,509	227,045	44,122	10,308	22,107	2,616	3,775	8,537
	06	396,104	204,953	149,699	14,058	17,253	3,553	4,165	2,423
	07	991,107	277,048	282,307	110,634	310,378	5,815	2,313	2,611
	08	378,948	297,019	41,288	14,508	7,991	558	3,375	14,209
	09	601,371	246,497	318,325	13,048	18,183	647	693	3,979
	10	520,803	271,131	91,814	9,607	118,747	1,138	11,811	16,554
	11	507,211	384,788	58,861	17,467	33,993	4,553	5,381	2,169
	12	817,258	487,576	182,737	94,712	32,591	2,803	2,748	14,091

년	월	투자금액	아시아	북미	중남미	유럽	중동	아프리카	대양주
2005	01	440,245	281,456	122,482	6,184	10,614	912	11,088	7,509
	02	297,564	197,581	32,229	7,304	42,424	990	4,104	12,931
	03	723,873	379,663	177,633	29,044	110,636	997	4,024	21,876
	04	506,177	303,833	57,570	58,473	48,425	2,056	21,612	14,209
	05	679,385	366,141	199,184	54,590	24,607	2,200	27,743	4,920
	06	446,554	308,871	59,138	41,078	13,111	3,550	18,075	2,732
	07	464,711	277,462	89,457	10,446	64,991	6,802	9,285	6,268
	08	571,471	311,397	140,932	27,768	73,706	7,461	7,045	3,163
	09	762,678	502,814	86,057	34,169	92,990	4,771	2,269	39,607
	10	627,620	380,279	158,220	26,263	36,664	4,314	19,708	2,172
	11	609,541	352,005	66,220	72,850	94,284	6,316	2,490	15,375
	12	661,875	410,449	102,913	88,189	33,853	2,247	1,911	22,314
2006	01	677,964	405,431	202,275	16,113	43,957	925	4,151	5,111
	02	604,126	355,886	107,248	39,302	70,664	4,211	6,108	20,708
	03	978,637	438,867	287,378	53,214	131,479	2,203	55,906	9,590
	04	1,011,410	503,124	406,807	34,115	36,399	14,425	6,185	10,354
	05	834,168	607,322	71,038	55,398	47,749	4,082	46,046	2,533
	06	702,309	470,500	69,522	45,678	77,405	14,456	3,727	21,022
	07	720,850	345,806	143,955	51,167	146,242	11,021	7,806	14,853
	08	1,131,052	634,768	322,261	42,183	72,509	17,387	4,898	37,046
	09	996,226	606,256	86,724	129,862	88,964	34,872	26,005	23,542
	10	684,468	390,326	165,540	59,851	43,260	9,287	6,432	9,772
	11	1,178,424	666,485	140,738	111,813	170,277	41,876	23,993	23,243
	12	1,437,885	791,304	180,721	124,113	279,298	14,971	22,510	24,966
2007	01	957,225	646,009	154,837	58,183	75,119	6,896	2,448	13,732
	02	1,091,249	564,894	151,082	50,006	290,255	8,127	8,470	18,414
	03	1,067,738	629,745	219,787	69,033	88,440	31,097	3,831	25,806
	04	1,222,402	771,033	236,827	58,611	116,930	13,257	8,142	17,601
	05	1,402,025	762,704	194,729	237,387	105,525	13,687	24,226	63,766
	06	1,826,585	1,412,855	134,206	62,606	131,850	1,691	17,441	65,936
	07	1,510,163	915,175	190,447	147,096	207,433	12,604	11,545	25,862
	08	1,346,099	850,618	151,422	66,460	214,010	12,811	4,563	46,215
	09	1,016,233	689,841	145,919	47,623	78,275	15,463	27,074	12,040
	10	3,268,967	905,487	821,725	168,586	1,129,765	10,335	50,054	183,013
	11	3,306,053	1,093,088	946,606	123,974	1,082,144	8,260	32,577	19,404
	12	2,336,991	1,486,573	204,173	111,933	451,051	13,445	47,925	21,891

연구문제

1. 해외직접투자 결정요인에 대하여 약술하시오.

2. 해외 직접투자와 고용률의 관계에 대하여 설명하시오.

3. 다음 용어를 설명하시오.

   ① 임금(사업서비스업)

   ② 제조업 평균 가동률

   ③ 경상수지

   ④ 국내총생산

   ⑤ 국고채

4. 7 그룹(아시아, 북미, 유럽, 중남미, 대양주, 아프리카, 중동)의 해외직접투자 특성을 약술하시오.

5. 해외 직접투자 결정요인을 파악하는 목적을 약술하시오.

6. 경상수지와 무역수지의 관계를 약술하시오.

MEMO

Chapter 10

데이터 정리 및 요약

제10장에서는 자료를 정리 요약하는 기법들을 소개한다.

- 통계량에 의한 정리
- 자료의 중심 집중화 경향을 나타내는 대표치
- 대표치를 중심으로 자료의 흩어진 정도를 나타내는 산포도
- 도표 그래프에 의한 정리

10. 데이터 정리 및 요약

1) 자료의 형태[164)]

164) 김희철, "기초 통계학", 한솔 아카데미, 2011.

(1) 척 도

자료의 형태는 다양하게 얻을 수 있는데 통계분석에 있어서는 객관적 사실을 수치로 부여하여 사용하게 되는데 어떠한 척도를 기준으로 수치를 부여 했느냐에 따라서 여러 가지 척도로 구분 해 볼 수 있다. 변수들의 값을 부여하는 방법이 척도(scale)이며 이들 척도는 크게 정성적 혹은 질적(qualitative or nonmetric)인 것과 정량적 혹은 양적(quantitative or metric)인 것이 있다.

네 가지의 척도수준은 제공하는 정보의 수준과 자료분석에 이용할 수 있는 통계적 방법의 수준에 따라 순위가 정해진다. 즉 명목척도 < 서열척도 < 등간척도 < 비율척도의 순으로 보다 많은 정보를 제공해 주며, 활용할 수 있는 통계적 기법도 다양하다.

데이터를 분석하기 위한 분석방법의 선정은 검정하고자 하는 가설의 형태와 가설에 포 함된 변수의 측정된 척도에 의해 기초를 두어야 한다.

① 명목척도(nominal scale)

개체나 사람이 다르다는 것을 보이기 위해 이름이나 범주를 대표하는 숫자로 부여하는 방식이며 성별분류, 상품유형별 분류, 보육시설 유형별 분류와 같은 형태를 명목척도(nominal scale)라고 부른다. 실제 예를 들면, 남자=1, 여자=2, 혹은 서울=1, 부산=2, 충남=3을 부여했다면 집단의 명칭만 의미가 있고 수량의 의미는 없다. 즉, 측정대상의 특성을 분류하거나 확인할 목적으로 숫자를 부여한 경우를 말한다. 명목척도는 단지 빈도수(frequency)를 계산하는데 유용하다. 명목척도에서는 빈도와 퍼센트를 계산하므로 평균(average)은 의미가 없다.

② 서열척도(ordinal scale)

순위척도라고도 하는데 측정대상간의 높고 낮음과 같이 개체나 사람들의 순서에 대한 값을 부여하는 척도이다. 학생의 신장에 따라 학생들을 순서대로 나열할 경우 각 학생들의 신장은 서열척도가 될 수 있다. 또 다른 예로 대학들의 선호도(preference)에 따라 나열했다면 그 선호의 순서는 서열척도가 된다. 따라서 서열척도는 변수에 대해 순위 정보를 가지고 있을 뿐 선호도의 정도는 알 수가 없다는 점이다. 이 척도는 순서간의 서열을 나타내 주기는 하지만 1등과 2등, 3등과 4등간의 간격이 어느 정도인지에 대한 정보까지는 알 수가 없다.

서열척도는 빈도를 계산할 뿐만 아니라 중앙치(median), 퍼센트, 기타 다른 다양한 통계량에 이용될 수 있다.

예문 다음의 대학들에 대한 선호도를 적어 주시기 바랍니다. 가장 선호하는 대학을 1번, 다음으로 선호하는 대학을 2번 등으로 순위를 표시해 주십시오.

▶ Y대학교 (　), P대학교(　), 한라산대학교(　), W대학교(　), H대학교(　)

③ 등간척도(interval scale)

구간척도라고 할 수 있는데 속성에 대한 각 수준간의 간격이 동일한 경우에 이용된다. 인치(inch), 센티미터(centimeter), 파운드(pound), 정도와 같은 단위로 측정이 된다. 그러나 절대적인 원점은 존재하지 않는다는 점이 다르다. 일반적으로 5점 척도 또는 7점 척도의 리커트 척도(Licart scale)에서 많이 사용된다.

등간척도는 통계분석에 있어서 대부분의 분석도구에 이용할 수 있다.

> **예문** 당신은 경영학 공부를 좋아하십니까?
>
> 전혀 좋아하지 않음 |—1—|—2—|—3—|—4—|—5—| 매우 좋아함

④ 비율척도(ratio scale)

등간척도가 갖는 특성에 추가적으로 측정값 사이의 비율계산이 가능한 자료를 말하며 척도를 나타내는 수가 등간일 뿐만 아니라 의미 있는 절대원점을 가지고 있는 경우에 이용된다. 이 척도는 등간척도가 가지는 특성 외에 절대원점이라는 개념을 갖고 있으며 일반적으로 적용되는 통계기법은 등간척도와 같다. 연령, 소득, 무게, 시간 등의 예를 들 수 있다. 설문에서 연봉이 1천 만원, 2천 만원, 3천 만원, 4천 만원 등으로 구성했다면 비율척도의 일종이다.

다음과 같이 척도점에 따른 가정을 다음과 요약 해 볼 수 있다.

> **예문** 다음은 대학에 대한 귀하의 선호도를 0점에서 10점까지에서 점수로 기입해 주시기 바랍니다. 가령 전혀 좋아하지 않으면 0점, 아주 좋아하면 10점으로 적어 주십시오.
>
> ▶ K대학교 ( ), J대학교( ), 한라산대학교( ), P대학교( ), Y대학교( )

(2) 횡단면자료와 시계열 자료

통계분석의 목적에 따라 횡단면 자료와 시계열 자료를 구분하는 것은 경우에 따라 중요하다. 횡단면자료(cross-sectional data)는 동일시점 혹은

■ 표 10-1 척도점에 내포되어 있는 가정

	범주 (categorical)	순위 (ordinal)	등간격 (equal interval)	절대영점 (absolute zero)
명목척도	○	×	×	×
서열척도	○	○	×	×
등간척도	○	○	○	×
비율척도	○	○	○	○

■ 표 10-2 척도의 종류에 의한 통계량(단변량)

척도의 종류	명목, 서열척도(질적분석)	구간, 비율척도(양적분석)
통 계 량	비율, 최빈치, 사분위, 범위, 첨도, 왜도 등	평균, 표준편차, 최빈치, 첨도, 왜도 등

■ 표 10-3 척도간의 특징

척도	비교방법	평균의 측정	적용 가능 분석 방법	적용 예
명목척도	확인, 분류	최빈치	빈도분석, 비모수 통계, 교차분석	성별분류, 상품유형별분류
서열척도	순위비교	중앙치	서열 상관관계, 비모수 통계	상표선호순위, 사회계층,
등간척도	간격비교	산술평균	모수통계	온도, 광고인지도, 상표선호도, 주가지수
비율척도	절대적 크기 비교	기하평균 조화평균	모수통계	매출액, 구매확률, 소득, 나이, 시장점유율

거의 유사한 시점에서 수집된 자료를 의미한다. 〈표 10-4〉의 자료는 횡단면자료이다. 그 이유는 8개의 경제지표가 동일시점(2004년 7월)에서 조사되었기 때문이다. 시계열자료(time series data)는 여러 시점에서 수집된 자료를 의미한다. 〈그림 10-1〉에는 1990년 1월부터 2009년 7월 사이의 수출액을 나타낸 자료이기 때문에 시계열 자료임을 알 수 있다. 이 그래프에서 2002년 2월은 수출액이 감소되고 또, 2008년 10월부터 감소하다가 그 이후 증가하는 패턴을 볼 수 있다.

■ 표 10-4 경제지표

경제지표	2004/07
국내 총 생산 (시장가격) (단위:10억원)	208,381.1
경상수지 (S.A.) (단위 : 백만달러)	3,163.40
종합주가지수 (연월 중 평균) (1980.01.04=100)	746.1
고용률(%) (전국)	60.3
수출액 (단위:천달러)	21,003,794
소비자 물가지수 (단위: 2005=100)	97.511
국제유가(WTI) (단위 : U$/BBL)	43.80
제조업가 동률지수 (단위 : 2005=100)	97.9

■ 그림 10-1 수출액 (단위: 천달러)

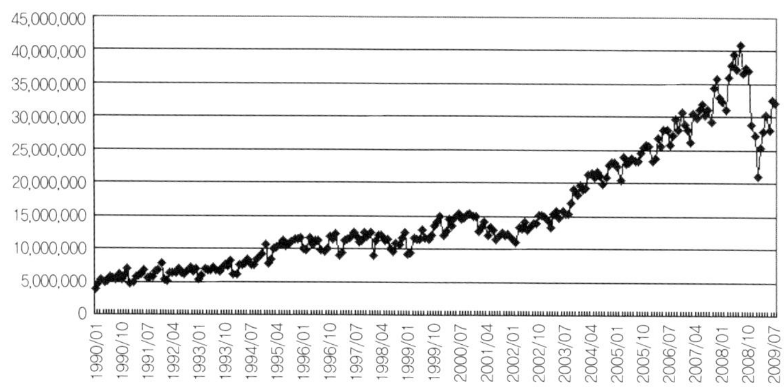

2) 통계량에 의한 자료의 정리[165)]

165) 김희철, "기초 통계학", 한솔 아카데미, 2011.

자료의 정리방법에는 관측값으로 부터 통계량을 구하여 자료의 특성을 파악하는 통계적인 자료 정리 방법과 도표나 그래프에 의한 자료의 정리가 있다. 본 장에서는 통계량에 의한 자료의 정리와 도표와 그래프에 의한 자료의 정리 및 요약으로 나누어 설명한다.

통계량에 의한 자료의 정리는 중심위치를 나타내는 평균, 중위수, 최빈수 등이 있고 관측값의 흩어진 정도를 측정하는 분산, 표준편차, 범위 등이 있다.

(1) 자료의 중심 위치를 측정하는 측도

자료의 중심위치 측정이란 자료를 대표할 수 있는 대표값을 측정하는 것을 말한다. 대표값은 평균과 같은 계산적 대표값과 중위수, 취빈수 등과 같은 위치에 의해 판단되는 위치적 대표값으로 나뉜다. 계산적 대표값은 극단값에 영향을 받지만 위치적 대표값은 극단값에 영향을 받지 않는다.

① 산술평균(arithmetic mean)

중심위치의 측도로서 가장 많이 사용되고 있으며 모든 데이터 값의 합을 데이터의 개수로 나누어 구한다. 즉, 데이터 $x_1, x_2, \cdots, x_n$에서 평균값은 다음과 같다.

$$\bar{x} = \frac{1}{n}(x_1 + x_2 + \cdots + x_n) = \frac{1}{n}\sum_{i=1}^{n} x_i$$

산술평균의 성질

(1) 산술평균에 대한 편차의 합은 0이다.(편차$=(x_i - \bar{x})$)

$$\sum_{i=1}^{n}(x_i - \bar{x}) = (x_1 - \bar{x}) + (x_2 - \bar{x}) + \cdots + (x_n - \bar{x}) = 0$$

(2) 산술평균에 대한 편차의 제곱의 합은 임의의 어떤 다른 수에 대한 편차의 제곱의 합보다 크지 않다.

$$\sum_{i=1}^{n}(x_i - \bar{x})^2 \le \sum_{i=1}^{n}(x_i - a)^2 \text{ (단, } a\text{는 상수)}$$

(3) 관찰값 $x_1, x_2, \cdots, x_{n_1}$의 산술평균을 $\overline{x_1}$ 라고 하고 또 다른 관찰값을 $x_1, x_2, \cdots, x_{n_2}$의 산술평균을 $\overline{x_2}$ 라고 하고 하면 이들 관찰값들을 합친 전체 산술평균 $\bar{x}$은 다음과 같다.

$$\bar{x} = \frac{n_1\overline{x_1} + n_2\overline{x_2}}{n_1 + n_2}$$

예제 1

• 다음 자료의 평균값을 구하시오.

3 5 7 9 14

▶ $\bar{x} = \frac{1}{5}(3+5+7+9+14) = 7.6$

② 중위수(median)

전체 데이터를 크기 순서로 배열했을 때 중앙에 위치하는 값이다. 데이터의 수가 홀수이면 중앙에 위치하는 데이터이고 짝수이면 중앙에 위치하는 두 개의 데이터의 평균값이 된다. 아주 큰 데이터나 아주 작은 데이터 즉, 극단적인 값에 비교적 영향을 받지 않는다.

중위수(Me)의 성질

(1) 중위수는 편차의 절대값의 합을 최소로 한다.

$$\sum_{i=1}^{n}|x_i - Me| \le \sum_{i=1}^{n}|x_i - a| \text{ (단, } a\text{는 상수)}$$

(2) 극단값(이상치)이 존재하는 자료가 있다면 극단값에 영향을 주지 않기 때문에 산술 평균보다 더 좋은 대표값이 된다.

예제 2

• 다음 자료의 중위수를 구하시오.

(1) 3 5 7 9 14

(2) 3 5 7 9 14 15

(3) 3 5 7 9 14 85

▶ (1) 데이터의 개수가 홀수로 중위수는 7.

(2) 데이터의 개수가 짝수로 중위수는 $\frac{(7+9)}{2}=8$.

(3) 중위수 $\frac{(7+9)}{2}=8$ 로 극단적인 값인 85에 영향을 받지 않음을 알 수 있다.

③ 최빈수(mode)

전체 데이터에서 가장 자주 나오는 값을 말한다. 위치적 대표값으로서 양적자료, 질적자료에 두루 쓰인다. 예를 들면 기성복을 생산하는 공장에서는 많은 고객들이 원하는 의복 즉, 최빈수에 해당되는 의복을 많이 생산해야 될 것이며 안방에 놓을 가구를 만들 때도 최빈수에 해당하는 가구를 생산해야 될 것이다. 그 외에 최빈수가 적용되는 예는 구두, 책상 등이 있다.

예제 3

• 다음 자료의 최빈수를 구하시오.

3 5 5 5 7 9 9 14

▶ 위 데이터는 5가 3개로 최빈수는 5

(2) 자료의 흩어진 정도를 측정하는 측도

대표적인 평균값만 가지고는 자료의 전체적인 분포 상황을 알 수 없다. 예를 들어 자료 48, 50, 52와 자료 2, 50, 98의 평균은 각각 50이다. 그러나 자료의 흩어진 정도는 전혀 다르다. 여기서 자료의 중심위치인 평균값만으로는 자료에 대한 충분한 정보가 되지 못함을 알 수 있다. 따라서 자료가 평균값 주변에 어떻게 퍼져 있는지를 알려주는 지표 즉, 산포도가 필요하다. 이러한 자료의 흩어진 정도를 나타내는 측도는 분산, 표준편차, 범위 등이 있다.

① 분산과 표준편차(variance, standard deviation)

각 자료의 값에서 평균을 빼고 제곱시킨 합을 제곱합(sum of square)

$$SS = \Sigma_{i=1}^{n}(x_i - \bar{x})^2$$

이라 하며 제곱합을 자료의 총합으로 나누어 계산된 통계량을 분산이라 한다. 분산은 다음과 같이 정의된다.

$$S^2 = \frac{1}{n-1}\Sigma_{i=1}^{n}(x_i - \bar{x})^2$$

표준편차는 분산의 제곱근으로

$$S = \sqrt{S^2} = \sqrt{\frac{1}{n-1}\Sigma_{i=1}^{n}(x_i - \bar{x})^2}\ .$$

분산의 간편한 계산식은 다음과 같이 유도 할 수 있다.

$$\begin{aligned} S^2 &= \frac{1}{n-1}\Sigma_{i=1}^{n}(x_i - \bar{x})^2 \\ &= \frac{1}{n-1}\left\{\Sigma_{i=1}^{n}x_i^2 - \frac{(\Sigma_{i=1}^{n}x_i)^2}{n}\right\} \end{aligned}$$

예제 4

• 다음 자료의 요약그래프를 그리고 분산, 표준편차를 계산하여 비교하라.

자료 1 : 20.1 20.1 20.0 20.0 20.1 20.0 20.0 20.1 19.9 20.2

자료 2 : 18.4 18.4 18.9 20.8 19.5 18.2 22.1 23.3 19.2 22.5

자료 3 : 24.0 26.9 22.9 15.4 17.3 23.0 25.6 20.1 20.4 15.7

▶ 위 자료에 대해 점그래프를 그리면 다음과 같다.

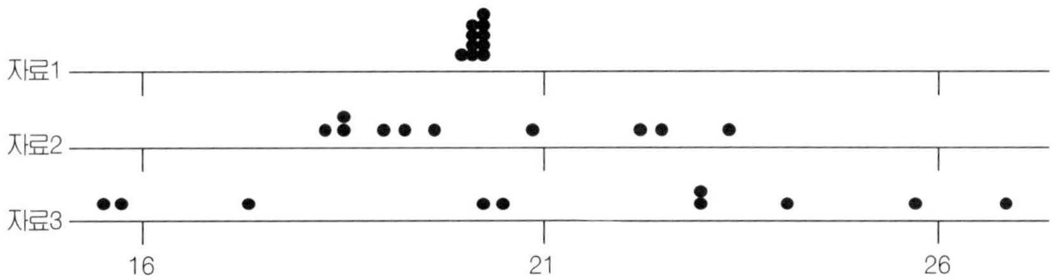

참고하세요!

평균이 μ이고 분산 σ^2은 임의의 모집단으로부터 크기가 n인 확률분포 $X_1, X_2, \cdots, X_n$에 의해서 정의되는 표본평균 $\overline{X}$와 표본분산 S^2은 각각 모평균 μ와 모분산 σ^2의 불편 추정량이 됨이 알려져 있다.

$$E(\overline{X}) = \mu,\ E(S^2) = \sigma^2$$

그러나 통계량

$$T = \frac{\Sigma_{i=1}^{n}(X_i - \overline{X})^2}{n}$$

은 모분산 σ^2의 불편추정량이 되지 않는다. 즉, $E(T) = \frac{n-1}{n}\sigma^2 \neq \sigma^2$이므로 편의 추정량(unbiased estimator)되고

$$S^2 = \frac{\Sigma_{i=1}^{n}(X_i - \overline{X})^2}{n-1}$$

은 σ^2의 불편추정량이 됨이 알려져 있다.

따라서 표본분산을 정의할 때 $\Sigma_{i=1}^{n}(X_i - \overline{X})^2$을 표본크기 n으로 나누지 않고 $n-1$로 나누는 이유가 되는 것이다.

자료1의 분산과 표준편차의 계산은

$$\begin{aligned} S_1^2 &= \frac{1}{n-1}\left\{\Sigma_{i=1}^{n} x_i^2 - \frac{(\Sigma_{i=1}^{n} x_i)^2}{n}\right\} \\ &= \frac{1}{9}\left\{(20.1^2 + 20.1^2 + \ldots + 20.2^2) - \frac{(20.1 + 20.1 + \ldots + 20.2)^2}{10}\right\} \\ &= 0.0072 \end{aligned}$$

$$S_1 = \sqrt{S_1^2} = 0.085$$

같은 방법으로 자료2와 자료3의 분산과 표준편차를 각각 계산하면

$$S_2^2 = 3.61, \ S_2 = \sqrt{S_2^2} = 1.90$$

$$S_3^2 = 16.32, \ S_3 = \sqrt{S_3^2} = 4.04$$

요약 데이터의 흩어짐이 크면 산포의 측도인 분산이나 표준편차는 값이 크고 데이터의 흩어짐이 작으면 분산이나 표준편차는 값이 작아짐을 알 수 있다(수식의 계산 값이나 점그래프를 통해서).

② 범위(range)

데이터에서 최대값($x_{\max}$)과 최소값($x_{\min}$)의 차를 범위라고 한다. 범위는 계산하기는 간편하여 현장에서 많이 사용하나 극단적인 값이 존재할 때는 올바른 산포의 측도가 못되는 단점이 있다.

$$R = x_{\max} - x_{\min}$$

예제 5

• 다음 자료의 범위를 구하시오.

3　　5　　7　　9　　14

▶ 위 데이터의 범위는 $R = x_{\max} - x_{\min} = 14 - 3 = 11$

③ 사분위수와 사분위 범위(quartile range)

사분위수는 데이터를 크기 순서에 따라 늘어놓은 데이터에 대해 4등분한 값을 말하며 그 중 첫째를 제1사분위수이고 셋째를 제3사분위수라 한다. 여기서 제2사분위수는 중위수에 해당된다. 제1사분위수를 Q_1, 제3사분위수를 Q_3으로 표기할 때 사분위 범위는

$$QR = Q_3 - Q_1$$

으로 정의되며 사분위 범위는 극단적인 값에 영향을 덜 받는다.

예제 6

- 다음 자료의 사분위수와 사분위 범위를 구하고 설명하시오.

3 5 7 9 14 15 17 19

▶ 먼저 크기 순으로 나열하고, 자료를 반으로 나누면 다음과 같이 된다.

1군 : 3 5 7 9

2군 : 14 15 17 19

여기서 1군에서의 중위수 Q_1은 $\frac{1}{2}(5+7)=6$ 이며 2군에서의 중위수 Q_3은 $\frac{1}{2}(15+17)=16$ 이 된다. 따라서 사분위 범위 $QR=Q_3-Q_1=16-6=10$

④ 백분위수(percentile)

백분위수는 자료가 가장 작은 수부터 가장 큰수까지 퍼져있는 정도에 대한 정보 제공이 가능하다. p 분위수보다 작은 수들은 대략 p%이며 i 보다 큰 수는 대략 $(100-p)$% 가 된다. 예를 들어 어떤 학생의 통계학 중간고사 시험에서 60점을 취득했다고 가정하자 이 때 60점의 백분위수가 70 분위수라면 이 학생보다 점수가 낮은 학생이 70%이며 높은 점수의 학생은 근사적으로 30%임을 알 수 있는 것이다.

예제 7

- 다음 오름차순으로 정렬된 자료에서 50분위수와 85분위수를 계산하시오.

2710, 2755, 2850, 2880, 2880, 2890, 2920, 2940, 2950, 3050, 3130, 3325

▶ Ⓐ 50분위수

$i=\left(\frac{p}{100}\right)n=\left(\frac{50}{100}\right)12=6$ 이되므로 6 번째 자료와 7번째 자료를 이용하여 다음과 같이 50분위수가 계산된다.

$$\frac{2890+2920}{2}=2905$$, 즉 중위수와 일치한다.

Ⓑ 85분위수

$$i=\left(\frac{p}{100}\right)n=\left(\frac{85}{100}\right)12=10.2$$가 되므로

이보다 큰 다음의 수인 11번째 자료인 3130이 85분위수가 된다.

p분위수 계산법

(1) 자료를 오름차순으로 정렬 한다.

(2) 다음의 인덱스 i를 계산 한다(단, p는 계산하고자 하는 백분위수이고 n은 자료의 수를 의미함).

$$i=\left(\frac{p}{100}\right)n$$

(3) 위에서 계산된 인덱스 값 i가 정수이면 p분위수는 i와 $i+1$의 위치에 속한 값들의 평균이 되고 정수가 아니면 i보다 큰 다음의 값이 p분위수가 된다.

⑤ 변동계수(coefficiant of variation)

변동계수는 평균에 대한 상대적인 퍼짐의 정도를 백분율로 나타낸다. 측정 단위가 다르거나 중심위치가 아주 다른 두 종류의 데이터를 비교하고자 할 때 사용한다.

$$CV=\frac{S}{\bar{x}}\times 100$$

예제 8

• 두 개의 자료군에서 자료 1은 단위가 mm이다. 또 자료 2는 이를 cm로 바꾼 자료이다. 자료 1군과 자료 2군에 대해 각각의 변동계수를 구하고 의미를 설명하라.

자료1(mm단위):	98	99	79	99	95	102	83	93	78	101
자료2(cm단위):	9.8	9.9	7.9	9.9	9.5	10.2	8.3	9.3	7.8	10.1

위 자료군에 대한 그래프를 그리면 다음과 같다.

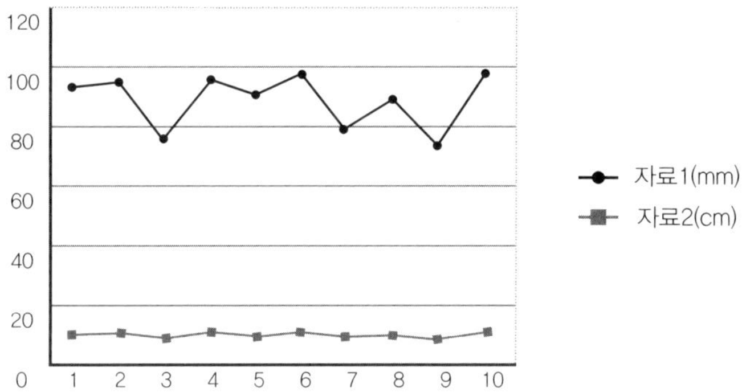

자료1에서는 표준편차 S = 2.91, 평균 $\bar{x}$ = 92.7로,

변동계수는 $\frac{s}{\bar{x}} = \frac{2.91}{92.7} = 0.03128$이며 자료2에서는 표준편차 S = 0.29 평균 $\bar{x}$ = 9.27로 변동계수는 $\frac{s}{\bar{x}} = \frac{0.29}{9.27} = 0.03128$ 이다.

변동계수의 성질

(1) 변동계수는 표준편차의 산술평균에 대한 상대적 크기를 나타내는 측도이며 변이계수라고도 한다.

(2) 다른 종류의 통계집단이나 동종의 집단일지라도 평균이 크게 다를 때 산포를 비교하기 위한 측도로 사용되며 일반적으로 백분율을 사용한다.

(3) 경우에 따라서는 변동계수의 제곱을 상대분산이라고도 한다.

요약 위 점그래프에서는 자료1이 자료2에 비해 산포도가 훨씬 크나 변동계수는 같았다. 따라서 단위가 다른 데이터의 산포를 비교하는 데에는 변동계수가 적당함을 알 수 있다. 또 변동계수는 단위에 무관함을 알 수 있다.

⑥ 표준오차(standard error)

표준오차는 일반적으로 추정량의 표준편차를 의미한다. 따라서 표준오차는 취급하는 문제에 따라 추정량이 변경되면 표준편차도 달라지게 된다. 기술 통계량을 취급할때에는 표준오차는 표본평균의 표준편차인 $SE(\overline{x}) = \frac{\sigma}{\sqrt{n}}$의 추정값인 $\widehat{SE(\overline{x})} = \frac{S}{\sqrt{n}}$의 값을 의미한다.

(3) 정규모집단의 가정의 검토

일반적으로 다루는 통계적인 문제는 정규분포를 따른다는 가정을 하게 된다. 따라서 분석하려고 하는 자료가 정규분포를 따르는지를 판단하는 통계적 방법이 필요하다. 이러한 통계적 방법은 많이 있으나 여기에서는 분포의 치우친 정도를 나타내는 왜도(skewness)와 첨도(kurtosis)에 대하여 알아보도록 하자.

변수 X의 평균 $\overline{x}$ 와 표준편차 S의 값만으로는 X의 분포상태를 완전하게 파악 못할 경우도 있다. 이 경우 대칭이나 첨예의 정도를 고려하게 되는데 이 경우 사용되는 도구로는 왜도(skewness)와 첨도(kurtosis)가 있다.

① 왜도

왜도는 분포의 치우친 정도를 나타내는 측도로서 확률변수 X에 대하여 다음과 같이 정의된다.

$$\alpha_3 = \frac{E\left[(X-\mu)^3\right]}{\sigma^3}$$

α_3=0이면 대칭(예: 정규분포, t 분포)이고 오른쪽으로 비대칭(오른쪽 꼬리형: left skewed) 비대칭분포에서는 평균 μ보다 큰 값이 나타날 수 있으

므로 $\alpha_3 > 0$을 만족하고 왼쪽으로 (왼쪽 꼬리형: right skewed) 비대칭분포에서는 $\alpha_3 < 0$이 된다. 만일 $|\alpha_3|$ 의 값이 크면 비대칭도는 커져서 분포의 모양이 좌측 혹은 우측으로 더 기울어진다.

② 첨도

첨도는 대칭인 분포에서 꼬리가 두터운 정도(분포의 봉우리가 얼마나 뾰쪽한가)를 나타내는 측도로서 일반적으로 확률변수 X에 대하여 다음과 같이 정의된다.

$$\alpha_4 = \frac{E\,[(X-\mu)^4]}{\sigma^4} - 3$$

보통 표준정규분포의 경우에는 $\alpha 3 = 0$, $\alpha 4 = 0$이다. $\alpha 4 > 0$이면 표준 정규분포보다 뾰쪽한 모양인 급첨이라고 하고 $\alpha 4 < 0$인 경우에는 표준정규분포보다 완만한 형태인 완첨이라고 한다. 그러나 왜도와 첨도의 값이 모두 0 이라 하여 모두가 정규분포를 따른다고 할 수는 없지만 이러한 특성을 이용하여 정규모집단의 검토에 활용할 수 있다. 따라서 $\hat{\alpha_3}$와 $\hat{\alpha_4}$의 값이 0과 충분히 다르면 모집단이 정규모집단을 따르지 아니함을 의미한다.

③ Pearson의 비대칭계수

자료의 분포가 대칭에서 얼마나 벗어나는가를 측정하는 Pearson의 비대칭계수 PS는 다음과 같이 정의한다.

$$PS = \frac{3(\,\overline{x} - M_e\,)}{S}$$

여기서 $\overline{x}$ 는 평균, Me는 중앙값, Mo는 최빈값, S는 표준편차이다. 분포가 대칭일 때는 PS가 영이 될 것이며, 왼쪽으로 치우친 분포에서는 PS가 음의 값을 가지며 반대로 오른쪽으로 치우친 분포에서는 양의 값을 갖게 된다.

중앙값과 최빈값에 관한 Pearson의 실험 공식은 다음과 같다.

$$3(\bar{x}-M_e)=\bar{x}-M_o$$

3) 도표와 그래프에 의한 자료의 정리[166)]

166) 김희철, "기초 통계학", 한솔아카데미, 2011.

자료를 분석할 때에 수치적인 방법 즉, 통계량에 의한 방법과 도표나 그래프에 의한 방법이 상호보완적으로 사용된다. 자료를 분석할 때 도표나 그래프에 의한 자료의 정리가 많이 활용되고 있는데 이는 도표가 주는 시각적인 효과에 의해 자료의 성격을 쉽게 파악할 수 있기 때문이다.

예제 9 도수분포표

• 통계학 점수 자료

89	71	65	93	77	81	96	76	90	73
59	73	64	92	76	84	80	80	63	75
90	85	77	99	60	65	83	79	74	60
80	87	72	82	76	79	97	90	75	85

통계학 점수 자료가 있다고 하면, 이 양적자료의 도수분포표를 작성하기 위해서는 먼저 서로 인접한 자료들을 계급(class)화하여 전체자료의 집합을 몇 개의 계급으로 나눈다.

먼저 계급 간격을 정한다. 만약 계급의 수를 6으로 하고 싶으면 계급간격은

(가장 큰 자료값 – 가장 작은 자료값)/계급의 수 = (99-539)/6 = 6.6 ≒ 7

이 된다. 여기서 반올림하는 이유는 양쪽 극단값 즉, 가장 작은값과 가장 큰 값을 도수분포에 포함시키기 위해서이다. 다음으로 첫 번째 계급의 하측 경계값을 정해야 하는데 어떤 자료값도 경계값에 속하지 않게 하기 위해서 일반적으로 최소단위 1의 반을 최소값으로부터 뺀값을 많이 사용한

다. 따라서

(첫번째 계급의 하측 경계값) = 59-1/2×1 = 58.50

과 같이 구한다. 계급간격이 7이므로 첫 번째 계급은 58.50~65.50이 될 것이고, 두 번째 계급은 65.50~72.50이 된다. 같은 방법으로 구한다. 각 계급 도수를 전체자료의 수로 나누어 상대도수를 계산하고 계급값은 중위수(midpoint)를 사용하여 즉,

(58.50+65.50)/2 = 62, (65.50+72.50)/2 = 69 등과 같은 방법으로 구한다.

도수분포표의 작성결과는 다음과 같다.

계급번호 i	계급구간	계급값 x_i	도수 f_i	상대도수
1	58.50 ~ 65.50	62	7	0.18
2	65.50 ~ 72.50	69	2	0.05
3	72.50 ~ 79.50	76	12	0.30
4	79.50 ~ 86.50	83	9	0.22
5	86.50 ~ 93.50	90	7	0.18
6	93.50 ~ 100.50	97	3	0.07
총 계			40(n)	1

이상의 도수분포표 작성 절차를 요약하면 다음과 같다.

(1) 자료의 최대값과 최소값을 찾아 범위(최대값-최소값)를 구한다.

(2) 자료의 크기에 따라 5개 내지 20개 정도의 계급의 수를 정하거나 H.A. Sturges 공식을 이용해서 결정한다.

$$즉, 계급수 = 1 + \frac{\log n}{\log 2} = 1 + 3.32 \log n$$

(3) 위에서 정한 계급의 수만큼 동일한 간격의 계급구간을 정한다. 이 때 각 계급구간은 서로 중복되는 구간이 없어야 하며 어떠한 자료값도 계급간의 경계점에 놓이지 않게 한다.

(4) 각 계급에 속하는 자료값의 개수를 세어 계급의 도수를 구한다.

(5) 각 계급의 도수를 전체자료의 수로 나누어서 상대도수를 구한다.

한편 자료가 계급값으로 분류된 도수분포로 되어 있을 때 평균, 분산을 구하는 방법을 알아보자. 이와 같은 경우 대표값은 계급의 중앙값을 사용하는 것이 일반적이다. 이 경우 평균을 구하기 위해서는 가중평균값을 이용해야 되는데 가중평균값의 식은 아래와 같다.(단, 계급의 수는 g개)

$$\bar{x} = \frac{1}{n}(x_1 f_1 + x_2 f_2 + \ldots\ldots + x_g f_g) = \frac{1}{n}\sum_{i=1}^{g} x_i f_i$$

이 되고 분산을 구하는 식은 다음과 같다.

$$\bar{x} = \frac{1}{n}(x_1 f_1 + x_2 f_2 + \ldots\ldots + x_g f_g) = \frac{1}{n}\sum_{i=1}^{g} x_i f_i$$

예제 10

• 위의 통계학 점수 자료에서 평균과 분산을 구하시오.

$$\bar{x} = \frac{1}{n}(62 \times 7 + 69 \times 2 + \cdots + 97 \times 3) = 78.8$$

$$S^2 = \frac{1}{40-1}\left[7(62-78.70)^2 + 2(69-78.70)^2 + \cdots + 3(97-78.70)^2\right]$$

$$= 110.37$$

(1) 히스토그램

히스토그램이란 길이, 무게, 강도 등과 같은 계량치의 데이터가 어떤 분포를 하고 있는지 알아보기 위하여 작성하는 그림으로서 도수분포표를 작성한 이후 기둥(확률) 그림의 형태로 그린 것이다. 예를 들어 생산현장의 공정에서 발생되는 데이터에서는 히스토그램을 작성하면 대체적인 평균이나 산포의 크기를 알 수 있으며 이로부터 공정의 안정도를 판별할 수 있다. 안정공정은 좌우대칭인 정규분포의 모습으로 나타나곤 한다.

다음 그림은 앞의 통계학 점수 데이터로부터 작성된 도수분포표에 대해, 계급의 수를 6개로 막대그래프를 그린 것이다.

■ 그림 10-2 통계학 점수에 대한 막대그래프

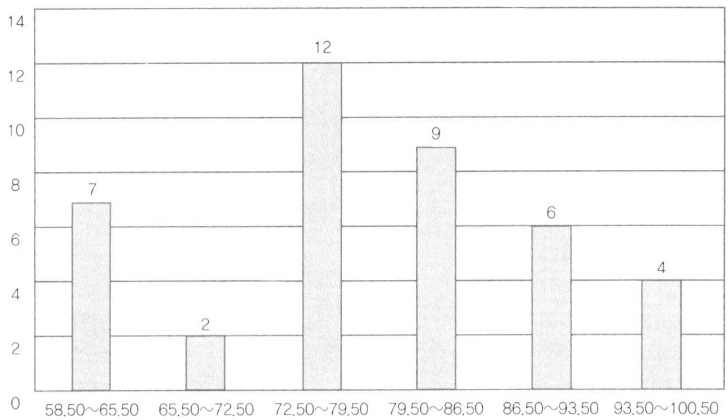

이 막대그래프에서 막대의 간격 너비를 "0"으로 하여 다시 그리면 히스토그램이 된다.

■ 그림 10-3 통계학 점수에 대한 히스토그램

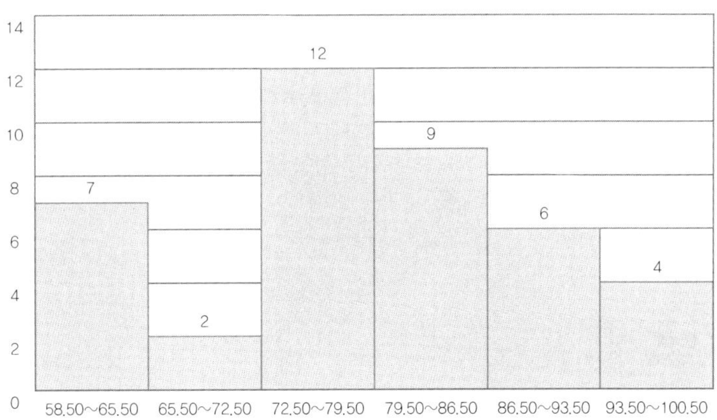

예제 11

• 다음은 앞의 통계학 점수자료에 대해 계급의 수를 5개, 7개, 9개, 11개로 히스토그램을 각각 그린 그림이다. 그 의미를 설명하라.

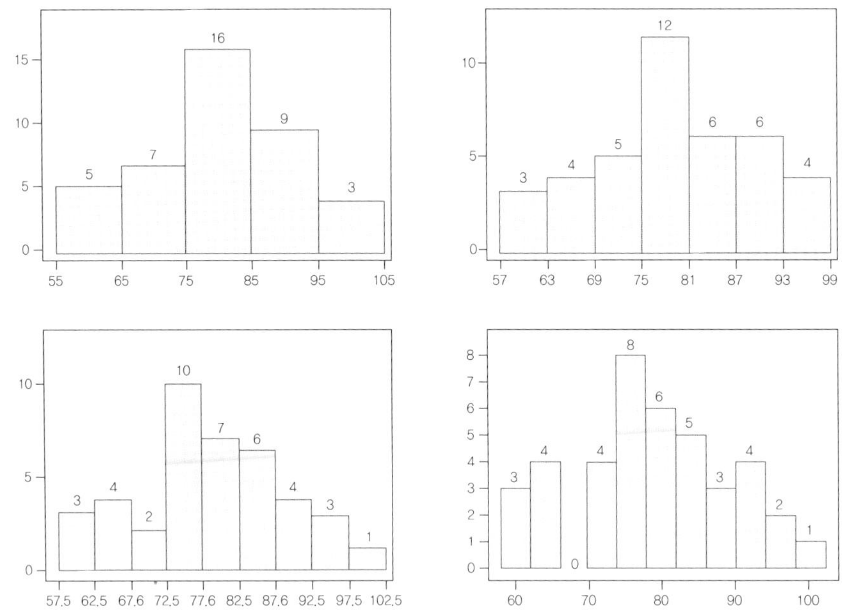

요약 위 히스토그램은 계급의 수를 5개, 7개, 9개, 11개로 하면서 그린 그림이다. 여기서 계급의 수에 따라 그래프의 모양이 크게 바뀜을 알 수 있다. 계급의 수를 크게 하면 전반적인 자료의 형태를 파악하기 어렵고 작게 하면 모호해 짐을 알 수 있다. 히스토그램에서는 계급의 수의 결정이 중요함을 알 수 있다. 위의 그림에서 숫자는 계급 내의 도수를 나타낸 것이다.

(3) 줄기 잎 그림

줄기-잎 그림(stem-leaf)을 그리기 위해서는 먼저 자료의 줄기부분을 선택하고, 잎이라 부르는 줄기부분을 제외한 나머지 부분을 선택한다. 다음

그림 <10-4>의 예와 같이 먼저 줄기값을 크기순으로 세로로 나열한 다음 각 줄기에 해당하는 각 자료의 잎의 값을 오른쪽에 가로로 나열한다. 각 줄기에 해당되는 잎의 값을 순서대로 다시 배열한다. 이 그림은 자료를 크기순으로 용이하게 구별해주는 장점이 있는 반면에 자료집합의 크기가 크게 되면 제한된 공간에 많은 자료들을 다 적는 것은 불편하다는 단점을 가지고 있다. 이 경우는 히스토그램을 그리면 더 효과적이다.

예제 12

• 통계학 점수 자료에서 줄기-잎 그림을 그리시오.

■ 그림 10-4 줄기-잎 그림의 예

Stem-and-Leaf Display : 점수	
Stem-and-leaf of 점수 N = 40	
Leaf Unit = 1.0	
1	5 9
5	6 0034
7	6 55
12	7 12334
(9)	7 556667799
19	8 0001234
12	8 5579
7	9 00023
3	9 679

요약 대체적으로 75~85 점대에 관측값이 몰려있고 줄기-잎 그림에서 보여 주듯이 중위수는 (9) 줄기에 중위수가 존재하고 극단값은 존재하지 않는다.

(3) 박스 플롯

박스 플롯(box plot)은 5가지 순서통계량(최소값, 제1사분위수, 중위수, 제3사분위수, 최대값)을 이용하여 자료를 요약 정리하는 그래프적 표현 방법으로 줄기-잎 그림이나 히스토그림은 자료가 모여 있는 위치나 자료의 범위 등에 관한 대략적인 내용을 한 눈에 볼 수 있는 장점이 있으나 중위수, 사분위수 등의 수치를 쉽게 알아 볼 수 없다는 단점이 있다. 이에 대해 박스플롯은 5가지 순서통계량을 가지고 그린 그림으로 히스토그램에서 찾을 수 없는 수치적 정보를 제공해준다. 박스플롯을 그리는 절차는 다음과 같다. 먼저, 제1사분위수 Q1과 제3사분위수 Q3사이를 중앙부분이라 생각하여 상자형태로 나타내고 중위수 위치에 선을 그려 넣는다. 그리고 Q1보다 작거나 Q3보다 큰 수는 손-발 부분으로 생각하여 Q1, Q3를 나타내는 선에서 1.5(Q1 - Q1)을 넘지 않는 최대값과 최소값까지 실선으로 연결한다. 이보다 큰 수는 중심으로부터 멀리 떨어진 점, 즉 이상점 혹은 극단값으로 간주하여 ∗표로서 표시되고, 그 사이를 점선으로 연결한다. 이렇게 만들어진 그림을 박스 플롯 혹은 상자그림이라고 한다.

■ 그림 10-5 상자그림 작성의 예

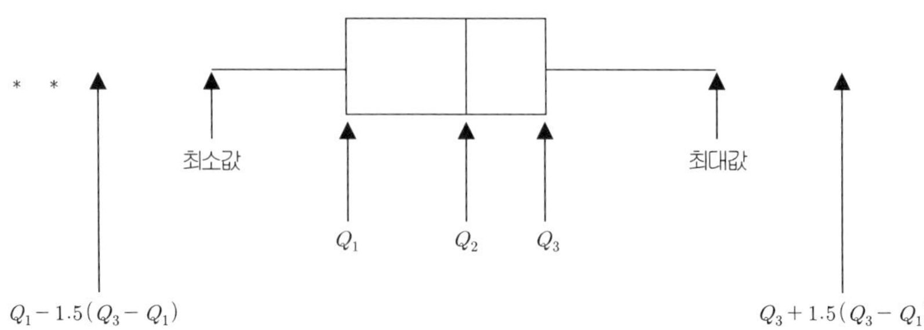

여기서 Q_1 : 제1사분위수(데이터를 순서대로 나열했을 때 1/4에 위치하는 값)

Q_2 : 중위수(데이터를 순서대로 나열했을 때 가운데에 위치하는 값)

Q_3 : 제3사분위수(데이터를 순서대로 나열했을 때 3/4에 위치하는 값)

$Q_3 - Q_1$: 사분위 범위

* : 이상치

상자그림의 작성순서

(1) 사분위수 값(Q_1, Q_2, Q_3)을 결정한다.
(2) Q_1과 Q_3를 네모난 상자로 연결하고 중위수(Q_2)를 표시한다.
(3) (Q_3 - Q_1)을 계산한다.
(4) Q_1과 Q_3로부터 각각 좌, 우로 $1.5 \times (Q_3 - Q_1)$ 크기의 범위(경계 값)를 실선으로 연결한다.
(5) 양 경계를 벗어난 값을 *으로 표시하고 이 점을 이상점으로 판정한다.

예제 13

• 자동차 부품의 치수가 열처리의 전후에 변화가 있는 것 같아서 10개의 표본(시료)을 뽑아서 열처리 전에 한 번 측정하고 같은 시료에 대하여 열처리 후에 짝을 지어 측정한 결과 다음과 같은 데이터를 얻었다. 박스플롯으로 열처리 전후의 평균치의 차가 있는가를 비교하라.

열 처리 전 x_i	열 처리 후 y_i	차 $d_i = x_i - y_i$
1.94	2.00	–0.06
1.99	1.99	0.00
1.98	1.95	0.03
2.03	2.07	–0.04
2.03	2.03	0.00
1.96	1.98	–0.02
1.95	2.03	–0.08
1.96	2.02	–0.06
1.92	2.01	–0.09
2.00	1.99	0.01
		$\overline{d}$ = –0.031

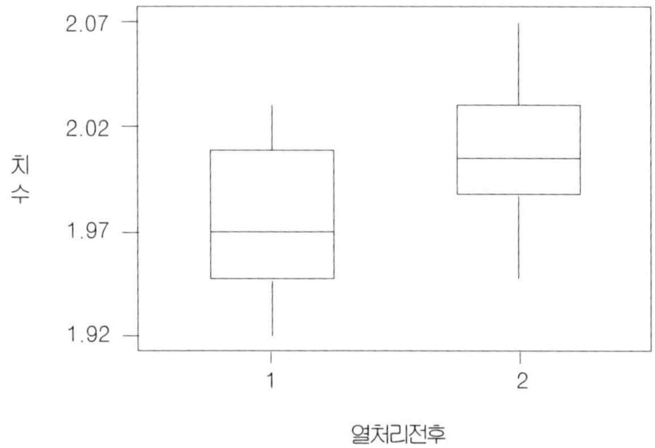

요약 (180도 회전그림) 열처리 전보다 후에 치수가 커졌고 산포는 약간 작아졌다는 것을 알 수 있다.

(4) Plot(산점도)

산점도(scatter diagram)는 서로 대응되는 두 변수간의 관계를 파악하고자 하는 경우에 흔히 사용된다.

예제 14

- 다음 자료는 원료의 특성(x)과 이 원료를 써서 만든 제품의 특성(y)에 관한 조사 결과 자료가 다음과 같다. 산점도를 그려라.

원료의 특성(x) :

36 40 34 44 33 36 40 33 26 36 31 44 41 29 42 35 45 31 32 38

제품의 특성(y) :

29 32 29 40 31 29 34 30 25 31 28 34 34 27 33 33 34 27 30 33

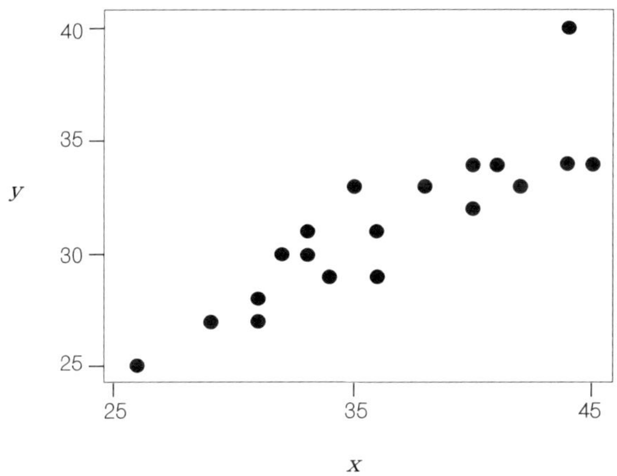

해석 원료의 특성(x)와 제품의 특성(y)에는 대체적으로 양의 상관관계가 존재함을 보여주고 있다.

기본문제

1 한 음식점에서 자장면을 주문하여 집에 배달되는데 시간을 조사하였다. 다음 물음에 답하라. (단위: 분)

10	17	20	33	15	22	19

(1) 평균　(2) 중위수　(3) 제곱합　(4) 분산
(5) 표준편차　(6) 범위　(7) 사분위범위　(8) 변동(변이)계수

풀이 및 정답

1. 평균 $\bar{x} = \frac{1}{n}\sum_{i=1}^{n} x_i = \frac{1}{7}(10+17+20+33+15+22+19) = 19.428$

2. 데이터가 홀수 이므로 중위수는 19

3. 제곱합 $SS = \sum_{i=1}^{n}(x_i - \bar{x})^2 = \left\{\Sigma_{i=1}^{n} x_i^2 - \frac{(\Sigma_{i=1}^{n} x_i)^2}{n}\right\}$

$= \left\{(10^2+17^2+20^2+33^2+15^2+22^2+19^2) - \frac{(10+17+20+33+15+22+19)^2}{7}\right\}$

$= 2948 - 2642.28 = 305.71$

4. 분산 $S^2 = \frac{1}{n-1}\Sigma_{i=1}^{n}(x_i - \bar{x})^2$

$= \frac{1}{n-1}\left\{\Sigma_{i=1}^{n} x_i^2 - \frac{(\Sigma_{i=1}^{n} x_i)^2}{n}\right\} = \frac{305.71}{7-1} = 50.95$

5. 표준편차 $S = \sqrt{S^2} = \sqrt{50.95} = 7.137$

6. 범위 $R = x_{\max} - x_{\min} = 33 - 10 = 22$　$R = x_{\max} - x_{\min}$

7. 사분위 범위 $QR = Q_3 - Q_1 = 22 - 15 = 7$

8. 변동계수 $CV = \frac{S}{x} \times 100 = \frac{7.137}{19.428} \times 100 = 56.735$

2 다음 자료1과 자료2 데이터에 대해 점그래프를 보면서 물음에 답하라. 여기서 자료2 데이터는 자료1 데이터에 각각 3씩을 플러스한 자료이다.

자료 1 : 8 9 9 10 10 10 11 11 11 12

자료 2 : 11 12 12 13 13 13 14 14 14 15

(1) 자료1의 평균과 분산을 구하라.

(2) 자료2의 평균과 분산을 구하라.

(3) 자료1과 자료2의 평균과 분산을 비교하고 의미를 그래프를 통해 설명하라.

풀이 및 정답

1. 자료 1의 $\overline{x} = 10.1,\ S^2 = 1.433$
2. 자료 2의 $\overline{x} = 13.1,\ S^2 = 1.433$
3. 자료 1에 일정하게 3을 플러스한 자료가 자료 2이기 때문에 데이터의 흩어진 정도를 파악하는 분산 값은 동일하다.

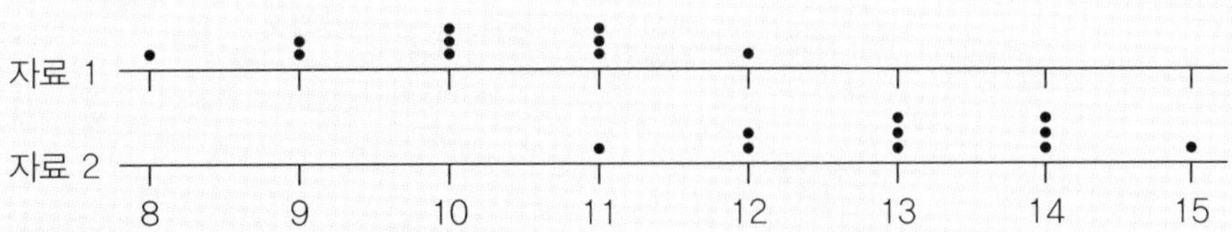

3 상대도수분포의 일부가 다음과 같이 주어져 있을 때 다음에 답하시오.

(1) 계급 D의 상대도수는 얼마인가?

(2) 총 도수는 200명이라면 계급 D의 도수는 얼마인가?

(3) 백분율도수분포표를 작성하시오.

계급	상대도수
A	0.22
B	0.18
C	0.40
D	

풀이 및 정답

1. 1 − 0.22 − 0.18 − 0.40 = 0.2

2. 200 × 0.2 = 40

3.

계급	도수	백분율도수
A	44	22
B	36	18
C	80	40
D	40	20
계	200	100

4 다음 자료를 가지고 5개 숫자요약(순서통계량)과 상자그림을 그리시오.

5, 15, 18, 10, 8, 12, 16, 10, 6

풀이 및 정답

1. 우선 자료를 정렬 한다 (5, 6, 8, 10, 10, 12, 15, 16, 18), $Q_1 = 10$

2. $i = \left(\frac{p}{100}\right)n = \left(\frac{25}{100}\right) \times 9 = 2.25$이 되므로 $Q_1 = 8$

3. $i = \left(\frac{p}{100}\right)n = \left(\frac{75}{100}\right) \times 9 = 6.75$이 되므로 $Q_3 = 15$

4. 5개 숫자요약 (5, 8, 10 15, 18)

5 다음 자료를 이용하여 줄기-잎 그림을 작성하시오.

53, 52, 56, 37, 34, 25,40, 41, 58, 47, 70, 81,73, 63 ,61, 59, 65, 79, 89, 48

풀이 및 정답

1. 자료를 10단위와 한자리 수치로 나누어 10단위 순서대로 정렬한다.

줄기	잎
8	
7	
6	
5	
4	
3	
2	

2. 한자리 수치를 해당줄기에 따라 잎 부분에 나열한다.

줄기	잎				
8	1	9			
7	0	3	9		
6	3	1	5		
5	3	2	6	8	9
4	0	1	7	8	
3	7	4			
2	5				

3. 각 줄기에 해당되는 잎 부분의 수치를 순서대로 정렬한다.

줄기	잎				
8	1	9			
7	0	3	9		
6	1	3	5		
5	2	3	6	8	9
4	0	1	7	8	
3	4	7			
2	5				

6 다음 자료는 40 가구의 월 음식비지출 금액에 대한 자료를 표집 하였다. 도수분포표, 계급값, 상대도수, 누적상대도수, 그리고 막대그래프 및 히스토그램을 작성하시오.

11 24 28 31 8 12 9 24 33 22 18 16 30 16 25 38 32 30 28 35

33 37 25 12 8 15 16 15 9 12 37 26 12 16 25 28 22 21 18 25

풀이 및 정답

1. 최대값는 38, 최소값은 8이므로 범위는 38−8=30이 된다.

2. 계급수= $1 + \frac{\log n}{\log 2} = 1 + 3.32\log n = 6.28 \simeq 7$

3. 계급 간격= $\frac{30}{7} = 4.29 \simeq 5$

4. 처음 계급의 시작 값을 5로 하면 각 계급은 5 이상 10 미만 즉 5−10, 유사하게 10−15, 15−20, 20−25, 25−30, 30−35,35−40으로 하면 다음과 같이 도수분포표를 작성하면 다음과 같다.

   두 번째 계급값은 중앙값인 $\frac{10+15}{2} = 12.5$이 되고 상대도수는 $\frac{5}{40} = 0.125$, 누적도수는 4+5=9이고 상대누적도수는 $\frac{9}{40} = 0.225$이 된다. 다른 계급도 유사한 방법으로 시행하면 된다.

계급	계급값	도수	상대도수	누적도수	상대누적도수
5−10	7.5	4	0.100	4	0.100
10−15	12.5	5	0.125	9	0.225
15−20	17.5	8	0.200	17	0.425
20−25	22.5	5	0.125	22	0.550
25−30	27.5	8	0.200	30	0.750
30−35	32.5	6	0.150	36	0.900
35−40	37.5	4	0.100	40	1.000
계		40	1.000		

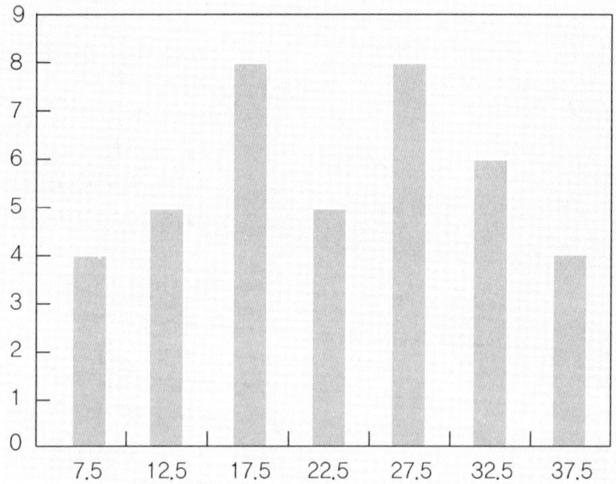
9
8
7
6
5
4
3
2
1
0
7.5
12.5
17.5
22.5
27.5
32.5
37.5

〈막대 그래프〉

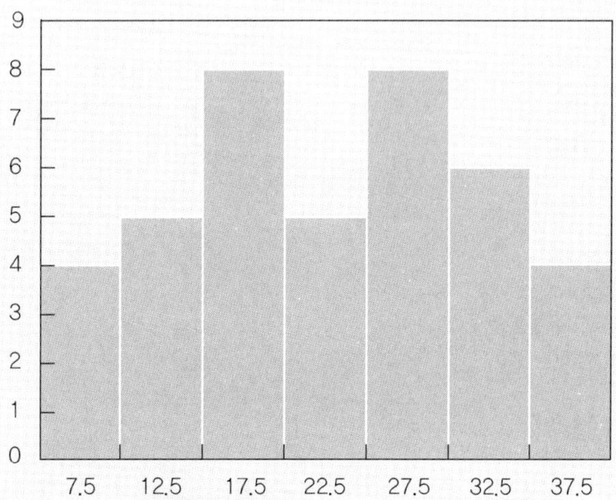
9
8
7
6
5
4
3
2
1
0
7.5
12.5
17.5
22.5
27.5
32.5
37.5

〈히스토그램〉

찾아보기

[ㄱ]

가계 대출액 / 233
가계부채 / 27
개념적 기술 / 93
개도국 / 219
개발도상국 / 26
경기침체 / 185, 242
경영방식 / 7
경영자원 / 13
경영철학 / 149
경쟁력 / 194
경제민주화 / 177
경제수종 / 226
경제의 부흥세대 / 12
경제적 평준화 / 11
경제지표 / 269
경제한류 / 73
경제협력개발기구 / 21
계급구조 / 13
계층구조 / 14
고급문화 / 29
고용률 / 243
고용불안 / 21
고용의 안정성 / 23
고용 창출 / 19
고위험 고수익 / 43
고유자원 생산 및 유통활동 / 55
고정효과모형 / 240, 245
골드만 삭스 / 172
공동체 활동 / 15
과학발달 / 31
관광도시 / 50
교양교육 / 70
교토의정서 / 218
구매력 / 13
구매심리 / 36
국가경쟁력 향상 / 23
국가브랜드 / 73
국내총생산 / 16, 28
국민정부 / 34
국민주택채권1종 / 253
국민행복지수 / 15
국제교류네트워크 / 126
국제통화기금 / 26, 28
군중문화 / 29
권한 위임 / 156
그룹특성 / 244
극단값 / 271
극한변동지수 / 218
글로벌 / 148
글로벌 경쟁시대 / 225
글로벌 금융위기 / 27, 184
글로벌 리더 / 94, 104
글로벌 부모 / 127
금리 / 243
금리인상 / 184
기본적 통찰력 지표 / 16
기업경영 / 8
기업 다원주의 / 9
기업의 사회적 책임 / 150
기업 · 정부 간 거래 / 237
기초과학 / 12

[ㄴ]

나노 / 31
나노기술 / 62
나노로봇 / 64
나노미터 / 65
나노코팅기술 / 63
나폴레옹의 마상 독서 / 109
네트워크 비즈니스 / 13
노동시장 / 184
노동조합 / 25
노마드 / 88
노마드인 / 88

녹색관광 / 45, 54
녹색국민총생산 / 15
녹색성장 / 224
농업구조 / 34
농업정책 / 217
농촌관광 / 48, 214
누락변수 / 238

[ㄷ]

다국적기업 / 149
다중 공산성 / 257
다크투어리즘 / 43
답사관광 / 48
대기업 병 / 4
대안관광 / 46
대중관광 / 47
대중문화 / 29
대출금리 / 238
대출금 연체율 / 252
대표값 / 271
대한적십자사 홈페이지 / 122
도수분포표 / 283
도시화 / 213
도전정신 / 5
독립성 / 257
드럭스토어 / 247
등간척도 / 267
등분산성 / 257

[ㄹ]

리더 / 91
리더십 / 92, 198

[ㅁ]

마루한 / 7
마루한 이즘 / 7
마케팅 계획 / 147
마태복음 효과 / 9
맹모삼천지교 / 131
명목척도 / 266
모티베이터 / 197
모험관광 / 48
무선인식 기반기술 / 86
무선통신 / 3
무형의 가치 / 42
문명충돌 / 10
문화관광 / 72
문화산업 / 245
문화예술경영 / 72
문화의 다양성 / 12
문화의 상대주의 / 133
문화적 전통 / 16
문화지수 / 105
미래 리더십 / 92
미래사회 / 85
민간투자 사업 / 180
민주시민 정신 / 103

[ㅂ]

바이오 / 31
박스 플롯 / 288
백록담 / 51
백분위수 / 277
범위 / 276
베이비붐 시대 / 12
벨트화 / 12
변동계수 / 278
보건 의료비 지출율 / 243
보말 잡기 / 52
복지국가 / 176
복지정책 / 175
부익부 빈익빈 / 24
부채상환능력 / 242
분배구조 / 181
분산 / 274
불평등 / 11
불확실성 / 85
브랜드 / 197
브랜드 마크 / 143
브레이크아웃 네이션 / 182
브릭스 / 27, 182
브릭스 국가 / 29
비대칭계수 / 281

비스타 / 99
비용 / 55
비용절감 / 20
비율척도 / 268
비정규직 / 19
비정규직보호법 / 20
비정부기구 / 120, 125
비형식 과학교육 / 33
빈곤지수 / 15
빈부격차 / 29, 180
빌 게이츠의 똑똑한 친구 사귀기 / 109

[ㅅ]

사명감 / 111
사분위수 / 276
사이버 쇼핑몰 사업체수 / 249
사이클 / 146
사회 보험 / 25
사회혁명 / 77
사회 환경요인 / 260
산술평균 / 271
산업화 / 213
산업화 시대 / 214
산점도 / 290
상상 / 110
상상력 / 103
생명공학기술 / 62, 67
생물모방 / 70
생물영감 / 70
생존전략 / 90
생태관광 / 45, 49
서열척도 267
선행(경기)종합지수 / 243
세계경제포럼 / 101
세계교역 불황기 / 17
세계 비전 / 95
세계적 표준 / 95
세계화 / 84, 95
세포융합 / 69
소득과 부의 불평등 / 11
소득수준 / 13
소매시장 / 247
소매업부패지수 / 250
소비자 간 거래 / 237
소비자물가지수 / 243
소비자심리 / 184
소비자주권 / 36
소아마비 발생률 / 98
소통지수 / 104
소프트뱅크 / 2
손목 컴퓨터 / 66
손정의 / 5
쇼핑몰 / 140
수입증가 품목 / 17
수출구조 / 18
수출 성장 / 19
스마트 혁명시대 / 61
스마티즌 / 83
스타벅스 / 205
스티브 잡스 / 2
시장경제 / 9
시장 다변화 / 18
시장자유론자 / 25
식량대란 / 217
식품산업 / 215
신성장동력 / 213
신흥개발도상국가 / 27
신흥시장 / 102
실천학문 / 72
심폐소생술 / 123
싸이월드 / 141

[ㅇ]

아시아 신흥국가 / 74
아이들 습관 / 108
아홉 가지 생각 / 106
알고리즘 / 3
양극화 / 23
양극화 해소 / 9
양극화 현상 / 10
양자점 / 64
양적 / 266
에이브러햄 링컨 / 107
엔트로피 법칙 / 222

엔트로피법칙 / 220
엔화약세 / 26
엥겔지수 / 14
예술경영 / 71
오름 / 51
오프라인 비즈니스 / 237
왜도 / 280
우루과이 라운드 협상 / 212
원화가치 / 185
위르겐 푹스 / 124
유럽 신경제재단 / 16
유목민 / 82, 87
유목민의 시대 / 87
유엔 국별 경쟁시험 / 120
유엔봉사단 / 121
윤리경영 / 150
융합기술 / 67, 76
융합연구 / 69
융합의 필요성 / 75
은행채 / 238
의료관광 / 52
의료산업 / 53
의사결정 / 103
의사결정 기술 / 93
의사소통 기술 / 93
이건희 / 202
이익 / 55
이종욱 / 97
인간개발지수 / 15
인간관계 기술 / 93
인문경영 / 2
인센티브 제도 / 205
인쇄문화 / 72
인터브랜드 / 204
인플레이션 / 183
일체의식 / 154
임금수준 / 20
임시 · 일용직 노동자 / 20
임의효과모형 / 245

[ㅈ]

자기개발 / 15
자기관리 / 129
자리물회 / 52
자본소득 / 23
자연관광 / 45, 48
자연적 성장 / 10
자유도 / 258
자주편집매장 / 248
장수브랜드 / 138, 141
전문적 기술 / 93
전자상거래 / 237
정규성 / 257
정규직 전환 / 21
정량적 / 266
정보통신기술 / 65
정보화 / 31, 148
정예화 / 151
제1사분위수 / 288
제3사분위수 / 288
제3의 물결 / 82
제4의 물결 / 82
제갈량 / 106
제조업 평균가동률 / 249
조직문화의 유연성 / 155
조직사회 / 153
종부세 / 173
종합주가 / 233
종합주가지수 / 243
주택담보대출 / 232, 242
줄기-잎 그림 / 286
중산층 / 28
중소기업 / 252
중심위치 / 271
중위수 / 272
지구촌 대통령 / 98
지리관광 / 48
지속가능한 관광 / 45
지식 노마드 / 82
지식 대중화 / 76
지식사회 / 8
지역관광 / 48
지휘자 / 91
직업의 안정성 / 22
진정진보지수 / 15

집중 양육 전략 / 10

[ㅊ]

창업열풍 / 12
창조적 파괴 / 77, 145
첨도 / 280
청년실업문제 /22
청소년위원회 홈페이지 / 125
청소년유엔회의 / 122
체류관광 / 48
체험관광 / 48
체험프로그램 / 215
초국가화 / 95
총수요관리정책 / 24
최빈수 / 273

[ㅋ]

커뮤니케이션 / 131, 155
커뮤니케이션 능력 / 130
컨버전스 / 60
코리언 서포터스 / 73
콘텐츠 문화 / 34

[ㅌ]

탄소나노튜브 / 68
탐욕의 시대 / 31
탱크 정신 / 100
텔레파시 / 4
토플러 / 110
통찰 / 68
통합 / 68
트리플크라운 / 51

[ㅍ]

파레토법칙 / 8
파레토의 원칙 / 8
파킨슨병 / 44
파트너십 / 4
판단력 / 103
패널자료모형 / 233, 238
패러다임 / 60
패션분야 / 140
포브스 / 5, 158
포스트모던이즘 / 35
포용력 / 96
포퓰리즘 / 33, 175
표준편차 / 274
퓨전 / 60
프랭클린 / 129

[ㅎ]

하이브리드 / 60
한국 국제협력단 / 121
한라산 소주 / 52
한창우 / 7
해외직접투자 / 256
해외투자 / 260
헨델 / 128
협력지수 / 104
환원주의 / 90
회사채 / 238
횡단면자료 / 268
흥덕왕 / 96
히스토그램 / 284

INDEX

[A]

Abraham Lincoln / 107
adventure tourism / 48
Amenity based industry / 55
arithmetic mean / 271

[B]

B2G / 237
Benefit / 55
Benjamin Franklin / 129
bioinspiration / 70
biomimicry / 70
Breakout Nations / 182
BRICs / 27
BT / 31, 62
BT 기술 / 31

[C]

C2C / 237
Communication Quotient / 104
communication skill / 93
conceptual skill / 93
convergence / 60
Cooperation Quotient / 104
Corporate Social Responsibility / 150
Cost / 55
cross-sectional data / 268
CSR / 150
Culture Quotient / 105

[D]

dark tourism / 43
decision-making skill / 93

[E]

EC / 237
employment security / 23
Engel's coefficient / 14
experience tourism / 48

[F]

Fast-Follower 시대 / 61
field tourism / 48
flexibility of organizational culture / 155
Fusion / 60

[G]

GDP / 28
Genuine Progress Indicator / 15
geotourism / 48
globalization / 84, 95
global standard / 95
Green Net National Product / 15
green tourism / 45
Gross National Happiness / 15

[H]

Hausman검정 / 240
high risk and high return / 43
Human Development Index / 15
Human Poverty Index / 15
human relations skill / 93
hybrid / 60

[I]

imaging / 110
IMF / 28

interval scale / 267
IT / 31, 65
IT 기술 / 31
iye.youth.go.kr / 126

[J]

job security / 23
Juergen Fuchs / 124

[K]

KOICA / 121
Korea International Cooperation Agency / 121
kurtosis / 280

[L]

leader / 91
local · level tourism / 48

[M]

Maruhan-ism / 7
median / 272
mode / 273
motivator / 197
MUNOS / 122

[N]

nature tourism / 45, 48
NCRE / 120
NEF / 16
NGO / 120, 125
Nomad / 87
nominal scale / 266
NT / 31, 62
NT 기술 / 31

[O]

OECD / 22
ordinal scale / 267

[P]

Pareto Principle / 8
PDCA 사이클 / 146

[Q]

Quantum Dot / 64

[R]

ratio scale / 268
Reductionism / 90
rural tourism / 48

[S]

scatter diagram / 290
sense of mission / 111
skewness / 280
Smartizen / 83
stay tourism / 48
stem-leaf / 286
sustainable tourism / 45

[T]

technical skill / 93
transnationalize / 95

[U]

UNV / 121

[V]

Visit of International Student to America / 99
VISTA / 99

[W]

WEF / 101
World Economic Forum / 101
world vision / 95
www.redcross.or.kr / 122
www.youth.go.kr / 125

저자약력

◎ 박 정 환

· 경기대학교 서비스대학원(관광학 석사)
· 제주대학교 대학원 경영학과(경영학 박사))
· 현) 제주대학교, 한라대학교, 관광대학교 강사
· 연구분야) 서비스가치 평가에 관한 연구
· 강의분야) 경영학 총론, 창업과 경영, 기업과 문화, 스포츠 마케팅, 소비자 심리, 외식사업 경영론, 인터넷 마케팅, 관광 자원원론

◎ 김 희 철

· 동국대학교 통계학과 이학석사 및 이학박사(1998)
· 전) 건국대, 동국대, 청주대, 인천대 강사(통계 및 전산분야)
· 전) 송호대학교 정보산업계열 인터넷비즈니스전공 교수(2000~2004)
· 현) 남서울대학교 산업경영공학과 교수(2005~)
· 연구분야) 소프트웨어 신뢰성공학, 전산통계

글로벌 성공시대와 함께하는 현대 경영학 노트

2013년 7월 5일 초판1쇄 인쇄
2013년 7월 10일 초판1쇄 발행

저 자 박 정 환 · 김 희 철
펴낸이 임 순 재
펴낸곳 **한올출판사**
등록 제11-403호
121-849
주 소 서울시 마포구 성산동 133-3 한올빌딩 3층
전 화 (02)376-4298(대표)
팩 스 (02)302-8073
홈페이지 www.hanol.co.kr
e-메 일 hanol@hanol.co.kr
정 가 18,000원

▫ ISBN 978-89-98636-31-9